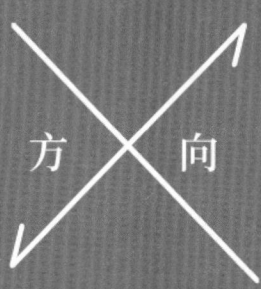
方向

寶鼎出版

# 你的臉屬於我們

## 一家神祕新創公司終結隱私之路

《紐約時報》科技記者
**KASHMIR HILL**
卡希米爾・希爾——著

葉家興——譯

# YOUR FACE BELONGS TO US

A SECRETIVE STARTUP'S QUEST
TO END PRIVACY AS WE KNOW IT

# 目次

| 推薦書評 | | 006 |
|---|---|---|
| 序言 | 線報 | 010 |

## PART 1　人臉競賽

| CH1 | 奇特的愛 | 026 |
|---|---|---|
| CH2 | 根源（公元前 350 年 – 1880 年代） | 044 |
| CH3 | 「傻大個是真的」 | 056 |
| CH4 | 如果一開始沒成功（1956 – 1991） | 068 |
| CH5 | 令人不安的提案 | 086 |
| CH6 | 偷窺超級盃（2001） | 098 |
| CH7 | 床下的超級電腦 | 114 |
| CH8 | 唯一預見此事的人（2006 – 2008） | 128 |
| CH9 | Smartcheckr 的終結 | 136 |

## PART 2　技術甜頭

| CH10 | 谷歌不願跨越的底線（2009 – 2011） | 148 |
|---|---|---|
| CH11 | 尋找投資人 | 164 |
| CH12 | 監管機構發聲了（2011 – 2012） | 176 |
| CH13 | 病毒式傳播 | 184 |

# Contents

| CH 14 | 「什麼最令人毛骨悚然？」（2011－2019） | 200 |
| CH 15 | 身陷巨網 | 216 |
| CH 16 | 全面曝光 | 224 |

## PART 3　未來衝擊

| CH 17 | 「我他媽的為什麼在這裡？」（2020） | 234 |
| CH 18 | 戴口罩的不同理由 | 254 |
| CH 19 | 我要投訴 | 260 |
| CH 20 | 最黑暗的衝動 | 268 |
| CH 21 | 紅色代碼 | 274 |
| CH 22 | 分配不均的未來 | 290 |
| CH 23 | 搖搖晃晃的監控國家 | 308 |
| CH 24 | 奮起反擊 | 320 |
| CH 25 | 技術問題 | 330 |

|  | 謝誌 | 338 |
|  | 資料來源說明 | 341 |
|  | 註釋 | 344 |

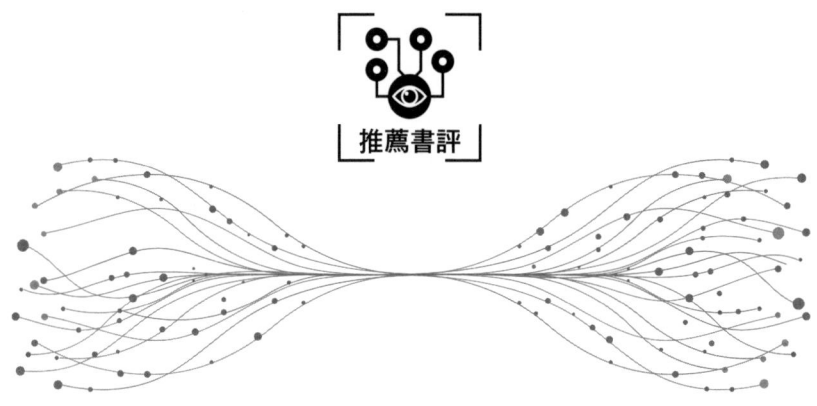

國立成功大學政治學系助理教授
林昕璇博士

## 一片未知、且充滿風險的隱私叢林

　　《你的臉屬於我們》（*Your Face Belongs to Us*）由《紐約時報》記者卡希米爾‧希爾（Kashmir Hill）撰寫，井然有序地呈現人臉辨識技術在美國產業的源起，更是娓娓道來又不失高潮迭起地呈現了一家神祕低調卻影響深遠的新創公司──Clearview AI，如何透過人工智慧與網路爬蟲技術，建立了一個前所未見的人臉辨識資料庫。該公司從社群媒體、新聞網站等公開來源蒐集數十億張人臉照片，並將其轉化為可供執法機關與私人企業查詢的強大資料庫。書中詳細記錄了Clearview AI如何迅速與公部門展開公私協力的多面向利益綁定，以維安及社會預防為名滲透警察單位、政府機構與企業，主管機關的執法

公權力與Clearview AI挾其迅即發展的生物特徵辨識技術，公私攜手交織合作所建構的龐大綿密監控網絡，手無寸鐵的公民儼然已成為這場AI競賽中被獻祭的犧牲品，付出巨大的個資被攫取代價卻毫無反擊之力。

　　作者以生動且又不失考證嚴謹的筆觸，栩栩如生地詮釋了這場科技創新與法律規範的角力格鬥場，不僅突顯了隱私權在數位時代的脆弱性，也揭示了一場尚未落幕的法律與技術競賽——當人臉識別技術愈發強大，我們是否正步入一個無法回頭的監控社會？當人工智慧的發展刻正將全人類推向一片未知、且充滿風險的隱私叢林。我們不禁陷入困頓的苦思：隱私權是否已無可挽回地消逝？

### 曙光乍現？BIPA設下的停損點

　　一個又一個看似無關的事件、線索，宛如拼圖般拾掇串連並拼湊出Clearview AI創辦人與經營者如何透過技術突破和法律漏洞，讀來引人入勝，早期在政府監管仍不明確的時期迅速萌芽茁壯。然而，隨著輿論壓力升高，Clearview AI面臨越來越多的訴訟與監管挑戰，特別是來自伊利諾州的《生物辨識資訊隱私法》（BIPA）。書中對此一法律戰的描寫甚為引人嗜讀，伊利諾州於2008年制定通過BIPA（Biometric Information Privacy Act），作為美國第一部針對生物辨識數據的專法。該法要求公司在蒐集、儲存或分享個人生物辨識資訊（包括指紋、虹膜

掃描、臉部辨識數據等）前，必須獲得個人明確的書面同意。此外，BIPA賦予個人起訴權，允許受害者直接對違法企業提起民事訴訟，而無需依賴政府執法機構。這項「私人訴訟權」（private right of action）使得BIPA成為個人用戶或網路使用者強而有力的隱私保護後盾，並成為科技公司與隱私權倡議者之間法律戰爭的輻輳樞紐所在。2022年，Clearview AI與伊利諾州達成和解，承諾不再向私人企業銷售其人臉辨識技術，僅限於執法機關使用。為不斷蔓延的人臉辨識之滑坡效應暫且設下停損點。

### 人類仍深陷科技與法律交錯的迷霧森林

然而，不可諱言者，Clearview AI正是在監管的灰色地帶迅速崛起，憑藉技術優勢悄然改變執法機關與私人企業使用人臉辨識技術的方式。BIPA在這場劇變中猶如一道防線，不僅對Clearview AI的無限擴張施加了掣肘，也為其他科技公司投下長遠的陰影。在這場不斷加速的科技競逐中，變革永不停歇，而人類也被捲入一場無法迴避的抉擇——當隱私與安全相互拉扯，當監控與自由交鋒，我們該如何在這場永不落幕的角力中權衡自身的立場？本書透過人臉辨識這項新興AI技術，如同一面鏡子，映照出我們所處的時代困境，並引領讀者深入思索，在科技與法律交錯的幽微地帶，未來究竟將走向何方。

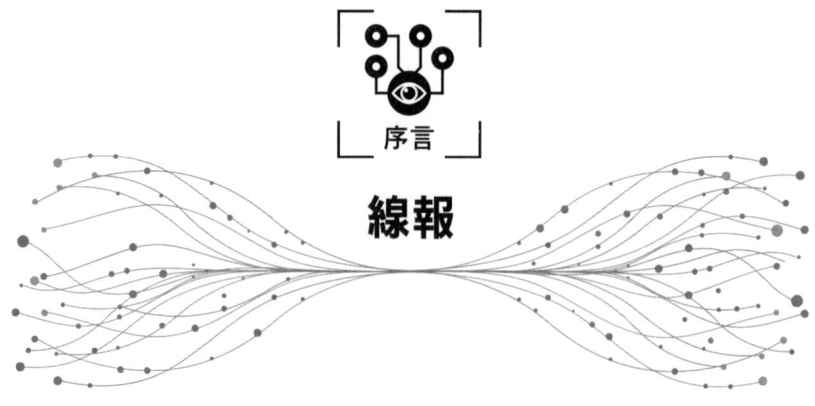

# 序言

# 線報

　　2019年11月，我剛加入《紐約時報》擔任記者，當時我得到一個看似太不可思議的採訪線報：一家名為Clearview AI的神祕公司聲稱，可以僅憑一張臉部照片來辨識絕大多數人。

　　收到那封電子郵件時，我正懷孕六個月，身處於瑞士的一間旅館中。那是個漫長一天的結束，當時身心俱疲，但那封郵件卻讓我驚慌不已。那封消息來源發現了一份標有「私人與保密」的法律備忘錄[1]，其中一位Clearview的律師表示該公司已經從公開網路中蒐集數十億張照片，包括臉書（Facebook）、IG（Instagram）和領英（LinkedIn）等社群媒體網站，用於開發一個革命性的應用程式。只要隨機提供一張街上人物的照片，Clearview就能搜尋到網路上所有能辨識到該人臉的網頁，提供其姓名以及其他個人生活的細節。該公司將這項超能力出售給全美的執法部門，但並不對外公開。

　　不久之前，大多數人只將自動人臉辨識視為反烏托邦技術，將之與科幻小說或電影如《關鍵報告》（*Minority Report*）

聯想在一起[2]。工程師們在1960年代首次試圖將其變為現實，嘗試以電腦程式將人的肖像在龐大的人臉資料庫中進行匹配。在2000年代初，警方開始嘗試使用自動人臉辨識技術[3]，在警方相片資料庫中搜尋未知犯罪嫌疑人的臉孔。然而，這項技術的成果並不理想[4]。它的表現在種族、性別和年齡之間存在差異，即使是最先進的演算法也難以完成一些簡單任務，例如將一張警方相片與自動提款機監視鏡頭中的模糊靜態圖像進行匹配。Clearview聲稱與眾不同，宣傳其具有「98.6%的準確率[5]」以及一個巨大的網路照片收藏圖庫，這是警方以前從未使用過的。

如果這是真的，這將是一個重大的事件。當我一遍又一遍地讀著那份從未意圖公開的Clearview備忘錄時，我心想這真是太驚人了。我報導隱私權以及隱私權持續受侵蝕的情況已經超過十年了。通常我把自己的職責描述為「如何試圖避免即將來臨的科技反烏托邦」，而我從未見過對匿名性原則如此大膽的攻擊。

隱私是一個極難定義的詞語，最著名的定義是1890年《哈佛法律評論》[6]一篇文章中提到的「不受干擾的權利」（the right to be let alone）。文章的兩位作者華倫（Samuel D. Warren, Jr.）和布蘭迪斯（Louis D. Brandeis）呼籲，將隱私權與已受保護的生命、自由和私有財產權放在同等地位，受到法律的保護。當時，他們受到了一種新穎的技術啟發，即1888年問世的伊士曼柯達（Eastman Kodak）膠卷相機，人們開始能夠將相機帶到室外，拍攝「即時」的日常生活照片。同時，華倫和布蘭迪斯也受到跟我一樣的好事記者影響和激勵。

「即時照片和報紙業的興起,已侵犯私人和家庭生活的神聖領域,許多機械設備威脅著實現這樣一個預言:『在衣櫥中耳語的話,將被從屋頂傳揚出去』。」華倫和布蘭迪斯寫道。

這篇文章是有史以來最著名的法律論文之一,布蘭迪斯後來也成為美國最高法院的法官。然而,隱私從未得到華倫和布蘭迪斯所倡議的那種應有保護。一個多世紀之後,仍然沒有一項全面性的法律,保證美國人對於自己的照片、關於自己的文字描述以及個人資料的使用,擁有完全的控制權。同時,不管是設立在美國或其他隱私法保護較弱國家的公司,都正在開發愈來愈強大且具有侵入性的技術。

人臉辨識技術一直以來都是我關注的焦點。在我職業生涯的各個時期,包括在《富比世》(*Forbes*)和《小發明》(*Gizmodo*)媒體網站等處,我都報導過來自獨角獸(市值10億美元以上)公司的重大新產品:臉書自動為你的照片標記朋友;蘋果(Apple)和谷歌(Google)讓人們用臉部解鎖他們的手機;微軟(Microsort)和英特爾(Intel)的數位廣告板有攝影機能檢測人們的年齡和性別,以展示合適的廣告給路過的行人。

我曾經報導寫過,這種有時笨拙且容易出錯的技術激發了執法機構和業界的興趣,但同時卻讓有隱私意識的公民感到恐懼。當我詳細研究Clearview宣稱的功能時,我回想起幾年前我在華盛頓特區參加的一個聯邦研討會[7]。在那裡,產業代表、政府官員和隱私權倡議者坐下來制定產業規則。他們所有人一致認為,不應該推出一個可以辨識陌生人的應用程式,他

們認為這太危險了。他們說,在酒吧裡的一個怪人可以拍攝你的照片,僅僅幾秒鐘內就能知道你的朋友是誰、你住在哪裡。這種技術可以被用來辨識反政府抗議者或是前往計畫生育診所的女性。它將成為一種騷擾和恐嚇的武器。在數以億計的人群中實現準確的人臉辨識,是技術領域中的「禁忌」。而現在,Clearview這個在該領域中無名的公司,聲稱已經實現了這一點。

　　我對此持懷疑態度。新創企業以誇大的宣稱而聞名,但最終往往是空中樓閣。即使是賈伯斯(Steve Jobs)也在2007年首次在舞台上展示原始iPhone時,以虛假的功能賣弄[8]*。我們往往相信電腦幾乎擁有魔力,它們可以找出任何問題的解決方案,並利用大量的數據比人類更好地解決問題。因此,投資者、客戶和公眾可能會被那些渴望做某些偉大事業,但尚未完全實現公司誇大宣傳和一些數字上的花招所欺騙[9]。

　　然而,在這份機密的法律備忘錄中,Clearview的知名律師克萊門特(Paul Clement,曾任小布希總統時期的美國訟務次長)聲稱:他和事務所律師們試用了這款產品,並發現它能夠迅速且準確地傳回搜尋結果。克萊門特指出,已有超過二百個執法機構正在使用這個工具,並且他確定其在使用Clearview時「不違反聯邦憲法或各州現有相關生物特徵和隱私權的法律」規定,而這正是Clearview的目標所在。不僅數百個員警部門以祕密方式使用這項技術,該公司還聘請律師來向警官們保證,他們這樣做並不違法。

　　我帶著將要到來的新生命回到紐約。在寶寶誕生前,我有

---

* 賈伯斯玩了個狡猾的花招,他隱瞞原型iPhone的記憶容量和頻繁當機問題,讓手下的工程師花了無數時間尋找「黃金路徑」——一個特定的任務序列,使手機可以無故障地執行。

序言　13

三個月的時間來弄清楚這個故事的底細。而當我挖得愈深，就愈發現其中的奇怪之處。

這家Clearview公司在網路上的存在[10]僅限於一個簡單的藍色網站，上面有一個類似小精靈（Pac-Man）的標誌，C字母咬住了V字母，標語是「人工智慧，為了更美好的世界」。除此之外，沒有太多其他的訊息，只有一個「申請登入許可」的表單（我填寫並傳送，但沒有得到回應），以及一個紐約市的地址。

在專業社群網站領英上進行搜尋，尋找那些樂於炫耀自己工作的技術人員，卻一無所獲，除了一個叫做約翰・古德（John Good）的人。儘管他在個人照片中看似中年，但他的簡歷上只有一個職位：「Clearview AI銷售經理」。大多數在領英上的專業人士通常有數百個聯繫人，而這個人只有兩個聯繫人。名字普通，簡歷內容匱乏，幾乎沒有人脈關係。這個人是真實存在的嗎？

我傳給古德先生一條訊息，但從未收到回覆。

於是我決定上門拜訪。我從公司網站上找到地址，發現它位於曼哈頓中城，距離《紐約時報》大樓僅兩個街區。在一個寒冷而陰鬱的下午，我緩慢地走到那裡，因為我當時正處於懷孕後期階段，走得太快會引起假性子宮收縮（Braxton-Hicks contractions）。

當我走到谷歌地圖指引我去的街道上時，謎團變得更深了。這家Clearview公司總部所在的建築物根本不存在。

這家公司列出的地址是西41街145號。在西41街143號有

一個快遞站,旁邊是共享辦公室巨頭公司WeWork的分部,位於百老匯(Broadway)街口。但西41街145號卻不存在,而是百老匯街1460號。我猜測Clearview可能在租用WeWork的辦公室,探頭進去問了接待人員,他說那裡沒有這間公司。

這真像是哈利波特中的情節。我是否錯過了一扇魔法門?

這家Clearview公司位於不存在的建築物中,且只有一名虛擬員工?我聯繫了Clearview的律師克萊門特,試圖瞭解他是否真的為這家公司寫了法律備忘錄。儘管我多次打電話和發電子郵件,卻沒有得到回應。

我進行了一些調查,搜尋政府網站和追蹤新創投資的網站,發現還有其他幾個與這家公司有關聯的人。在創業投資追蹤網站PitchBook上的一個簡要表中聲稱,該公司有兩個投資者——一個是我從未聽說過的,而另一個則如雷貫耳:備受爭議的億萬富翁彼得・提爾(Peter Thiel)。他曾共同創辦支付平台PayPal,早期投資社群媒體臉書,並創立了資料探勘巨頭Palantir。提爾在科技投資方面確實具有黃金之手,但他因其異議觀點、對川普競選總統的支持,以及對新聞部落格「高客媒體」(Gawker Media)的法律訴訟資助而受到廣泛批評。法律訴訟最終導致「高客媒體」網站的終結。

和我詢問的其他人一樣,提爾對我保持冷漠。

按文件顯示[11],這家公司2018年登記在德拉瓦(Delaware)州,使用上西城(Upper West Side)的一個地址。我打包行李,前往地鐵站。地鐵上的C線列車並不擁擠,每站的停靠都讓我

愈發期待。當我下車走過自然歷史博物館，我發現這個地址位於一條非常安靜的街道上，旁邊就是城堡般的達科他公寓（The Dakota）建築。渴望敲開一扇真正的門，或許能解開這個謎團，我忍不住加快腳步，這讓我的腹部肌肉應聲緊繃起來。

這棟建築外觀採用裝飾藝術風格，帶有一扇旋轉的玻璃門，我可以看到上方每層樓都有獨立的陽台，給人一種明顯的住宅印象。休息室看起來很舒適，有相當數量的沙發和一棵聖誕樹。一位穿著制服的保全人員在入口處向我問好，並詢問我要去見誰。

「23-S號房的Clearview AI公司，」我說。

他疑惑地看著我說：「這裡是住家，沒有任何企業。」

他不讓我上去。又是一個死胡同。

突然有一天，我登入臉書後發現一個名為基斯（Keith）的「朋友」發了一條訊息給我。我不記得他了，但他提到我們十年前在一個義大利裔美國人的盛會上見過面。那時，我對於隱私問題較為輕率，對於任何「好友邀請」都會點擊接受。

「我知道你在找Clearview，」基斯寫道。「我認識這家公司，他們很棒。我能幫忙嗎？」

基斯在紐約的一家房地產公司工作，與這家人臉辨識新創公司沒有明顯的關聯。我有很多問題，其中最重要的是他如何知道我在調查這家公司，以及他是否知道建立這款未來主義應用程式的技術天才身分，所以我要求他給我電話號碼。

他沒有回應。

兩天後我再次詢問。

依然沉默。

當我明白這家公司不打算與我交談時，我嘗試了一種新的方法：找出這個工具是否如廣告中所宣稱的那樣有效。我追蹤了一些使用過它的警官，首先是佛羅里達州蓋恩斯維爾（Gainesville）的一位名叫費拉拉（Nicholas Ferrara）的刑警。這是我頭一次找到願意和我討論Clearview的人。事實上，他對此興奮不已。

「我喜歡它[12]，太棒了，」他說。「如果他們需要的話，我願意成為他們的發言人。」

費拉拉第一次聽說這家公司是當它在CrimeDex上登廣告時，CrimeDex是一個專做金融犯罪調查的郵件名單服務。該公司將自己描述為「臉部的谷歌搜尋」，並提供免費的三十天試用期。他只需要傳送一封電子郵件進行註冊即可。

當他進入Clearview後，他自拍了一張照片，然後對其進行搜尋。第一個搜尋結果是他的Venmo個人大頭照，並帶有指向他在行動支付網站上的個人主頁連結。他對此印象深刻。

費拉拉有許多未解決的案件，其中的線索只有一張自動提款機或銀行櫃台前詐騙者的照片。他之前使用佛羅里達州提供的人臉辨識工具進行過搜尋，但沒有收到任何結果。現在，他將這些照片上傳到Clearview中。他得到了一個又一個匹配結果。他一下子就辨識出三十名嫌疑人。這太不可思議了。

他之前使用的政府系統要求照片中的人物呈現整張臉，最好是直視鏡頭，但Clearview可以處理戴帽子或眼鏡的嫌疑人照片，

即使只有部分臉部可見。州政府系統只能搜尋那些在佛羅里達州取得駕照或被逮捕的人，但Clearview可以找到那些與佛羅里達州無關的人，甚至是其他國家的人。他對此感到非常震撼。

一個週末的晚上，當費拉拉在蓋恩斯維爾市中心巡邏時，他遇到一群在酒吧外閒逛的大學生。他開始和他們聊天，問他們晚上過得如何，然後問他們能否進行一個實驗：他能試著辨識出他們嗎？

學生們願意參與，所以在昏暗的街燈下，他一一拍下了他們的照片。Clearview提供他們的臉書和IG頁面，他成功辨識出其中四位學生的姓名。這讓驚訝的學生覺得這是一個很棒的派對把戲。他們問道：任何人都可以這樣做嗎？費拉拉解釋說，只有執法部門可用。

「這真的很像《1984》小說裡的老大哥，」其中一人回答道。

我想親自試試這個令人驚奇的應用程式。費拉拉自願做一個示範，說我只需要傳送一張照片給他。把照片傳送給一個從未真正見過面的員警，我感覺有些奇怪。但為了一個新聞題材，我通常願意犧牲自己的隱私。我傳送三張照片：一張戴著太陽眼鏡和帽子的照片、一張閉著眼睛的照片，還有一張微笑的照片。

然後，我等待回覆。

但卻一直沒有收到任何回覆。

於是我聯繫另一位刑事偵察調查員，在德州伍德蘭（The Woodlands）工作的澤恩泰克（Daniel Zientek）刑事偵察隊長。

最近，他根據一位受害者在當晚早些時候拍攝的照片，使用Clearview辨識出一名涉嫌強姦的犯罪嫌疑人。他說，他每次進行搜尋時，它幾乎都能奏效。他說，僅有一次[13]沒有奏效的是在網路上的「鬼」（指沒有照片在網上的人）。「如果你在網上沒有照片，它就無法找到你，」澤恩泰克說。

預料到根據照片對某人進行犯罪指控的想法可能引起爭議，澤恩泰克強調，他絕不會僅僅根據Clearview的辨識而逮捕某人。「你仍然需要其他成案的有力證據，」他說。

他提出幫我試驗我的照片以展示Clearview的原理。我傳送一張照片，他立刻回信說沒有匹配結果。

這真是奇怪。網上有大量關於我的照片。

我再傳送了另一張照片給他，但仍然沒有出現任何匹配結果。

澤恩泰克很驚訝，我也是。我原本以為這應該是一個「改變遊戲規則」的人臉辨識技術，但這根本沒有道理。他建議可能是技術問題，也許是公司的伺服器有問題。

然後，他也停止回覆我的訊息了。

我加倍努力尋找與Clearview有關的人交談。我前往Kirenaga Partners創投公司，這是在PitchBook上與提爾並列的投資者，一家位於紐約市外四十分鐘車程的小型公司。在某個陰雨的星期二早上，我從曼哈頓乘坐大都會北方鐵路（Metro North）火車前往一個名為布隆克維（Bronxville）的富裕郊區。然後步行幾個街區，來到一幢兩層樓的辦公大樓，它位於一條

古色古香的商業街，對面是一家醫院。我爬上二樓的樓梯，發現Kirenaga Partners的標誌（一把用絲綢包裹的武士刀）位於一條長長的、寧靜的走廊盡頭，走廊兩側有辦公室的門。當我敲門時沒有回應，當我撥打辦公室的電話時，內部也沒有響起。

一位鄰居和一位送貨員告訴我，這個辦公室很少有人在。在走廊上尷尬地逗留將近一個小時後，我決定放棄，返回曼哈頓。但就在我下樓梯時，兩名男人走進辦公室，一個穿著淡紫色襯衫和一套深色西裝，另一個穿著灰色和粉色的服裝。他們身上透著富有的氣息，當他們和我眼神接觸時，我問他們是否是Kirenaga Partners的人。

「是的，」紫色衣著的黑髮男子驚訝地笑著說道。「你是誰？」

當我介紹自己時，他的笑容消失了。「哦，Clearview的律師們說[14]我們不應該和你談話。」

「我走了這麼遠，」我懇求道，確保我的紅色冬季外套下可見我懷孕的肚子。他們互相看了看，然後這家公司的創辦人史卡佐（David Scalzo）似乎被自己的道德感所束縛，倒水給我，並勉強同意進行短暫的非正式談話。我們走上樓梯，他們讓我進入寒冷的辦公室，接待處桌上擺放著大學考試的準備資料，然後進入一個小型會議室。史卡佐帶來一瓶水給我，坐到我對面。

在我敢於開始記筆記前，我們談了幾分鐘。儘管一開始有些不情願，不過史卡佐很快就表現出對他那有前途的投資滿懷熱情。當我透露已經與使用該工具的警探們交談過，無論是

否獲得公司的合作，我都將寫一篇報導時，他同意正式發表聲明，大力稱讚該公司。他說公司沒有回應我的請求是因為他們處於「隱藏模式」，而且其中一位創辦人有一些「高客媒體的歷史」，他不太希望被曝光。

他告訴我，執法機構非常喜歡Clearview，但該公司最終的目標是向所有人提供人臉辨識應用程式。我表達我對這也許將終結匿名可能性的擔憂。「我的看法是，由於資訊不斷增加，隱私不會永遠存在，」史卡佐沉思著說。「你不能禁止科技。當然，這可能導致一個反烏托邦的未來等等之類的連鎖反應，但你無法禁止它。」

當我向隱私和法律專家詢問Clearview AI所擁有的能力時，他們一致表示震驚，並稱其武器化的可能性是「無窮無盡」[15]的。一個不法員警可以使用Clearview來追蹤潛在的戀人對象。外國政府可以挖掘對手的祕密，以便對其進行勒索或將他們關進監獄。參與抗議活動的人可能會被警方辨識出來，包括那些以壓制、甚至殺害異議者而聞名的國家，如中國和俄羅斯。隨著監控攝影機愈來愈普遍，一個威權主義領導人可以利用這種力量追蹤對手的臉孔，觀察他們去了哪裡和與誰交往，尋找破壞性時刻或建立檔案以對他們進行利用。為任何原因保密，即使是為了安全理由，也許都成了不可能的事情。

除了老大哥和強大政府所帶來的危險外，更加隱蔽的小兄弟（Little Brother，指身邊的人，如鄰居、占有慾強的伴侶、跟蹤者或對你有敵意的陌生人）也是一個更加引人憂慮的問題。如果

Clearview廣泛可得，它可能會創造出一個合理多疑的文化。

這就好像我們人人都是名人。人們無法再確信，當我們在藥店用現金購買保險套、懷孕測試或痔瘡藥時，我們的行為仍然是保持匿名的。在餐廳用餐時的一個敏感對話，可能會被附近一個人追溯到我們身上。在街上走著時，隨意透過電話傳達的八卦可能會被一個陌生人在推特（Twitter）上公開，並將你的名字作為訊息來源。一個你在商店裡無意間冒犯或在馬路上擋了車的人，可能會拍下你的照片，找到你的名字，在網上寫下可怕的文字，以破壞你的聲譽。企業可能以新的方式對你進行歧視，拒絕你進入，只因你曾在網上發表的言論或你曾經工作過的公司。

相較於像谷歌或臉書這樣的科技巨頭，一家未知的新創企業宣告了這個新現實，這並沒有讓我與之交談的專家們感到驚訝。「這些小公司能夠在低調下實現可怕的事情。」其中一位專家表示。一旦他們實現了這些事情，就很難回頭了。

人們經常為新科技辯護，說某項新的和令人害怕的科技就像刀子一樣，只不過是一種可以用於善、也可以用於惡的工具。但多數的科技，從社群媒體平台到人臉辨識技術，並非價值中立的；而且相較於刀子，它們更加複雜。一個內容創作者對科技平台架構所做的無數決策，將塑造使用者與科技互動的方式。例如，交友網站Ok丘比特（OkCupid）鼓勵約會者考慮彼此個性，提供詳盡的個人資料和測驗來確定匹配的相容性；而類似的交友網站Tinder則把焦點放在外貌上，給使用者展示照片，要他們左滑或右滑。因此，掌握一項廣泛使用的科技，

形同對社會擁有巨大的權力。這Clearview背後的人是誰？

在一位同事的協助下，我找到了一位來自德州的警探，他願意協助調查，只要我不透露他的名字。他進入Clearview的網站並請求登入權限。

與我不同，他在半個小時內收到回應，並收到有關如何建立免費試用帳戶的指示。他只需要一個警察局的電子郵件地址。他試驗了一些已知身分犯罪嫌疑人的照片，而Clearview全部都找出來了，並連結到網上的正確人物照片。

他也使用這個應用程式測試自己的照片。多年來，他特意不將自己的照片放在網上，所以當他收到匹配結果時感到震驚：一張模糊且臉部微小的穿著制服照片。這張照片被從一張較大的照片中剪裁出來，並提供一個連結帶他到推特上。一年前，有人在一個驕傲節（Pride Festival）上發推文分享了一張照片。這位德州的警員當時正在該活動中巡邏，他出現在別人的照片背景中。當他放大觀察時，他的名牌清晰可見。他對於存在這樣一個強大的臉部搜尋演算法感到震驚。他能夠預想到對某些類型的執法機構來說，這將是天賜之物。但如果這項技術公開可用，對於臥底員警來說，它將帶來可怕的影響。

我告訴他，我還無法獲得試用版本，並且另一名警官上傳了我的照片，但沒有得到任何結果。他也試著上傳我的照片，並再次確認沒有找到匹配結果。

幾分鐘後，他的手機響了起來[16]。來電號碼是他不認識的，來自維吉尼亞州。他接起電話。

「你好，我是來自Clearview AI技術支援部門的馬爾科，」電話那端的聲音說道。「我們有一些問題。為什麼你要上傳一位《紐約時報》記者的照片？」

「我嗎？」警官心懷疑慮地回答道。

「是的，你查詢了這位名為卡希米爾·希爾（Kashmir Hill）的《紐約時報》記者，」馬爾科說道。「你認識她嗎？」

「我在德州，」警官回答。「我怎麼會認識她呢？」

自稱是馬爾科的Clearview公司代表表示，搜尋記者照片是「政策違規」，並停用了該警官的帳戶。警官感到震驚，對於他使用該應用程式被如此密切監控感到不安。他立刻打電話告訴我發生什麼事。

一陣寒意從我心底湧上。這個神祕的公司展現了他們擁有多麼驚人的權力。他們不僅能看到執法人員在搜尋誰，還能封鎖搜尋結果。他們控制著誰能被搜尋到。突然間，我明白之前的警探為什麼對我態度冷漠了。

儘管Clearview竭盡所能保持隱藏，但卻在利用其技術來監視我。它還能做些什麼其他的呢？

對於人臉辨識技術的擔憂已經積聚了數十年。而現在，這個模糊不清的鬼怪終於顯露出模樣：一家由神祕創辦人和一個難以想像的大型資料庫組成的小公司。而在這個資料庫中的數百萬人中，沒有人同意他們的照片被使用。Clearview AI代表了我們最糟糕的恐懼，但它同時也給了我們機會，面對長久以來的這些恐懼。

# PART 1
## 人臉競賽

# 第 1 章

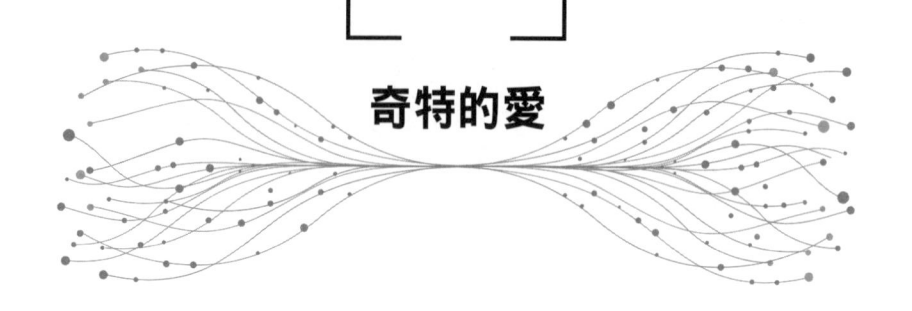

## 奇特的愛

在2016年夏天，俄亥俄州克里夫蘭市中心的一個大型體育場館內，房地產大亨川普被提名為共和黨的總統候選人，他因主持一個名為《誰是接班人》（The Apprentice）的實境秀節目而聞名。川普從無政府行政經驗，沒有過多的政客包裝，且對政治正確毫無興趣。但他以其如雷貫耳的名字、右翼民粹主義觀點以及攻擊對手弱點的出色能力，使他成為一個強大的候選人。這將是美國歷史上最奇特的政治大會，而尊室歡（Hoan Ton-That）並不想錯過這場盛會[1]。

從第一眼來看，二十八歲的尊室歡不像川普的支持者。他一半越南人、一半澳洲人，六英尺一英寸的身材高大（譯注：約185公分），長著一頭柔順黑髮，具有中性的好看相貌。他喜歡奇裝異服，穿著各種彩色的奇紋印花襯衫和西裝，這些都是在越南訂製的。根據父親所言，他的祖先曾經是越南王族。

尊室歡一直以來都跟隨著好奇心，不論好奇心帶他到哪裡[2]。在澳洲墨爾本長大的時候，他曾試圖弄清楚電力是如何運作的，他把一根延長線插入自己，希望電流能在自己身體裡面形成循環。有一次，他親眼見到小偷竊走了一個女人的錢包，後來他追到小偷面前，問他為什麼這麼做。這個人把他推倒後逃跑了。在1990年代初，尊室歡的父親帶了一台電腦回家，尊室歡對它產生著迷，想要拆開它、組裝它、玩遊戲，還有輸入指令。由於他的身高增長較晚，尊室歡在同學中被稱為「小歡」，霸凌者們特別盯上了他，尤其是那些不喜歡亞裔人口在澳洲日漸增多的人。尊室歡有一些要好的朋友，一起彈吉他、踢足球和打板球，但在學校裡他感到自己是個局外人。

十四歲時，藉由麻省理工學院在網上的免費教材和影片講座，他自學程式設計。有時候他會逃學，貼上一張「請勿打擾」的牌子在臥室門上，整天都和網路上的程式設計教授一起學習。他的媽媽對他喜愛電腦感到困惑，希望他以音樂為生，因為他在一次全澳吉他比賽中獲得了第二名的成績。「你經常可以看到他同時觸碰著電腦和吉他，」他的父親尊室群俞（Quynh-Du Ton-That）說道，「在鍵盤和吉他之間來回切換。」

當尊室歡到了坎培拉上大學時，他選擇主修資訊工程，但他對教授們教的主流程式語言Java感到無趣。尊室歡對於「電腦狂熱者語言」，如Lisp和Haskell更著迷。但這些語言對找到工作的可能性幫助不大，就像學習拉丁文或古希臘文一樣。他的時間沒有花在功課上，而是為同學們建立了一個名為「觸

感」（Touchfelt）約會應用程式，並花很多時間在「駭客新聞」（Hacker News）的網路論壇上。這個論壇主要針對那些對科技和新創企業著迷的次文化群體。當時，一位名叫拉維坎特（Naval Ravikant）的加州投資者發貼文表示正在投資社群媒體新創公司，尊室歡於是向他請益。

他告訴拉維坎特自己的創業雄心，以及澳洲缺乏創業土壤。拉維坎特告訴他應該去舊金山。所以只有十九歲的尊室歡被矽谷的誘惑力牽引到世界的另一端，搬到了舊金山。

拉維坎特接機時，尊室歡時差嚴重。拉維坎特讓他在一位朋友的沙發上留宿，並不停向他講解蓬勃發展的臉書經濟。當時，這個社群媒體網站剛剛對外開放其平台，允許外部開發者設計應用程式。這是第一次[3]，任何人都可以為當時的二千萬用戶開發一個應用程式，而且有大量的選項可供選擇。其中代表性的就是「農場鄉村」（FarmVille）[4]，這是一款讓臉書用戶收穫虛擬作物並飼養數位動物的遊戲。當「農場鄉村」的公司上市時，它披露每年營業額高達6億美元，利潤為9,100萬美元，這得益於廣告和人們支付真實貨幣購買虛擬牛。

「這真是太瘋狂了[5]，」拉維坎特告訴尊室歡。「這些應用程式每天都有四萬個新用戶。」

由於他沒有信用紀錄來租公寓，尊室歡至少躺了三個月的沙發。但舊金山灣區聚集了多樣化的企業家、音樂家和藝術家，對他是一個非常合適的地方。他喜歡身處科技世界的中心，與新創公司的創辦人或工作人員見面。他與推特、Square電子支付系統公司、Airbnb和優步（Uber）的早期員工成為朋

友。「你看到這麼多東西的湧現[6],它會給你很多能量。」他說道。

美國的多樣性對他來說是新奇的。「在澳大利亞沒有非洲裔美國文化或墨西哥文化,」他說。「我之前從沒聽說過墨西哥捲餅。」起初,他對舊金山公開接納同性戀和跨性別文化感到震驚。

後來尊室歡留長頭髮,並接受了一種性別流動的身分,儘管他仍然更喜歡使用男性的他(he)／他(him)的代詞。在二十一歲之前,他與一位波多黎各血統的黑人女子結婚[7],並與她一起在某個樂團中表演。(他們相愛,但這也是為獲得綠卡而走的一條路。)

為了賺錢並繼續在美國資助自己的生活,尊室歡放下理念,開始忙於開發臉書的應用程式。他放棄了一個「矯揉造作」的電腦語言,轉而使用其他人都在使用的基本實用語言PHP。要利用消費者的科技癮來賺錢,速度比風格更為重要。在尊室歡的應用程式獲得一些關注之後,拉維坎特給了他5萬美元的種子資金,以繼續開發下去。

超過六百萬臉書用戶[8]安裝了尊室歡的平凡創作──「你有沒有過」(Would You Ever)、「你更喜歡」(Would You Rather)、「朋友測驗」(Friend Quiz)和「浪漫禮物」(Romantic Gifts)等應用程式,他透過小橫幅廣告來獲利。最初,尊室歡可以讓臉書用戶僅需點幾下就能邀請所有朋友一起參加遊戲。然而,這開始給人一種垃圾郵件的感覺。每次用戶登入,他們都會被朋友的「農場鄉村」活動和其他應用程式的

通知所淹沒。臉書決定限制協力開發者向用戶朋友傳送通知的權限，這終結了尊室歡和其他人所依賴的免費行銷，也使他們的新用戶流失。

然而，尊室歡對臉書在過程中提供的大量數據感到難以置信：安裝應用程式的人們同意提供他們的姓名、照片、興趣和喜好，以及他們所有朋友的相同訊息。當臉書對像尊室歡這樣的開發者開放其平台時，它不僅允許新的協力廠商應用進入，還允許用戶的資料流出，這是外界在「劍橋分析醜聞」（Cambridge Analytica scandal）[9]發生十年後才完全意識到的罪惡。但尊室歡對於這些數據還沒有特別計畫，至少當時還沒有。

很快，臉書應用程式的熱潮逐漸褪去，取而代之的科技狂熱是手機應用程式。在尊室歡來到加州不久後，蘋果公司發布了iPhone手機。「這是我在舊金山連公寓都還沒找到之前就買的第一樣東西。」他說道。iPhone幾乎立即成為一款昂貴且必備的小工具，而App Store則成為一個蓬勃發展的市場，富有的iPhone用戶願意提供信用卡號碼，以換取能夠充分發揮手機寶貴功能的應用程式。隨著智慧型手機經濟的蓬勃發展，尊室歡賣掉他的臉書遊戲公司，償還了拉維坎特的貸款，轉而開始製作iPhone遊戲。

一開始這很有趣，而且也很賺錢。他創造了一款名為Expando的巴夫洛夫式（Pavlovian）條件反射遊戲[10]，玩家須要反覆點擊iPhone螢幕來炸毀數字笑臉氣球，同時搖晃手機來把

氣球推開，避免被會使氣球爆破的橙色顆粒碰到。玩家每次下載這款遊戲需要支付1.99美元，當遊戲的人氣衝高時，這筆金額創造的營收迅速累積。然而，隨著時間的推移，iPhone遊戲市場競爭愈來愈激烈，尊室歡能夠收取的金額逐漸下降，最終他不得不將遊戲變為免費，藉由讓人討厭的橫幅廣告賺錢。

在本世紀初，像谷歌和臉書這樣的公司征服了全球大部分地區。科技產業擁有一個崇高的計畫，可以連接並豐富全球人口，開啟人類全部知識，讓世界變得更美好。但在舊金山，許多像尊室歡這樣的開發者只是試圖以傻乎乎的方式致富。

在2009年的2月的某個星期二，尊室歡推出一個模仿YouTube的ViddyHo平台，要求用戶在觀看影片之前使用他們在谷歌帳戶登入。但當他們這樣做時，ViddyHo將利用用戶提供的帳戶傳送訊息給他們的所有朋友，說：「嘿，看看這個影片」[11]，並附上一個縮短的ViddyHo連結，這樣循環就會重新開始。這與臉書和領英開創的一種增長駭客（Growth Hacking）技巧相似，他們翻閱了使用者交出的通訊錄，向尚未加入的人傳送電子郵件。但是，ViddyHo的技巧更加侵入性，可能是非法的，而且它含糊的情色名稱也火上加油。這個超級傳播事件很快在推特上成為熱門話題，被稱為「ViddyHo病毒」。

「快速蔓延的釣魚騙局襲擊Gmail用戶」[12]，《紐約時報》的數位（Bits）部落格上一篇標題寫道。文章引用一位資訊安全專家的話：「這些罪犯真的知道如何吸引人們的注意。」尊室歡正在洗澡時，他的手機開始瘋狂響起，朋友們發簡訊敦促他關閉ViddyHo。他照做了，但為時已晚。谷歌封鎖了他，網

路服務商取消他的帳戶，瀏覽器在造訪ViddyHo.com的任何人面前發出警告，科技八卦網站「矽谷閒話」（Valleywag）也開始關注此事。

「矽谷閒話」是高客媒體帝國的一部分，這是一個有影響力的新聞部落格集合，以尖酸而犀利的評論聞名。在尊室歡被認定與ViddyHo網域註冊有關之後，「矽谷閒話」發布一張他含著棒棒糖的風騷照片[13]，標題借用他在推特上半開玩笑的個人簡介：「即時通訊蠕蟲（Instant Messaging Worm）背後是一個『無政府主義變性非洲墨西哥裔』的人嗎？」。

「矽谷閒話」稱尊室歡是「典型怪異」的人，「是舊金山網路社群中一個醒目的刻板形象」，並嘲笑他追逐最新技術趨勢的紀錄。「這就是尊室歡與ViddyHo關聯的諷刺之處，」該文章說。「如果他確實是這個蠕蟲的肇事者，那可能會讓他成為眾矢之的。但這也是他做的第一件真正獨創之事。」

在上述文章發表後的幾天裡，人們在舊金山的街頭認出尊室歡。他感到很生氣，覺得自己被誤解了。「矽谷閒話」試圖聯繫他進行評論，但尊室歡置之不理。他不明白媒體是如何運作的，只希望整件事情能夠平息下來。「這只是一種分享影片的方式，」尊室歡後來表示，「它只是有點失控了。」

一個月後[14]，「矽谷閒話」發表一篇後續文章，稱警方一直在尋找尊室歡，但他們「從未抓到這名駭客」，因為他又以一個新名稱重新啟用了「新網站」，這個網站實際上就是重新命名的ViddyHo。一個常見問題解答（FAQ）[15]將之前網站的問題歸咎於「我們程式碼中的一個錯誤」。

當時尊室歡只有二十歲。這件事摧毀了他的網路聲譽，特別是「矽谷閒話」的文章，多年來一直困擾著他的谷歌搜尋結果。由於經歷了獨自奮鬥的挫折，並渴望成為團隊的一員，他在拉維坎特的創投公司名單上找到一份工程師的工作，然後成為一家名為FitMob新創健身公司的早期員工。這份工作帶來了股權和隱匿性的好處。

在2015年，大約在川普準備宣布參選總統的同一時間，FitMob被ClassPass收購，作為一名早期員工，尊室歡得以獲得現金收益。他決定是時候離開舊金山做出改變了。

他說：「你去的每一個派對上，都會有人問你：『嘿，你做什麼工作？你們的估值如何？你在做什麼專案？』我真的厭倦了。」

尊室歡站在十字路口上。他已經離婚了。在職業生涯上感到沮喪。他在灣區度過將近十年的時間，但他唯一持久的成就是消除了自己的澳洲口音。他不知道是否應該完全放棄科技產業。

他將自己彈奏吉他的幾段錄音上傳到Spotify，其中包括自己創作的一首動人旋律，名為〈Tremolo〉。他選擇一張無袖照片作為線上專輯封面，照片上他用一種看起來像是血液的紅色物質潑灑著，還點著一支香菸。他試著嘗試不同的身分，尋找何者最適合自己。他在世界各地旅行了幾個月，到訪巴黎和柏林，越南和澳大利亞。他還參加了位於內華達州黑岩沙漠（Black Rock Desert）的年度盛會「火人祭」（Burning Man），該活動吸引著反世俗陳規的文化人、創意人和矽谷類

型的人們，他們將藝術、音樂和藥物作為靈魂探索的一種方式。在那裡，有人拍了一張他騎著一輛白色腳踏車的寧靜照片，身穿絲滑的金色長袍和奶油色褲子，手持著一把油紙傘，保護自己免受明亮沙漠陽光的照射。然而，在「火人祭」營地中，他也是一個爭議性人物。一個營友形容他有魅力且機智，而另一個則說他是一個「可怕的人」，喜歡挑釁和激怒那些敏感的人。換句話說，他喜歡惹事生非。

最終，他搬到紐約市，並半開玩笑地告訴別人，他打算成為一名模特兒。但是，當他在派對上遇到的某個人真正要求他擔任一份模特兒工作時，他同意了，卻發現自己討厭這份工作。所以他還是選擇了科技產業。他推出一些平淡無奇的應用程式，其中許多應用程式都使用了蘋果一種新的iPhone開發者工具，可以在照片中找到一個人的臉。其中包括「TopShot」，陌生人可以根據1到5的評分標準評價你的外表，還有「Flipshot」，它可以從你的相機中挖掘未分享的照片，並提示你將它們傳送給朋友。「你最好的照片都在別人的手機上，」他曾在推特上這樣寫道。

其中兩個應用程式展現了他新的政治傾向。在2016年4月，當他發布一個類似推特的應用程式「Everyone」時，宣傳藝術包括一張性感的照片，照片中的尊室歡戴著一頂紅色的「讓美國再次偉大」帽子。「來到湯普金斯（Tompkins）廣場公園，天氣很好，我帶著我的吉他，」下面有一則訊息寫道。還有一個名為「Trump Hair」的應用程式，允許用戶將「川普」的經典髮型添加到他們的照片中。「它會非常巨大！」標

語如此承諾。(但事實並非如此。)

尊室歡與志同道合的科技愛好者成為朋友,但他們中多數人傾向左派。對此,他並不完全滿意。在2016年初的一條推文中他寫道:「為什麼美國所有的大城市都是自由派的?」在推特上,他突然全力支持另類右派(alt-right),轉發與自由意志主義(libertarianism)和白人至上主義有關係的名人、記者和出版品,他們對當前政治正確氣氛感到沮喪。「只要刻板印象不再正確,我就會停止使用它們」[16]是尊室歡認為值得轉發的一種言論。他穿著一件大白色皮草外套和他的「讓美國再次偉大」帽子出現在派對中,並隨意在對話中散發極端觀點:他說,雀兒喜·柯林頓(Chelsea Victoria Clinton)的婚禮就是洗錢的機會[17];種族與智力相關(「看看阿什肯納茲猶太人(Ashkenazi Jews)」)[18];「外國出生的人太多了,[19]」他會這樣說。而朋友們對這些觀點感到困惑的原因之一是,他本人就是一個在外國出生的移民。

尊室歡在舊金山的一位好朋友停止和他交談[20]。「我們找不到共同點。我以前從來沒有結束過如此親密的友誼,」當時在Airbnb擔任產品經理的阿斯特奧莫(Gustaf Alströmer)說。他表示,當尊室歡在灣區生活時,他並不是一個有黨派傾向的人。根據阿斯特奧莫的說法,尊室歡的政治興趣更多是理論性的,例如關於進行投票的最公平方式,或對社會而言最好的經濟體系。「他談到了澳洲的種族歧視,以及他父親是一個移民。他很有思考能力,對來自相同背景的人有同理心和同情心,」他說。「他在2016年使用的言辭與之前所說的完全相

反。」他將尊室歡的變化歸因於在網路上與錯誤的圈子交往。「你能在網路論壇Slack和Reddit上找到和你意見一致的人，」他說。「而尊室歡是一個正在尋找認同的人。」

在2016年的共和黨大會上，尊室歡以不同的方式引人注目：他是一個裝扮奇特、留著長髮、嬉皮風格的人，身處於單調卡其色襯衫和褲子的人群之中顯得格格不入。但他與一個看起來符合這個風格，並且似乎知道如何在這個世界中遊走的人一同出現：肚子微凸、紅髮、好挑釁的強森（Charles C. Johnson，網路上更知名的名字為Chuck Johnson。）

提到強森的名字[21]，很少有人不附上「網路巨魔」這個詞，這不是因為他那一頭火紅的髮色或豐滿的鬍鬚，而是因為他執著於戳痛自由派的網路諷刺藝術。當時二十七歲的強森自稱[22]是一位與知名保守派人士有關係的調查記者。他曾寫過一本[23]關於柯立芝（Calvin Coolidge）總統的書，得到保守派火爆人物克魯茲（Ted Cruz）、小布希總統時期對戰俘酷刑審訊的主導人柳俊（John Yoo）和媒體煽動者卡爾森（Tucker Carlson）的推薦。

在2014年，經過《華爾街日報》的實習夏令營和幾年在卡爾森的《每日呼叫者》（*Daily Caller*）任職後，強森推出自己的網站GotNews。他在那裡因為一些事情而聲名狼藉[24]，其中包括他對密蘇里州弗格森市被一名警官擊斃的十八歲黑人少年布朗（Michael Brown）的理論。布朗的死引發了全美的騷動，

並成為「黑人的命也是命」（Black Lives Matter）運動的催化劑。這名警官聲稱未持武器的布朗對他的生命構成威脅。為了辯護這名警官，強森刊登布朗IG帳戶中的照片，聲稱這些照片暗示他具有暴力傾向，但未打贏官司以取得布朗的少年法庭紀錄。這一切都成為極右派圈子追捧的養分，並發揮了作用。GotNews獲得了許多點擊[25]。

強森的調查經常針對黑人男性。在2015年，強森在推特上表示他想籌集資金「消滅」「黑人的命也是命」民權運動人士麥克森（DeRay Mckesson），因此被禁止使用推特。他聲稱有證據證明歐巴馬總統是同性戀，並且布克（Cory Booker，當時是紐澤西州大城紐瓦克的民主黨市長）實際上並未居住在紐瓦克（Newark）。南方貧窮法律中心（Southern Poverty Law Center）稱GotNews為「陰謀論者的發聲機構」。它被主流媒體[26]和「高客」網站所嘲笑[27]，並將強森冠以「網路上最糟糕的記者」的稱號。

偶爾，強森的直覺是正確的，比如有一次他對《滾石》雜誌[28]上，關於維吉尼亞大學一宗殘暴集團性侵案的真實性提出了質疑，該事件在進一步的調查中被證明為不實。但他的方法是極端的：他向任何能揭示故事中匿名被害人的人提供現金獎勵。強森最終確實找到被害人，但接著不小心發布了一張[29]錯誤的女性照片，導致該女性遭到騷擾。強森後來表示，他後悔在GotNews上走得太極端，將此歸咎於「年輕時的衝動」以及法國哲學家吉拉爾（Rene Girard）開發的「模仿慾望」（mimetic desire）理論，這一理論在矽谷群體中很受歡迎。在

強森的解釋中,敵人不禁會模仿對方。如果他變得惡毒和殘酷,那只是為了反映他所鄙視的「高客媒體」網站部落客的行為。

強森後來聲稱他是根據政府的要求進行了這些調查,自稱是一名聯邦調查局(FBI)的線人,負責藉由在網上發表瘋狂言論來引出國內極端分子。以超級反派的方式引人入勝,他毫不掩飾地直率與敏銳的頭腦,使他建立了令人意外的聯結。他是一個熱衷的自我宣傳者和人脈建立專家,他的聯絡人名單中包含了億萬富翁、政治家和權力經紀人的電話號碼。不過,他們是否真的會接聽強森的電話是另外一回事;他並不總能保持長久的友誼。

當強森和尊室歡決定一起參加共和黨大會時,他們剛剛認識不久。尊室歡是GotNews的讀者,請求加入[30]強森為極右翼群體運作的Slack群組。開始在網路上聯絡後,他們決定當強森來到紐約時將親自見面。

「從我們第一次見面起我就喜歡上了尊室歡[31],」強森說道。「他穿著這件越南製造的花花公子西裝,非常古怪。他穿著最奇特、最瘋狂的鬼東西。他不像沙坑裡的其他孩子。」

他們和塞諾維奇(Mike Cernovich)一起吃晚餐,他是一位男性權益倡導者,曾在推特上利用自己的影響力推動「#披薩門」(#PizzaGate)陰謀論,聲稱民主黨在華盛頓特區一家根本不存在的披薩店地下室進行兒童性交易。塞諾維奇發推文上傳了與晚餐夥伴們一起做爭議性的「OK」手勢照片,這個手勢原本表示「一切都好」,但保守派改變其含義,用來

傳達團結並激怒自由派。塞諾維奇在照片上寫道：「強森和@hoantonthat（尊室歡）問候大家。」他無法標記強森，因為強森在推特上仍然被封禁。

強森和尊室歡的第一次會面持續了十個小時。強森表示，他們討論了心理學、遺傳學以及科技如何擴大對人類的瞭解。強森認為維多利亞時代是全球智商達到巔峰的時期，並且認為那個時代的一些重要研究方向被不公正地「取消」了，比如面相學（physiognomy），即從臉部特徵判斷思想性格的能力。儘管學術界普遍認為[32]面相學是種族歧視和天真的觀點，強森認為科學家應該用當代的計算工具重新審視面相學。因為他相信古代是通往啟蒙的途徑，強森曾經決定只閱讀1950年之前的書籍。尊室歡後來對一位朋友狂熱地表示強森非常聰明。

強森在克里夫蘭為共和黨全國大會組織了一個集體住宅，他非常興奮地準備參加他認為是這一代人的胡士托（Woodstock）。他說尊室歡可以一起住。活動前幾天，尊室歡寄了一封電子郵件給強森，詢問是否還可以接受邀請。

「我會帶我的吉他[33]。」尊室歡說道。

「想見一下提爾嗎？」強森提議道，他指的是彼得·提爾（Peter Thiel），一位律師出身的創業投資家和哲學家[34]，曾共同創辦PayPal，並在臉書初期支持該公司，途中積累了巨額的財富。提爾是一位自由意志主義者，他認為自由和民主基本上是不相容的[35]，認為死亡可以克服，認為追求科技進步和由此產生的利潤是存在的理由。一位擁有巨大權力、反民主的億萬富翁，可能永生不死；這有什麼問題呢？

「當然！」尊室歡回答道\*。

他們在克里夫蘭租住的是三房公寓，房東是位性別研究領域的教授[36]。她回憶起尊室歡和強森，說那是她僅有一次出租自己的房子，因為無法抗拒外州共和黨人支付的驚人高價。這些人是得體的房客，但她曾經對於接待川普的支持者感到擔心，所以她從客廳牆上拿掉了一幅安迪・沃荷（Andy Warhol）的毛澤東主席畫作。然而，她的書架上依然擺滿激進女性主義的文學作品，這讓她的暫時房客感到有趣。在那一週的照片中，強森穿著內褲坐在扶手椅上，假裝自己正從翻閱某本重要著作中獲得啟蒙。

尊室歡信守諾言，帶著他的吉他來到現場，不時為朋友們演奏[37]。在強森拍攝的一段手機影片中，尊室歡表演了一首他創作的原創歌曲，靈感來自英國右翼激進分子揚諾普洛斯（Milo Yiannopoulos），對一位黑人女演員進行騷擾的行為導致他在那一週被推特封禁。

「你是大家最喜歡的同志兄弟，」尊室歡唱道。「而你總是向對立的一方投擲手榴彈／他們無法倖免／所以他們做的就是／他們封鎖你。」

他們從Airbnb租住的公寓，距離克里夫蘭騎士隊的主場只有十五分鐘車程，該場館暫時從體育設施轉變為政治角力場。共和黨的大象圖案遮住了巨大的NBA超級巨星詹姆斯（LeBron James）的照片[38]，而他一直是川普的強烈批評者。在大會的第一個晚上，尊室歡和強森乘坐Uber前往體育館聽梅蘭妮亞・川普（Melania Trump）發表演說。他們坐在高處的座位上，主要

---

\* 尊室歡後來否認自己在這段期間表達的極端保守觀點、川普支持者的身分，以及他與強森的友誼。但強森以電子郵件、照片和影片的形式保存了他們之間關係的大量檔案。

透過舞台上方的巨幅螢幕觀看她的演說。

　　第二天早上，強森履行承諾，帶著尊室歡坐Uber前往謝克高地（Shaker Heights）的一個「非凡的豪宅」，見到剛從床上起身的提爾。他的私人廚師在泳池邊為他們準備了一頓超級早餐，裡面有鮭魚和酪梨的歐姆蛋。根據強森的說法，他們在對話中主要討論的話題是「高客媒體」網站[39]。提爾多年來一直對這家媒體公司感到憎恨。該媒體公司經常報導他的事情，從他的性取向成為頭條新聞——「提爾完全是同性戀者，人們都知道」——到批評他「瘋狂自由意志主義」的觀點，包括建立一個在任何政府管轄之外的流動城市夢想，以及認為讓女性投票對美國民主不利。該媒體還密切關注他的投資基金克萊瑞姆資本（Clarium Capital）管理公司的困境[40]，在關閉之前已經損失了數十億美元[41]。

　　「我認為他們應該被描述為恐怖分子[42]，而不是作家或記者，」提爾曾經對該網站的記者們說道。這位億萬富翁一直在祕密資助若干訴訟[43]，希望使這家媒體公司破產。就在他與尊室歡和強森會面的前一個月，其中一個訴訟已經成功了。

　　一位前職業摔角手霍根（Hulk Hogan）在佛羅里達州坦帕市（Tampa）起訴「高客媒體」網站，原因是他們在一篇2012年的文章中刊登了將近二分鐘的監視器錄影。該影片展示他與一位朋友的妻子發生性行為，標題為「即使只有一分鐘，上班時觀看霍根在帳篷床上做愛仍然不適宜，但還是來看看吧！」高客網站認為根據第一修正案，即美國憲法強有力的言論自由保護，他們應該受到保護，因為他們在法庭上辯稱，文章

的內容是準確且具有公共利益。高客網站的員工並沒有偷竊該影片，這本來是犯罪行為；他們只是在報導和分享其存在。美國法院通常會保護媒體，但即使這是一場具有挑戰性的法律戰役，霍根也沒在怕的，更何況他得到一位億萬富翁的支持。事實證明，提爾的投資獲得了回報：霍根對「高客媒體」網站發起猛烈攻擊。佛羅里達的陪審團裁定賠償霍根1.4億美元，導致該媒體公司申請破產。取得勝利的提爾隨後承認他在此案中的祕密角色，讓全美媒體記者們感到心寒。如果強而有力的人士可以輕易地以訴訟方式使批評絕跡，那麼他們就難以被追究責任。

根據強森的說法，尊室歡在與提爾談論對「高客媒體」網站的重擊有多重要時，變得情緒激動，因為這家公司也曾損害了他的聲譽。強森眼中也有喜悅的淚水，他在幾年前曾就控告「高客媒體」網站誹謗。而雖然該公司正在逐漸停業，但根據強森的說法[44]，他的訴訟將會庭外和解，他將獲得100多萬美元的賠償金。

兩天後，當提爾在大會上發表演說時，強森和尊室歡已不在高處的座位上，而是在體育館的主場地，靠近舞台，他們獲得VIP通行證。他們拍了一張興奮的照片，微笑著，提爾的臉在他們身後的巨大螢幕上投射出來。提爾的容貌反映他的德國血統──寬額頭，濃密的眉毛，以及四十九歲時的青春氣息[45]，這似乎為他曾注射年輕人血液的傳言增添了可信度。

似乎對於如此龐大的人群還不習慣，提爾專注地盯著體育館的三個地方，每個結束的片刻他機械地轉動頭部──左邊，

中間，右邊……左邊，中間，右邊——與觀眾進行眼神接觸。而觀眾大概不知道他是誰，或者他有多少權力。他談到美國的落後、美國的破碎，以及像川普這樣的商人該如何修復美國。川普在當晚又發表了頗有威脅的演說，描述一個充滿暴力、犯罪和非法移民的美國，並警告他的對手希拉蕊・柯林頓會讓情況更加惡劣。

強森表示他和尊室歡對川普的熱烈崇拜是「荒謬主義」，他們欣賞他用滑稽行為使原本乏味的政治世界變得生動起來。「如果你是一個怪咖[46]，然後看到一個怪咖競選總統，你就會說『啊，怪咖掌權後，終於有我的位子了』。」強森說。「我們明白其中的笑點。」

他們真正尊敬的是提爾和他呼籲幫助「修復」美國的工具。那個星期，強森和尊室歡談論了一個有用的工具，可以查詢與大會上其他參與者有關的訊息，以便能夠判斷一個陌生人是否值得認識，或是應該敬而遠之的敵人。

一天晚上，他們在克里夫蘭的租屋前下車後，強森問尊室歡是否想要做更多事，而不僅僅是製作一些小型應用程式。「你想做點大事嗎？[47]」強森回憶起他問道。強森記得尊室歡回望他，眼中帶著狡詐的笑容，說道：「這會很有趣。當然，算我一份。」

從那時起，他們解開人類臉部祕密的旅程就開始了。這是一個擁有非常深厚根源的野心。

# 第 2 章

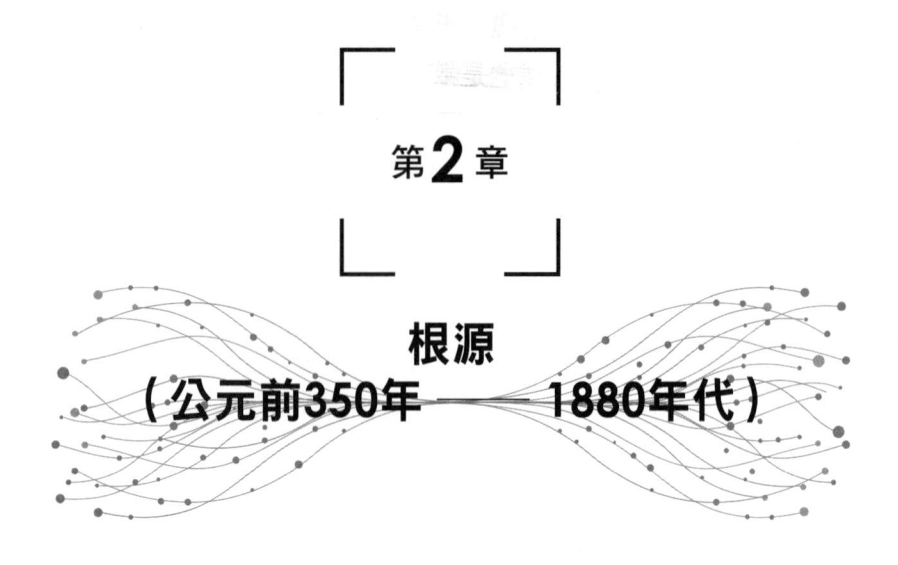

## 根源
## （公元前350年 —— 1880年代）

　　兩千多年前，亞里斯多德宣稱[1]人類是地球上唯一擁有真正臉孔的生物。其他動物有基本的組成——眼睛、嘴巴和鼻子，但僅有這些器官還不夠。這位希臘哲學家認為，真正的臉孔能夠傳達個性和特徵。臉是人類靈魂的映照，展現其深度和細膩之處。雖然這種解讀似乎過於簡單，但足以使亞里斯多德自信地斷言，額頭大的人懶惰，而淚腺肥厚的人是騙子。

　　「當男性有著較大額頭時，他們動作緩慢；當他們額頭較小時，他們善變，」他在《動物歷史》（*History of Animals*）一書中寫道。「額頭寬闊的人，容易心煩意亂；額頭圓潤或凸出的人，脾氣急躁。」

　　他的清單很長。眉毛直的人是溫柔的，如果眉毛彎彎的，這個人可能會脾氣暴躁、幽默或嫉妒，取決於眉毛的彎曲方

向。擁有綠色眼睛的人是開朗的,而眨眼頻繁的人則表示他們優柔寡斷。耳朵大的人會絮絮叨叨地談論,把你說得啞口無言。諸如此類,不勝枚舉。(他還說扁平足的人「容易耍賴」。)

這就是看手相,但看的是臉。從一個人的外表判斷其內心的所謂科學被稱為面相學。儘管亞里斯多德的判斷似乎毫無根據,但在隨後的幾個世紀裡,這些判斷卻引起嚴謹思想家們的興趣。尤其是在維多利亞時代,英國一位名叫高爾頓(Francis Galton)的通才,推動了對人性的更深入研究。

1822年,高爾頓出生於於一個傑出的家庭[2],他是七個孩子中最小的一個。他的祖父是伊拉斯謨·達爾文(Erasmus Darwin),一位著名的醫生、發明家、詩人和出版作家。他的表哥是查爾斯·達爾文(Charles Darwin)[3],他的《進化論》將震動科學界。年輕時的達爾文和高爾頓都被培養成為醫生,但達爾文卻選擇研究植物、甲蟲和蝴蝶。1831年,當達爾文於從劍橋大學畢業時,教授建議他加入小獵犬號(HMS Beagle)行列,擔任船上的博物學家。那次為期五年的航行[4],成為他開創性理論的基礎。但達爾文差點被拒之門外,因為船長是一位業餘面相學愛好者,他不喜歡達爾文的長相。

「他懷疑擁有像我這樣鼻子的人,是否擁有足夠的精力和決心完成這次航行,」達爾文在自傳中寫道。「但我認為他事後對我的鼻子感到滿意,我的鼻子證明他的懷疑是錯誤的。」

當達爾文從世界的另一邊返回並著手寫第一本書《小獵犬號航海記》(*The Voyage of the Beagle*)時,高爾頓正在心不在

CH2 根源(公元前 350 年 - 1880 年代) **45**

焉地攻讀醫學院學位。高爾頓對慘不忍睹的屍體解剖和沒有麻醉的可怕手術望之卻步。所以當他父親1844年去世後，高爾頓就退學了。但他不確定接下來該做什麼，於是他諮詢了一位顱相學家（phrenologist）。

顱相學是面相學的「科學」近親。它基於這樣一種信念，即一個人的性格和智力能夠從頭骨的形狀和其獨特的凸起和凹陷中加以解讀。顱相學家的工作對高爾頓來說稍微輕鬆了一些。儘管只有二十七歲，但高爾頓已經像他的表哥一樣開始禿頭，並長有黑色粗密的鬍鬚。在仔細觸摸過高爾頓的頭部後，顱相學家撰寫了一份七頁的報告[5]，解釋這位中輟的醫學生最適合「粗放生活」，成為殖民者或在軍中服役。

高爾頓決心成為一名探險家。他花了兩年時間乘馬、騾子和馬車，跟著將近四十名同伴，在現在稱為納米比亞（Namibia）的非洲地區旅行，拍攝長頸鹿、犀牛、獅子和斑馬，以獲取食物和樂趣。回國後，他像表哥達爾文一樣，將旅行經歷寫了一本書：《熱帶南非的探險者故事》（Narrative of an Explorer in Tropical South Africa）。

高爾頓的狩獵和探險故事，符合當時的時空慣例，充滿了極具種族歧視的色彩。他稱當地人為「野蠻人」，將其中一個族群描述為「好戰的田園黑人」，把另一個族群描述為「聰明友善的黑人」，將第三個族群描述為具有「英國壞蛋特有的……『重罪犯臉』」。他寫道：「我的意思是，他們有突出的顴骨，子彈形的頭顱，畏縮但不安分的眼睛和厚重的嘴唇。」高爾頓對於「未知世界」的冒險為他贏得了榮譽，並獲得英國

皇家地理學會（Royal Geographical Society）頒發的獎項。

1853年，在這本書書出版後不久，他的表哥達爾文寫信給他說道：「你經歷了多少勞苦和危險啊？[6]」、「我很難想像你是如何挺過這些困難的，畢竟你以前看起來並不強壯。」

這種調侃是表兄弟之間親切的戲謔，也反映出他們之間的關係。至少對於高爾頓來說，這激起了競爭的慾望。1859年，達爾文發表《物種起源》（On the Origin of Species）一書之後，高爾頓一直在尋找自己為科學界做出貢獻的途徑。他的靈感是將達爾文關於群體如何進化的理論應用到人類身上，並尋找精神和心理特徵，可以像身體特徵特質一樣遺傳的證據。為了評估「天賦和性格」是否在家族中遺傳，他研究了「傑出」個人的家譜[7]，列出他們的親屬關係和成就。他根據自己對「傑出」的主觀定義發現，傑出人士的後代更有可能對社會做出重大貢獻。他寫道，他和「我們時代的亞里斯多德」達爾文都是這一理論的證明，因為他們是來自無與倫比的伊拉斯謨（Erasmus）後代。高爾頓很少考慮社會地位、階級的作用，也很少考慮富人和名人的後代有更多機會，更沒有考慮到達爾文的天才，差點被他的大鼻子阻擋了。

為了進一步推動他的想法，高爾頓將罪犯的照片分類[8]，包括強姦犯、謀殺犯和詐騙犯，將它們疊加在一起，希望找出每類罪犯所共有的身體特徵。在他看來，天生擁有某些特徵的人註定要走上特定的道路：知識分子或罪犯都是天生的，而不是後天造就的。

達爾文在加拉巴哥群島（Galápagos Islands）上發現孤立

的動物族群出現了獨特的特徵,而高爾頓則主張種族中的人群也是如此。他主要根據其他人對西非人的「觀察」寫道,西非人具有「衝動易怒、缺乏耐心、沉默寡言,也沒有尊嚴」的特徵。他認為美洲原住民是「天生冷漠、憂鬱」且「悶悶不樂」。高爾頓認為新移民的美國白人是「進取、蠻橫和易怒」,並且「容忍詐騙和暴力」,因為他們離開歐洲到新大陸定居的祖先都是不安分的人。他還對人種的智力進行排序。他自信地聲稱,這些都是遺傳特徵,由父母傳給子女。

高爾頓認為,社會應該努力使人類最優秀的特質得以延續,就像農民努力培育最堅韌的植物和最健康的動物一樣。他鼓勵最有能力的男女結婚,以提高人類的整體素質。他創造了優生學(eugenics)一詞[9],該詞來源於希臘語eugenes,意為「出生良好」。至於能力較弱的人,高爾頓後來寫道,「慣犯」應該被隔離、監視並禁止生育。「這將消除未來一代的痛苦和悲慘之源。」高爾頓寫道,他的理論得到了後來一些學者和納粹德國政權所擁抱。

達爾文在1870年高爾頓的著作《遺傳天才》(*Hereditary Genius*)出版後寫信給他[10],承認自己只讀了大約五十頁。他稱這本書為「有趣而新穎」,但認為難以消化。他在信中寫道:「我一直認為,除了傻瓜以外,人與人之間在智力上並無太大差別,差別只在於熱情和勤奮。」在這封非常禮貌的信中,他暗示了對該書前提的深刻異議。

對這本書的評價褒貶不一[11]。某些評論家稱讚高爾頓是一位「獨創的思想家」,而另一些評論家則嘲笑他對自己武斷的

理論過於自信。高爾頓的照片合成和家譜研究，表面上是試圖衡量人類的心智和靈魂。然而，他非但沒有為人性研究提供科學的嚴謹性，反而將偏差和成見包裹在高深莫測的分析之中。

───────

維多利亞時代，高爾頓只是眾多試圖將科學方法引入人體研究的人士之一。在法國，一位名為貝蒂榮（Alphonse Bertillon）的檔案管理員採用了一種不同的方法，試圖發現是什麼讓人與眾不同，而不是千篇一律。他的方法後來被執法機構廣泛採用。

貝蒂榮高大傲慢[12]，長著大耳朵、濃密的鬍鬚和嚴肅的深邃眼神。他出生於巴黎的一個統計學家家庭，二十六歲時在警察局找到了一份工作。那是一份相當沉悶的工作。貝蒂榮在地下室工作，將逮捕報告和背景調查的資訊抄寫到刑事鑑定表上。法國於世紀初就停止了給已定罪的罪犯貼標籤[13]，轉而透過姓名字母順序排列的描述卡片和黑白相機照片，來記錄他們的資訊。黑白相機在當時是一種相對較新的發明。然而，這是一個糟糕的系統。被告只需編造假名，警方就無法可靠地透過卡片目錄查看某人是否為慣犯。

貝蒂榮是一個極度追求規則的人，他渴望將這些罪犯做更好地分類。因此，他走訪監獄，用卡尺來測量囚犯的各種數據：身高、四肢、手和腳的長度、頭部的寬度、兩眼之間的距離、臉頰骨到耳朵的距離等等。

貝蒂榮認為，每個人都是獨一無二的，他獨特的測量組合是一種可靠的方式，用來區分不同的人。他向警察局的上司提

出了一個系統：對每個罪犯進行十一個不同的身體測量，並利用這些資訊來追蹤社會的不良分子，將被捕的人分為身體標本的不同類別，從頭部的長度——小、中、大——開始，然後是頭部的寬度，然後是頰骨到耳朵的距離，如此類推。

警局上司覺得他瘋了。幾個月後，貝蒂榮有了一位新的上司，雖然還是持懷疑態度，但同意進行一次試驗，看系統是否真的能夠辨識慣犯。在三個月內，一名因竊盜被捕的人雖用化名，但被貝蒂榮的系統辨識為一名剛獲釋放的慣犯。隨後，更多的成功案例接踵而至。這套系統於1880年代在巴黎開始使用，並沿用了多年，最終推廣到其他國家的執法機構。

貝蒂榮成為知名的犯罪學家，他還推動拍攝違法行為者的標準化照片：一張正面照和一張側面照；這就是現代的犯罪嫌疑人證件照。

1893年，高爾頓對這個追蹤犯罪的系統感到興趣。他前往巴黎拜訪貝蒂榮的實驗室，並獲得一件紀念品，一張帶有他測量數據和證件照的個性化卡片，他留著的側鬢已經斑白。但是，高爾頓和警官們一樣，也看到了貝蒂榮在刑事司法系統中所做的細緻測量存在一些缺點：要對一個不配合的對象進行測量是很有挑戰性的，而且不同地區測量的方法也不一樣。

高爾頓聽說印度有一位英國殖民官成為指紋技術的倡議者，並從願意提供指紋的人那裡收集了許多指紋。當高爾頓得知這個收藏時，他請求對其進行研究。高爾頓希望能夠在指紋的螺紋和脊紋中找到智慧和邪惡的模式，但他非常失望[14]。他無法在不同種族間的指紋中找到根本性的差異，也無法發現一

位傑出政治家和一個「先天蠢材」之間的區別。他寫道,「就我所能發現的而言,指紋中沒有任何關於氣質、品格或能力的跡象。」

貝蒂榮認為自己的方法更勝一籌,但在高爾頓寫了一本關於指紋(無意中留在犯罪現場的證據)如何助於犯罪調查的書後,貝蒂榮不情願地在他的罪犯紀錄卡上增加了指紋的位置。1903年,美國兩名不同指紋的囚犯,因身材相似、姓名相同而被誤認為對方,此後指紋成為執法部門的首選方法。

貝蒂榮並不同意高爾頓的觀點,即邪惡的人在解剖上與正直的公民有所區別。但高爾頓卻有其他觀點一致的同輩學者。1876年,一位名叫龍布羅梭(Cesare Lombroso)的義大利醫生和顱相學家出版了一本名為《罪犯》(*Criminal Man*)的書,專門研究犯罪分子的特徵[15]*。《罪犯》這本書將犯罪分子描述得像是一個獨立的物種,擁有獨特的身體和心理特徵。例如,大顎骨、上唇細薄、突出的嘴巴或無法臉紅等特徵都被視為證明某人是罪犯的特點。龍布羅梭還描述一些他認為「在黑人和動物中發現」的身體特徵,以及某些頭蓋骨「如同祕魯印第安人」。

當時一些謹慎的思想家對退化現象(atavism)感到擔憂,即人類正在退化。龍布羅梭提出,罪犯展現了這種退化現象,他們擁有「遙遠祖先的身體、心理和功能特徵」。換句話說,如果街上有人看起來像一個「野蠻人」,女性應該緊緊地抓住自己的錢包。這是種族歧視再次偽裝成嚴謹的科學,這種思維似乎與渴望測量和分類人類形態的慾望,危險地糾纏在一起。

---

* 龍布羅梭的女兒在書的再版序言中寫道,他曾經給40個兒童展示過偉人和罪犯的肖像,其中80%的孩子能夠找出「壞人和騙子」,這顯然證明了他的理論,而不是肖像風格上的差異。

儘管這聽起來令人匪夷所思，但龍布羅梭作為一位犯罪人類學家，卻受到執法官員的認真對待，他們曾邀請他協助解決未解之案。在19世紀末，一名兒童被性侵並感染梅毒後，警方請求龍布羅梭審查嫌疑人[16]。龍布羅梭後來寫道，他根據「邪惡相貌」及最近梅毒痕跡，將其中一人確定為兇手。

龍布羅梭的理論具有影響力。艾爾伍德（Charles Ellwood）在龍布羅梭的書被翻譯成英文後讚不絕口，他成為美國社會學會的主席，表示這本書「應該標誌著美國犯罪學科學發展的一個時代」。1912年，艾爾伍德在《美國刑法和犯罪學院期刊》（Journal of the American Institute of Criminal Law and Criminology）中寫道：「龍布羅梭毫無疑問地證明了[17]，犯罪具有生物學根源。」

這種認為所有事物，甚至犯罪行為都可以被衡量的信念，反映19世紀對統計[18]、標準化和數據科學的追求。這種熱情也在工業界共用，特別是美國的鐵路業，他們著迷於對乘客進行分類和追蹤的可能性。鐵路公司為列車長採用了一個基本的人臉辨識系統[19]：車票上印有七張卡通人物的臉孔，包括一位老婦人、一位年輕女子和五位有不同鬍型的男性。列車長會將每張車票標記為與持有者最相似的臉孔，這樣如果一位年長的婦女購買了一張來回票，年輕男子就無法使用它來進行返程旅行。

根據1887年8月27日《鐵路新聞》（The Railway News）的報導，許多乘客對另一種更複雜的乘客分類系統感到不滿：

一項新的票務系統在通往加州的陸路上投入使用後，

引起了很多抱怨[20]。問題根源在於密蘇里河發出的車票上有一種被稱為「打孔照片」的東西。這被認為是對乘客的完全描述。在車票的邊緣以直行印刷著以下小號黑色字體的詞語：

男性－女性。

苗條－中等－肥胖。

年輕－中年－年長。

眼睛：淺色－深色。

頭髮：淺色－深色。

鬍鬚：小鬍子－下顎鬍子－腮鬍子－無鬍鬚。

列車長會透過打孔方式將與乘客不符的所有描述詞語去掉，來「拍攝」乘客。文章指出，被標記為「肥胖」和「年長」的女性可能對這個系統表示反對，但更嚴重的是，這個系統對試圖完成往返旅程的旅客造成了困擾，因為他們被認為與票務描述不夠相似。

這個類比人臉辨識系統啟發了一位重要的旅行者[21]：名叫何樂禮（Herman Hollerith）的德國移民之子。何樂禮曾是一名美國人口普查局的員工，他認為「打孔」方法[22]可以幫助收集美國各地居民的人口統計數據。他提出一個想法，以一個看似在鬆餅機內布滿釘子的電磁機器，讀取標準化穿孔卡片。當機器對著卡片合上時，穿孔會允許釘子通過，以便與汞池接觸，完成電流回路。這個電路會啟動一個磁性撥盤，用於統計數據，推進計數器。例如，如果釘子穿過指定給已婚人士的孔，

電路就會閉合，並將該人視為已婚。沒有穿孔意味著電路沒有連接，也就沒有婚姻的幸福。

在實際應用中，何樂禮的系統顯著節省了人口普查員在統計資料方面的時間。在成功應用於1890年的人口普查之後，世界各地的人口普查局租用他的機器並購買了他的穿孔卡片。這是最早的現代電腦之一，何樂禮隨後創立現在被稱為IBM的公司。

在20世紀初，哈佛大學的一位人類學家艾霍頓（Earnest A. Hooton）使用IBM的穿孔卡片和何樂禮的卡片分類機，繼承了高爾頓、貝蒂榮和龍布羅梭的研究。從1920年代末開始，艾霍頓對美國境內13,873名罪犯和3,203名平民進行測量[23]。在他於1939年發表《罪犯與人》（*Crime and the Man*）長達四百多頁的研究書中，他得出結論：龍布羅梭是對的。「犯罪不僅僅是一個社會學現象，也是一個生物學現象。」他寫道。艾霍頓對於僅憑外貌就能判斷潛在犯罪者的可能性存在疑慮，但與高爾頓一樣，他建議將重罪犯「永久監禁，絕對不應該允許他們繁殖」。他相信透過進一步的研究，有可能確定「哪些類型的人是無用和不可恢復的，哪些類型是優越並具有生物和教育改進能力的」。

該位哈佛大學人類學家寫道：「我們可以藉由培育人類更好的類型並無情地淘汰低劣的類型，來引導和控制人類進化的進展。犯罪可以被消除，戰爭可以被遺忘。」

優生學認為某些類型的人對社會有害，這一觀點在納粹德國中臭名昭著。然而，這種優生學思想在美國也很盛行，但相

對較少在歷史教科書中被提及[24]。直到1970年代，美國仍對原住民、黑人婦女和「低能者」實施非自願絕育。根據一項可怕的1927年最高法院裁決[25]，絕育被稱為合理的行為，因為「社會可以阻止那些明顯不適合的人繼續繁衍他們的種族」。

如今，《犯罪與人》並未廣泛流傳。即使在當時，評論家們也將艾霍頓的理論稱為「高度非正統的」[26]、「有爭議的」和「令人震驚的」。但這種思潮仍然存在，即犯罪和天才是生物性的，某個人的身分可以從他們的臉上讀出來。就像人們相信，擁有強大數據處理能力的電腦，能夠揭示出我們真正是什麼樣的人。

# 第3章

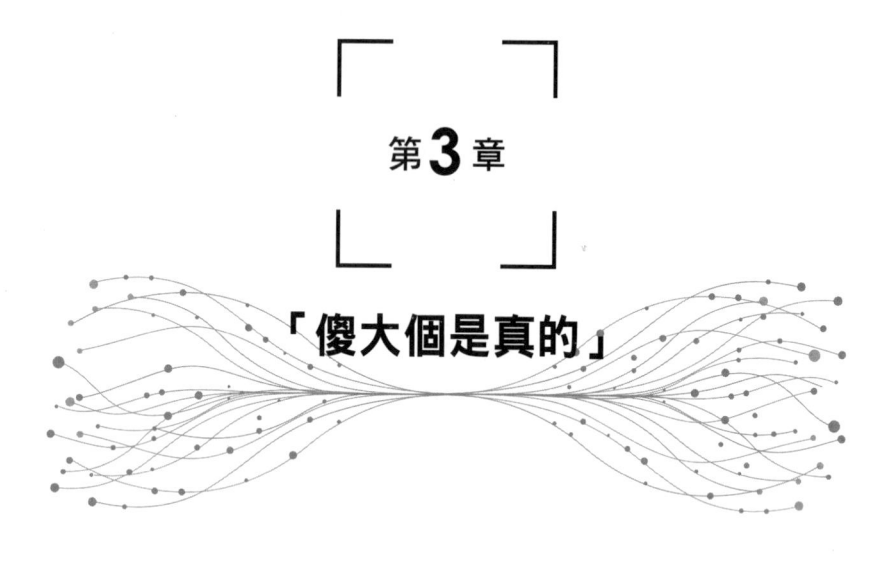

## 「傻大個是真的」

共和黨全國大會結束後,尊室歡回到紐約市,而強森則回到加州弗雷斯諾(Fresno)市外的克洛維斯(Clovis)。相隔三千英里並不是問題,因為他們有網路。而且根據強森的說法,他們對可能一起創造的東西有一個模糊的概念:一個幫助判斷陌生人的工具。

由於兩個二十多歲的年輕人可能不會受到投資者的重視,強森認為他們需要一個有分量的重要人物,就像在谷歌新創時期的施密特(Eric Schmidt)為年輕創業者提供的「監護人指導」一樣。強森甚至已經想到一個人選:史華茲(Richard Schwartz),一位長期在紐約市政界工作的人,過去曾長期為紐約市前市長朱利安尼(Rudy Giuliani)工作。

史華茲在紐約長島長大[1],搬到紐約市就讀哥倫比亞大學後就再也沒離開。1980年畢業後,他在紐約市公園與遊憩部門工

作。該部門是一個具有龐大預算的城市機構，當時的主事人是莫西斯（Robert Moses）理念的信仰者[2]。莫西斯是一位備受爭議的公職人員，以打造紐約市的公園和遊樂場而聞名，但同時也因在少數族裔社區中修建高速公路，使這些社區變得醜陋不堪和汙染嚴重，因而毀譽參半。

「我被刻意傳授了許多如何在政府中完成專案的商業祕訣，」史華茲說道。「因為這就是莫西斯看重的事情。」

1994年，前檢察官朱利安尼在打出「法律和秩序」競選口號後，成為紐約市幾十年來的第一位共和黨市長，他任命史華茲擔任政策顧問。史華茲致力於城市服務的私有化以及福利「改革」，試圖透過引入工作機會來減少領取政府福利的人數。在朱利安尼的第一個任期結束時，史華茲轉向私營領域[3]，成立了一家名為「美國機會」（Opportunity America）的諮詢公司，幫助其他城市減少領取福利人數。公司利潤豐厚，導致一位當地記者指出這種情況，「一個曾經向貧困人口提供大量資金的系統[4]，已被一個提供大量資金讓窮人工作的系統所取代。」不久後，他的公司陷入了紐約市的貪腐醜聞中[5]，有人指控稱史華茲利用與市長的關係，幫助一家總部位於維吉尼亞的公司獲得價值1.04億美元的就業培訓合約，其中一部分款項被指定用於「美國機會」公司。這場爭議最終過去了[6]，但史華茲以近百萬美元的價格將公司賣給那家維吉尼亞公司[7]，並退出社會福利諮詢業務。

然後他做出了令人驚訝的職業轉變，在2001年初在紐約《每日新聞》（*Daily News*）找到一份社論版編輯工作。這導

致媒體記者對史華茲進行更多批評性的報導[8]，他們對史華茲缺乏明確的經驗感到困惑。他說：「莫特喜歡我」。莫特·祖克曼（Mort Zuckerman）是擁有《每日新聞》的億萬房地產大亨，而史華茲是利用朱利安尼的關係認識祖克曼。當年9月，史華茲負責紐約世貿中心恐怖攻擊事件的社論報導，對照他過去在私有化方面的工作，他現在主張由聯邦政府接管機場安全工作，這在運輸安全局（TSA）成立之前就已存在，這點頗具諷刺意味。

到2006年，他已離開《每日新聞》，進入管理和戰略諮詢領域的幕後世界[9]，向願意付費的客戶提供意見和人脈。他的合作夥伴是一位名叫弗萊德曼（Ken Frydman）的資深公關人員；他們曾一起為朱利安尼和《每日新聞》工作。弗萊德曼後來表示，他們分道揚鑣是因為史華茲試圖從一筆財務交易中排除他。「他是我的合作夥伴，但最後我無法信任他，」弗萊德曼說。「我確實想念他。我們賺了很多錢，也有過美好的時光。」

史華茲結婚有了一個女兒，但到2015年，當他和紅髮保守派新秀強森共進午餐時，生活中並沒有太多其他事情發生。

史華茲和強森都是非常擅長社交的人，所以他們會有交集並不令人驚訝，但這是一對不尋常的組合。史華茲是一位身著不合身西裝的嬰兒潮世代（指出生於二戰後的1946年至1964年之間），他已意識到低調所帶來的保護，而自以為是的千禧世代強森，則靠在網路上「釣大魚」進行激烈的爭論來獲得權力。

他們在史華茲的常去午餐地點相遇[10]：潘興廣場（Pershing Square）是曼哈頓中央車站對面的一家老式餐館。史華茲說，他在市政府工作時，就已經批准這家餐廳的選址。那是尊室歡和強森見面的十個月前，也是川普宣布參選總統的一個月後。

「史華茲希望重新認識川普的圈子。我也認識一些人。我們在紐約的億萬富翁和房地產人士方面進行交流和比較，」強森描述了這次會面。「我收集超級富豪的資料，這是我的愛好。史華茲認識一些，我也認識一些，我們就像交換棒球卡片一樣互相交流。」

史華茲向強森講述他在紐約政治機器內部的生活故事，以及他在朱利安尼市長手下工作的經歷。對於強森來說，這就像參觀一個政治博物館，雖然布滿灰塵，但資訊量大。離開午餐時，他將史華茲歸入腦海中，當作一個與富裕家庭和朱利安尼政治派系有關聯的人。

一年後，當強森正醞釀與漂泊在曼哈頓的尊室歡合作「大幹一場」的計畫時，史華茲突然浮現在他的腦海中。2016年7月，提爾在克里夫蘭發表演說兩天後，強森正回加州見他的印尼裔＊美國妻子時，他匆忙給尊室歡和史華茲發了一封郵件：「你們應該盡快在紐約見面！」[11]

他們很快見面了[12]，儘管他們的年齡相差三十年，但彼此非常合得來[13]。史華茲像一位父親一樣給予鼓勵和關懷，這些特質深深觸動尊室歡，因為他自己的父親是一位從職業賭徒轉行成大學教授的人，而他與父親相隔半個地球。至於史華茲則說，尊室歡給他的感覺是一個「迷失的靈魂」。

---

＊ 強森經常提到他妻子的族裔，以證明他不是白人至上主義者。

史華茲談到他是如何改造曼哈頓東村（East Village）的湯姆金斯廣場公園（Tompkins Square Park），這是尊室歡喜歡去彈吉他的地方。在1980年代，當史華茲和尊室歡年齡相仿時，他住在離那個占地十英畝的公園僅一個街區的地方，當時他在市政府公園與遊憩部門工作。那時，公園成了無家可歸者、毒品販子、派對人士和穿著皮衣的龐克搖滾樂迷聚集地，他們深夜將音樂放得震天響。史華茲想讓公園變得更有秩序，增加了狗狗跑道，讓家庭可以聚集，年輕專業人士可以喝杯咖啡。在1988年，市政府開始對原本二十四小時開放的公園實施宵禁，當人們抗議時[14]，市政府派出數百名員警，結果引發整夜的激烈衝突，造成數十人受傷。警方增加巡邏，他們開始清理公園中無家可歸者的帳篷，而在1991年，公園因進行為時一年的翻修而關閉[15]。這些改變，再加上該地區的整頓，將公園變成史華茲所設想的地方，居民在這裡日光浴，家庭帶著孩子來玩，一個戴著MAGA（Make America Great Again的縮寫），即「讓美國再次偉大」帽子的年輕迷失靈魂可以向朋友演奏音樂。

尊室歡問他為什麼不搬到舊金山，那個自由派的科技聚集地存在著嚴重的無家可歸問題，可以把那裡改造好。史華茲笑了起來。「絕不可能，」他說。「我永遠不會去那裡。」

尊室歡告訴史華茲，他也喜歡創造東西，不過是在虛擬世界裡，把他的想法變成電腦程式。史華茲聽著，很感興趣，但他覺得尊室歡需要幫助來實現更大的夢想。他們開始集思廣益。「只要他的程式設計能力有聽起來的一半好，我們就可以做任何事情，」史華茲回憶道。「他是一匹在尋找伯樂的千里

馬。」

史華茲離開那次會面時，還不確定未來的發展會如何。他非常喜歡這位程式設計天才，但認為這位年輕人對自己來說「太酷」了。因此，當幾天後尊室歡打電話給他時，他感到非常驚訝。「嗨，哥們！」尊室歡在電話那頭說。

---

到了2016年9月，尊室歡、史華茲和強森之間的郵件往來頻繁，討論他們可以建立一個工具[16]，讓人們更容易對人做出判斷。他們最初的想法是，建立一個搜尋工具，輸入某人的電子郵件地址、社群媒體帳號，甚至是他們的臉部照片，搜尋工具就會輸出一份報告，彙總關於該人在網路上所有可得到的資訊。

對於強森來說，他最引以為豪的是重新審視諸如面相學等已被人遺忘的科學，尋找值得挽救的想法。毫無疑問，臉部提供了最有趣的可能性。他並不需要依賴維多利亞時代的科學理論，現代研究人員也正在試圖證明面相學的價值。塔夫茨大學（Tufts University）的心理學家讓志願者根據剪裁過的臉部照片來猜測人們的性取向[17]。他們經常猜對，因此學者們認為「同志雷達」（gaydar）是一種真實存在。另一組研究人員使用人工智慧進行相同的實驗[18]，結果顯示人工智慧預測性取向的準確率也高於偶然性。然而，其他學者指出了這些研究的缺陷[19]，包括性取向與個人儀容選擇之間可能存在的關聯，從而有效地瓦解了「性取向被寫入我們的臉部結構」這一說法。

此外還有更多。兩位中國的資訊科學家聲稱能以高達90%

的準確性預測「犯罪臉孔」[20]。接著，兩個美國研究團隊[21]（其中一個以龍布羅梭為靈感來源）開發了各自的電腦程式來檢測異常人群，聲稱達到97%的準確性。然而，這些所謂的犯罪檢測器遭到批評者的嚴厲抨擊[22]，他們認為這些程式並不是在預測誰是罪犯，而只是在判斷哪些臉孔是從警方拍攝的嫌疑犯照片中裁剪出來的[23]。

史華茲似乎對此方向持最謹慎的態度。他鼓勵合作夥伴尋找更容易盈利的應用領域，比如資訊安全領域。然而，當他向他們傳送一篇來自《華爾街日報》的文章，關於企業將自拍照替代密碼的構想時，尊室歡卻不屑一顧地說：「這真的很愚蠢[24]。我可以進入任何人的臉書，取得一張他們的照片。」

尊室歡渴望做一些更偉大的事情。他對於臉孔是靈魂之窗這個想法持開放態度，並認為可以訓練電腦破譯人臉。他在一封電子郵件中說：「我確實相信基因決定論，所以如果犯罪或其他特徵是可遺傳的，它應該會在臉孔中體現出來。」在接下來的幾個月裡，他在傳送的資訊中提到了對已知的謀殺犯、騙子和藥物濫用者的臉孔進行數據分析，以找出共同的臉部特徵，從而有可能用於預測某人是否會對你不利。顯然，強森的信仰明顯地影響了他。

尊室歡是團隊中的主力。他在網路上搜尋各種資料，以充實他們的想法，搜尋人臉的數位資料集和學術研究論文，這些可能會提供其他有前景的分析方法。在創業過程中，他就像往牆上扔麵條，看什麼能黏住一樣，是種投石問路的做法。

「傻大個是真實存在的[25]，」尊室歡在一封給夥伴們的電

子郵件中,提到2013年西維吉尼亞大學的一項研究。研究人員訓練電腦只根據一個人的臉部照片來預測其身體質量指數（BMI）[26],進而預測其健康狀況。

同一天午夜過後,他又傳送一封主題為「臉孔與智商」的電子郵件,其中包含捷克2014年一項可疑研究的連結[27]。研究人員讓八十名志願者（其中男性四十名,女性四十名）參加了智力測驗並拍攝他們的大頭照。然後,另一組學生觀察這些照片,猜測每個人的智商。尊室歡總結了研究結果:「人們可以從一張臉上預測男性的智商,但無法預測女性的。」他隱晦地表示:「從進化的角度來看是有道理的」[28],暗示只有男性的智商在交配時才是最重要的＊。

當時他們似乎認為,一種用電腦視覺判斷人們的自動工具,可能會帶來豐厚的利潤。尊室歡偶然發現一篇關於Clarifai電腦視覺公司的文章,該公司允許人們拍攝他們喜歡的產品照片,例如一雙運動鞋,並向他們展示類似的銷售版本。這家公司剛從投資者那裡籌集到3,000萬美元。他在一封與合作夥伴分享文章的電子郵件中寫道:「人們會瘋狂把錢投入這種鬼東西[29]。」

史華茲回覆道:「令人印象深刻,令人鼓舞。」

但是,要對人們的內心進行資料採擷,就必須接觸到那些通常只有在違背個人意願的情況下,透過閱讀日記或入侵私人帳戶才會暴露的祕密。資訊安全並不完美,此類漏洞並不少見。在2015年一次曝光的駭客事件中[30],所謂的反偷吃守護者（anticheating vigilantes）揭露一家名為Ashley Madison的婚外情交友網站三千多萬筆用戶資料。駭客掌握該網站的帳單紀錄,

---

＊ 多年後,尊室歡說他對發送本章所提到的郵件深表遺憾,這些郵件並不代表他的「觀點和價值觀」

並將其發布到網上,暴露會員的姓名和聯繫方式。尊室歡將此次漏洞描述為不忠資料的金礦。他在一封電子郵件中寫道:「我們可以利用Ashley Madison的電子郵件[31],查找他們在臉書上的個人資料,看看出軌者的臉長什麼樣。」他的這番話讓人聯想到高爾頓的「重罪犯臉」。

「我喜歡這個,」強森回覆道。

當幾位丹麥研究人員[32]從Ok丘比特網站抓取數據並公開7萬名網上約會者的用戶名,以及他們對私密測試的回答時,尊室歡看到了更多似是而非的生物特徵探勘素材,並建議將他們的臉與「藥物使用和性取向」[33]進行配對。尊室歡聯繫其中一位從Ok丘比特網站抓取數據的技術人員,他與極右翼有關係,毫不掩飾地相信種族和智力之間存在著聯結[34]。他說很樂意「與對方交流想法」。

「他建議抓取死囚的資料[35],」尊室歡寫道,並附上德州被定罪犯人的照片資料庫連結。

「好東西啊,哥們。」強森回答道。

尊室歡的一些朋友擔心他與強森的相處時間太多[36],他們認為強森對他有不好的影響。當尊室歡去加州時,強森帶他去射擊場[37]。「如果你從未開過槍,我會對你有所懷疑,」強森說道。他錄了一段尊室歡在試圖裝填子彈時手忙腳亂的影片。「槍很酷,」尊室歡在射擊練習後說道。

在強森、史華茲和尊室歡之間的電子郵件密集聯絡持續了幾個月,逐漸接近他們最終將創造的工具。尊室歡曾經建立一個Tinder外掛,能自動對每個人向右滑,以幫助他提高約會機

會,他提議建立另一個Tinder外掛,用來抓取約會應用程式上每個人的臉部照片,然後將它們與用戶聲稱的興趣和喜好進行比對,就好像有一些臉部特徵可以顯示某人是否喜歡狗或喜歡在海灘上散步一樣。

然而,該團隊不僅僅考慮基於臉部的預測;他們開始思考如何辨識臉部。有一天,尊室歡寫道:「如果我們的臉部匹配變得精確[38],」你可以使用某人的照片找到他們原本匿名的Tinder個人檔案。這是一個有潛在危險的想法:一個跟蹤者可以在約會應用程式上找到他所追求的對象,並讓它看起來像是一種演算法的偶然巧合。

在2016年10月底,尊室歡向強森和史華茲傳送一篇來自英國報紙《獨立報》(*The Independent*)的文章,標題是「中國希望給所有公民一個評分,他們的評分將影響他們生活的各個方面。」一個副標題解釋道:「共產黨希望透過使用網上資料對所有人進行評分來鼓勵良好行為。那些惡劣行徑的人將被剝奪貸款或旅行等基本自由。」

大多數在社群媒體上分享該文章的人似乎感到恐懼,並列舉這種政策帶來的風險:這意味著你犯的每個錯誤都會跟隨著你去到任何地方,沒有新的開始。你的機會將受到過去對你做出的判斷限制,無論這些判斷是正確還是錯誤。有人說這就像是史坦加特(Gary Shteyngart)的反烏托邦小說《超級悲傷真愛故事》(*Super Sad True Love Story*)中的情節。史華茲回應道:「太棒了!我們能在2020年的期限之前超越他們嗎?[39]」

一個月後,尊室歡再次向史華茲和強森傳送另一篇文章,

其中提到一款名為FindFace的俄羅斯人臉辨識應用程式。人們可以透過該應用程式拍攝陌生人的照片，然後在類似臉書的社群媒體VKontakte上找到他們。一名攝影師曾使用該應用程式在地鐵上辨識陌生人。更糟糕的是，有人使用該應用程式找到了色情演員和性工作者的真實身分，並對她們進行騷擾。「這將會是未來[40]，」尊室歡寫道。

　　這是一個產業、政府和資訊科學家數十年來一直在努力追求的未來，一個如此誘人的夢想，以至於很少有人考慮到它可能變成一場噩夢。

# 第4章

# 如果一開始沒成功（1956-1991）

大多數美國人每天都要查看智慧型手機數百次[1]，並在幾分鐘內意識到自己是否把手機遺落了。在過去十年中，不時有調查詢問人們在一年中寧願犧牲什麼[2]：手機還是性愛？在每次調查中，都有近一半的受訪者選擇願意禁欲，而不願失去觸控螢幕。手機是如何成為我們日常生活中重要的一部分，如此不可或缺的附屬品，以至於有些人認為它們比浪漫伴侶更有必要？

讓我們的生活充滿科技氣息的人，以一種近乎神聖的狂熱，希望按照我們的形象創造出機器[3]，不僅能提高我們的能力，還能提供真正的陪伴。1956年夏天[4]，一群傑出的數學家、工程師、心理學家和未來的諾貝爾獎得主聚集在新罕布夏州（New Hampshire）的達特茅斯學院（Dartmouth College）。在那個只有打字機、黑白電視機和如冰箱般大小複雜計算機的時

代,全由男性組成的與會人員利用部分暑假時間[5],想像著能像人類一樣思考和行動的機器。

「我們將努力探索如何讓機器使用語言、形成抽象概念、解決現在只有人類才能解決的問題[6],並自我完善。」該提議說服洛克菲勒基金會提供所需資金的一半[7]。他們希望製造出像《傑森一家》(*The Jetsons*)中的蘿西(Rosie)那樣的機器人——儘管這部經典動畫要十年後才會播出——一個可以打掃房間、跑腿、照顧孩子和開玩笑的機器人。他們稱之為「人工智慧」。

在關於思維和意識的熱烈討論中,對於如何製造能夠模仿甚至超越人類的機器,出現了兩種不同的想法[8]。第一種想法是給機器下達明確的指令,基本上就是建立一個很長的「若這樣,就那樣」規則手冊。其他人則認為,生物學和心理學提供更有用的指導線索,這樣的機器需要一種神經系統,類似於大腦,能夠透過感知和經驗自主學習。第一陣營希望賦予電腦以人類的邏輯;第二陣營則希望賦予電腦以人類的直覺。

會議結束後不久,會議發起者之一數學家明斯基(Marvin Minsky)接受麻省理工學院的教授職位。他年僅三十一歲,但禿頂、戴著眼鏡,看起來比較老成,很快就成為該領域的領軍人物。他嘗試了兩種人工智慧方法,一種是基於邏輯的方法,被稱為「符號人工智慧」;另一種是為自己思考的方法,最終被稱為「神經網絡技術」。他認為前者更有前途,並與他人合作撰寫一本名為《感知器》(*Perceptrons*)的書,對神經網絡技術進行抨擊,幾乎一舉切斷政府對這種方法數十年的資助[9]。

在達特茅斯會議幾年後，1960年，奧克拉荷馬州農場長大的數學家布萊索（Woody Bledsoe）[10]在美國另一端的加州帕羅奧圖（Palo Alto）成立一家科技研究公司。當時該地區還不叫矽谷，但已經是電腦產業的中心，生產新發明的電晶體和半導體，貝爾實驗室和布萊索創立的全景研究公司（Panoramic Research Incoporated）等創新機構都在努力開發這些產品的應用。全景研究公司經常邀請包括明斯基在內的嘉賓，就電腦有朝一日可能實現的目標展開討論。

布萊索在全景公司的研究團隊，主要研究自動模式辨識和機器閱讀，提供給電腦一大堆資料，希望電腦能對這些資料進行有意義的分類。但當時還處於早期階段[11]，因此編寫真正有效的程式是一項挑戰。例如，一家雜誌出版商向全景公司徵求一個電腦程式，能從金屬沖壓板上掃描訂戶的姓名和地址，這樣公司就能得到一份客戶名單。全景製作了一個原型，在實驗室裡運作得還算不錯，但在現場卻完全失敗了，因為現場的金屬板並不是原封不動的；當一個老訂戶取消訂閱時，金屬板上經常會重新蓋上新訂戶的地址，這讓電腦無所適從。最終，全景公司沒有得到那份合約。

全景公司的許多其他想法都如登月計畫。如果沒有實用的產品銷售，公司可能會血本無歸。但幸運的是，它有一個政府贊助人：中央情報局（CIA），該機構正悄悄地將資金投入到可能有助於其情報蒐集的研發工作中。該機構似乎對全景公司正在進行的一項研究感興趣[12]，即嘗試製造「一種簡化的人臉辨識機器」[13]。

布萊索警告說，這並不容易。在頭部旋轉和傾斜、照片光線、臉部表情、衰老和毛髮生長的情況下，人臉可能會有「數百萬甚至數十億」[14]的變化。但他認為類似貝蒂榮系統的方法可能行得通：在臉部的關鍵位置放置圓點，然後開發一種演算法，計算頭部轉動時圓點之間的距離會如何變化。布萊索承認，這可能需要「一定程度的人機合作」。他需要有人來畫這些點，具體來說就是布萊索十幾歲的兒子和兒子的一個朋友。

布萊索列舉一些啟發他思考的參考文獻。電腦科學論文榜上有名，貝蒂榮的囚犯測量教科書也同樣上榜。更令人吃驚的是龍布羅梭的《罪犯》，這本1876年的著作將犯法的人描述為進化程度較低的物種，他們臉孔帶有「原始種族」的明顯特徵。布萊索的提議似乎很有說服力[15]，得到了中央情報局的支持。1965年，根據一份經過大量刪節的當年研發支出備忘錄，中情局資助了「開發人機界面的人臉辨識系統」。

布萊索的小幫手們在八名男子的七十二張照片上做上標記，然後用公釐尺對照片進行測量，每張臉都測量了二十二次。布萊索的同事沃爾芙（Helen Chan Wolf）後來幫助開發出了世界上第一個自主機器人，她編寫一種演算法來計算所有這些測量值[16]，並建立一個持久的辨識器，無論一個人的頭轉向哪個方向，都能將他與他的測量值匹配起來。這個系統遠非完全自動化，但卻能匹配八個人與他們的照片。研究人員認為這是一次成功，儘管規模很小。他們寫道：「重要的問題是[17]：這套系統在處理大量照片時會有多好的效果？」

除了為研究助理們創造大量就業機會外，它可能不會取得

很好的效果。但如果效果很好呢？如果這些技術專家完善了人臉辨識技術，並將其交到那些仍然奉行1950年代保守主義理想的美國情報人員手中，那麼1960年代會是什麼樣子呢？

在阿拉巴馬州[18]，當局剛剛試圖迫使該州想要取締的種族正義組織 NAACP（全美有色人種協會）交出所有成員名單——最高法院最終認為這一要求違憲。但是，有了人臉辨識技術，州政府就不必要求人員名單了；它只需拍攝有色人種協會會議和抗議活動的出席者，然後將他們與政府檔案上的照片進行比對即可。

1963 年，也就是布萊索提出人臉辨識工作的那一年，馬丁・路德・金恩（Martin Luther King Jr.）在華盛頓特區林肯紀念堂臺階上發表著名的〈我有一個夢想〉演說。這位由牧師轉換為政治活動家的人譴責美國黑人所處的困境，他們「被種族隔離的枷鎖和歧視的鎖鏈所束縛，令人痛心」，並呼籲國家兌現「人人生而平等」的承諾。聯邦調查局特工竊聽了金恩的住宅和辦公室[19]，並在他的飯店房間裝設竊聽器，最終記錄下他婚外情的證據，他們認為可以用來威脅讓他閉嘴。他們錄製了一盤磁帶寄給金恩和他的妻子，並附上一封匿名信，試圖讓他羞愧得自殺。這些官員使用了他們那個時代最強大的監控技術——竊聽器和竊聽答錄機，來阻止金恩的工作。如果有更強大的現代大規模監控技術，他們會怎麼做？

在越南戰爭期間，年輕人是否能夠躲避徵兵，或者他們是否會被即時攝影機追蹤並被徵召入伍？反對戰爭的人是否能夠

在抗議時不必擔心被認出和開除？

同性關係在1960年代被汙名化。同性伴侶公開社交或去同性戀酒吧會不會變得太危險，因為害怕被使用人臉辨識應用程式的偏執狂揭穿？

匿名為那些不符合現狀的人提供強而有力的保護。1960年代初，完善的監控系統出現可能會預先阻止有意義的社會變革。幸運的是，我們花了更長的時間才使這項技術接近大規模應用。

在布萊索與中央情報局合作之後的幾十年裡，世界各地的研究人員都在嘗試使用功能愈來愈強大的電腦來複製他的方法。最重要的一次飛躍發生在1970年代[20]，一位名叫金出武雄（Takeo Kanade）的日本研究人員獲得當時資訊科學領域的一筆大財富：八百張人臉照片。

這些照片是在1970年大阪世界博覽會上拍攝的[21]。雖然博覽會的主題是「人類的進步與和諧」，但全球超級大國還是忍不住想比一比誰更厲害。在互相較勁的展館中，蘇聯展出了將第一位太空人送入軌道的太空船複製品，而美國則展示他們從第一次載人登月旅行中帶回的兩磅重石頭。

另一個吸引成千上萬參觀者的展品[22]，是日本展出的「電腦面相師的放大鏡」。展品說明表示，電腦可以根據參觀者的長相，判斷出他們具有哪種名人性格。這是人工智慧版的亞里斯多德。

日本電氣公司（Nippon Electric Company，簡稱 NEC）*將

---

＊ NEC 現在是人臉辨識演算法的主要銷售商之一。

這門古老的面相「科學」與新潮的技術並列帶到了世博會上。參加展覽的參觀者在電視攝影機前坐著大約十秒鐘，這樣就可以生成一張數位化照片，將他們的臉轉換成一連串像素，每個像素根據深淺被指定明度。然後，程式根據像素模式顯示的眼睛、鼻子或嘴巴，提取出他們的主要輪廓特徵。然後將這些關鍵點與瑪麗蓮夢露、邱吉爾和甘迺迪等七位名人的點陣臉孔進行比較，從而確定來訪者的性格類型：「你是瑪麗蓮夢露！」

多年後，金出博士寫道：「雖然這個專案不太可靠，但就吸引力本身而言卻非常成功。」當時，他正在京都大學攻讀電子工程博士學位。他的指導教授幫助NEC提出舉辦「放大鏡」展覽的想法，並允許教授保留許多拍攝的照片[23]。當金出為他的論文尋找靈感時，他的教授把這些照片交給了他。他的指導教授告訴他：「如果你能處理好這些照片[24]，你就能獲得博士學位。」

照片上有年輕的臉孔，也有年長的，有男人，也有女人，有的戴眼鏡，有的留著鬍子，真是琳瑯滿目。當金出看NEC程式對這些臉孔進行分析時，他不禁啞然失笑。程式把眉毛標成了鼻子，把某人的嘴邊標成了眼睛。他開始著手改進程式，使其能夠更準確地提取幾十個重要的臉部參考點：臉部邊緣、眼睛和鼻孔的準確中心、嘴唇的頂部和底部等等。

金出的程式對鬍子和眼鏡感到困惑，但在十七名男性和三名沒有臉部毛髮或眼鏡的女性身上試用時，辨識結果還算不錯。在二十個樣本中，有十五個樣本能夠匹配同一個人的兩張不同照片，這促使金出武雄在一篇論文中樂觀地宣稱，電腦可

以提取臉部特徵進行辨識,「幾乎和人一樣可靠」。

雖然未免言過其實,但這是第一種完全自動化的人臉辨識技術,不需要人手協助標記,全世界的研究人員都注意到了這一點。由於這些方面的貢獻,金出武雄被公認為電腦視覺領域的先驅,並被美國卡內基梅隆大學聘用。

其他資訊科學家紛紛效仿金出武雄,但他們的實驗只能成功匹配一小部分人的臉孔。這無助於在眾多人群中發現通緝犯或危險人物。由於沒有實際應用,人們的興趣逐漸消退,進展停滯不前。

這時,特爾克（Matthew Turk）出現了[25]。1986 年,特爾克還是國防承包商馬丁瑪麗埃塔（Martin Marietta）公司的一名初級工程師,當時他正在研發世界上首批自動駕駛汽車之一。這輛汽車被稱為「自主陸地汽車」（Aotumonous Land Vehicle,簡稱ALV）,而特爾克團隊給它取了個叫阿爾文（Alvin）的綽號。它有如一輛霜淇淋卡車的大小,八個輪子,車頂有一個攝影機,擋風玻璃的位置有一個雷射掃描器,肚子裡裝滿了計算設備。

這輛車是白色帶藍色條紋,車身側面用風格化的大號字體畫著縮寫ALV。在駕駛座車門的位置,通常會有一些標誌:一個是馬丁瑪麗埃塔（Martin Marietta）公司的標誌,另一個是美國國防部高階研究計畫局（DARPA）的標誌。馬丁瑪麗埃塔後來與洛克希德（Lockheed）公司合併,成為洛克希德馬丁（Lockheed Martin）公司。而DARPA為這輛龐大的車輛支付至

少1,700萬美元[26]，作為一項價值10億美元的戰略計算計畫的一部分，該計畫旨在製造能夠執行「遠距離偵察和攻擊任務」的智慧型機器。

DARPA是美國國防部高階研究計畫局（Defense Advanced Research Projects Agency）的縮寫，是因美國擔心在世界舞臺上被蘇聯擊敗而設。1958年，蘇聯憑藉第一顆環繞地球軌道運行的史普尼克（Sputnik）人造衛星，在太空競賽中拔得頭籌後不久，艾森豪總統簽署成立DARPA的法律。從那時起，為了確保美國在軍事和其他領域的技術主導地位，DARPA在研發專案上動用了看似無底洞的資金[27]。到1986年阿爾文出現時，DARPA已經資助一些專案，這些專案後來成為網路、自動目標辨識和全球定位系統（GPS）的先驅。

一個夏日的午後，記者們應邀來到科羅拉多州丹佛市的郊區，一睹阿爾文的風采。在預告其限制時，記者們被警告不要在軌道上沾上泥巴。阿爾文透過雷射進行深度讀數，並分析車頂攝影機拍攝到的路面標記，從而實現自動駕駛，這是一項令人印象深刻的壯舉，但它的程式只允許它辨識周圍世界的完美版本。泥濘甚至陰影都是無法逾越的障礙。

儘管阿爾文是有史以來最昂貴的汽車之一，但它並沒有給觀眾留下深刻印象。一位記者抱怨說：「這輛高價車目前的最高時速只有六英里。」儘管阿爾文邁著小心翼翼的步伐，在乾淨整潔的軌道上行駛，但它還是偏離了道路。根據DARPA的歷史紀錄[28]，軍方和記者一樣感到失望。一位軍官抱怨：「這輛車在軍事上毫無用處：巨大、緩慢、漆成白色，在戰場上太

容易成為目標。」他顯然不明白，阿爾文只是一個概念驗證，而不是《星際大戰》中的戰鬥機器人，可以隨時解決伊娃族人（Ewoks）。

然而，DARPA 的目標比製造一個軍隊可以立即使用的戰爭機器更宏大、更微妙。該機構希望為未來相關研究的研究人員提供必要的種子，以實現卓越和持續的技術突破[29]。10億美元投資的意義不僅僅在於製造一輛阿爾文，更在於培養像特爾克這樣的工程師。

改進電腦視覺的挑戰吸引了特爾克，他申請加入麻省理工學院媒體實驗室，這是一個新成立的技術部門[30]，以「發明未來」（nivent the future）為己任[31]，將科幻小說中的內容變為現實。1987年，特爾克來到麻省理工學院，當時他留著一頭蓬鬆的棕色頭髮和八字鬍，而明斯基還在那裡，他比年輕時身形更矮，頭頂上殘留的頭髮已經花白。明斯基迄今為止的主要成就是一個帶攝影機的機械臂[32]，可以「觀察」一堆兒童積木，將其拆開，然後再重新搭起來；這是他三十年人工智慧研究工作的結晶，但不免有些小兒科。

特爾克的博士指導教授是一位名叫彭特蘭（Alex "Sandy" Pentland）的資訊科學家，他也曾參與過「自主陸地汽車」的研究，他建議特爾克研究自動人臉辨識技術，儘管明斯基剛剛認為這是一項幾乎不可能完成的挑戰[33]。彭特蘭說：「人臉辨識被認為是人類最複雜的能力之一[34]，具有多層次的表徵和推理能力。」雖然這是「人類智慧的一個經典範例」，但當時的電腦似乎無法勝任。

即使如此，人臉辨識技術有兩方面的優勢：布朗大學的一項新電腦技術[35]可以壓縮人臉圖像；也許更重要的是，企業的財務資助。總部位於馬里蘭州的一家名為阿比創（Arbitron）的廣播電視收視率公司願意為該專案提供資金支援，以便在其競爭對手——業內重量級的尼爾森公司——面前取得優勢。尼爾森在成千上萬的家庭中安裝了設備，追蹤他們的電視收視情況。但這些設備只能追蹤電視機是否打開以及調到哪個頻道，而無法追蹤房間裡有誰。為了收集更精確的收視率和更有針對性的廣告，有時會搭配一個「人數量器」（people meter），讓家庭成員坐下來看電視時按下按鈕，離開時再按下按鈕。但人們並不是可靠的按鍵者，因此阿比創希望[36]有一種「自動人數量器」（automatic people meter）——可以記錄何人何時在房間裡的人臉辨識功能[37]。

特爾克說：「因此，這確實是我的第一份工作。[38]」一個盒子放在電視機的頂部，監視著家人，基本上可以記錄人們的進出。家人看電視，電視也看家人。媒體實驗室採用了明斯基所反對的人工智慧方法：利用自然界來指引機器的製造。他們鼓勵資訊領域的學生與神經科學等其他學科進行交流，因為人類大腦的內部運作可能會為電腦程式設計提供參考。當特爾克研究生物視覺以及大腦如何處理人臉時，他發現科學家們仍在努力探索。

人類記憶成千上萬張臉孔的能力很強大，且這種能力發展得很早，早到嬰兒可在出生後幾小時內[39]，就能從多人的房間裡分辨出母親的臉孔。大多數人還能辨識剃掉鬍子或戴上眼

鏡的人，但對於當時的電腦來說，這簡直是不可想像的。神經科學家們認為[40]，人類大腦有個特殊部分專門用於處理人臉。（這仍然是有爭議的，一位認知神經科學家說[41]，因為當鳥類學家看一隻鳥或汽車鑑賞家看一輛車時，大腦的這部分功能也會啟動起來。）

　　人類的人臉辨識似乎是整體性的，而不僅僅是各部分的總和。如果只看鼻子，人們無法輕易說出哪個鼻子是誰的。測試者只需看到某人的半張臉就能認出他，但當這半張臉與別人的半張臉配對時，他們就很難辨認了。人們可以很容易地將一座房子與翻轉過來的房子對號入座，但對一張臉卻很難做到這一點。有些臉部特徵比其他特徵更重要：比起遮住嘴和下巴，遮住臉的上半部會使一個人更難被認出（許多超級英雄都知道這一點）。有趣的是，有些人擅長人臉辨識，而有些人則非常糟糕[42]，這似乎部分與遺傳有關。

　　在自動人臉辨識方面，特爾克認為研究人員過分專注於點和測量，因此進展平平。人類不是這樣做的。我們不是拿著量尺走來走去，用量尺對著同事的鼻子來記住他們的名字。特爾克認為，與其強迫電腦使用量尺，不如給電腦一堆人臉，讓它決定區分這些人臉的最佳方法。

　　特爾克從布朗大學的研究人員那裡參考了一種技術，他們開發出一種方法[43]，既能用數位表示人臉，又能最大限度地減少電腦記憶體的占用。他們製作一百一十五張布朗大學學生的臉部合成圖，然後透過數學計算將每個人臉部與平均臉部的差異存儲起來。此舉發揮了很大的作用，因為所有的同學都是

「皮膚光滑的白人男性」，他們之間的主要差異出現在鼻子周圍、眼睛、眉毛和下巴。每個人的結果都是一幅漫畫，而不是一張高度寫真的個人資料照片，但這是一個有趣的想法，而且對試圖建立人臉辨識系統者來說非常有用。

特爾克說：「任何臉孔都是許多其他臉孔的組合，」他解釋布朗大學研究人員的成果。這像是一種配方；並不是混合麵粉和糖，更像是給每種成分分配多少「重量」的問題——一大匙濃眉大眼、少量高顴骨和一點酒窩點綴。特爾克的系統不是試圖將一個臉部圖譜與另一個相匹配，而是讓電腦以特有的方式分析視覺資訊——批量分析——不僅考慮到人臉的不同之處，還考慮到它們在本質上的相同之處。

特爾克從媒體實驗室召集了十六名志願者，同樣都是男性，而且大多是白人，他讓他們把頭歪向一邊，然後用一台重達二十磅、連接到電腦上的相機為他們拍攝數位肖像。他複製布朗大學研究人員的做法，得出七種臉部成分，當這些成分以正確的方式組合在一起時，就能代表每個人。他把這七種灰色的、看起來像幽靈一樣的鏡象稱為「特徵臉」（eigenfaces）。

為了進行即時人臉比對，特爾克安裝了一台相機、一個名為資料格（Datacube）公司的影像處理系統和一台桌上型電腦。當系統感應到房間裡的動靜時，它就會尋找一張臉，將其轉換成一個特徵臉的混合體，然後將這個混合體與存儲在其資料庫中的十六張臉進行比較。系統會記錄匹配結果，將某人標記為未知，或者確定看到的移動物體實際上不是一張臉。阿比創公司最終沒有使用這套系統[44]，但特爾克寫了一篇關於他所

做研究的論文[45]。這篇論文令人留下深刻印象,他受邀在夏威夷的一次重要學術會議上發表了這篇論文。

1991年夏天,特爾克用麻省理工學院的研究經費登上飛往茂宜島(Maui)的航班。會議在卡阿納帕利海灘飯店(Kaanapali Beach Hotel)舉行,這是一個海濱度假勝地,街對面就是草木茂盛的高爾夫球場。他非常激動,不僅僅是因為他的未婚妻和他一起參加了會議,還有世界上最頂尖的電腦視覺研究權威專家們也在那裡。當他做報告時,用投影機在身後的牆上展示那些令人毛骨悚然的特徵臉,此時幾個專家也在場聆聽。他講完後,觀眾席上一個留著濃密白鬍子的人站起來提問。特爾克一眼就認出了他,因為他著作的數學教科書是工程學研究生課程的必備教材。

特爾克記得他說:「這已經是老生常談了。[46]」特徵臉只是工程學中一種古老技術的性感新名稱,叫做主成分分析(Principal Component Analysis),是統計學上對一堆資料的分解處理。這在數學上相當於用重點摘錄的筆記閱讀《白鯨記》(*Moby-Dick*)原著。他說,人們以前在電腦視覺領域嘗試過這種方法,但行不通。特爾克被嚇住了,但還是設法糊裡糊塗地回答了。教電腦辨識十六個人幾乎是可笑的,但它大部分都成功了,並且至少指出一條新的前進道路。

演說結束後,特爾克如釋重負,他回到泳池邊,慶幸自己的研究成果雖然沒有讓該領域的泰斗驚歎不已,卻也讓他和未來的妻子來了趟夏威夷。特爾克沒有參加頒獎晚宴,因為要付額外的費用。第二天早上,特爾克參加一場演說時卻遲到了。

坐在他旁邊的人湊過來小聲說：「恭喜你。」

「恭喜什麼？」特爾克問。

「你獲得了『最佳論文』獎。」

在以後的日子裡，特爾克的論文有了自己的生命[47]。這篇論文被大學教授，並被其他研究人員引用了二萬多次。特爾克說：「我完全沒想到它會成為這樣一個怪物。」

特爾克的「特徵臉」方法是一個轉捩點，它表明電腦可以透過資料運算來「看」世界和周圍的人。有了足夠多的資料和足夠多的人物照片，電腦就可以開始瞭解一個人從不同角度、不同表情、甚至不同年齡時的樣子。從看到一系列臉部特徵到看到一個人，電腦需要的火花是大量的臉孔、決定如何分析這些臉孔的更大自由度以及更強的運算能力。

人臉辨識成了一個看起來可以解決的難題。科學哲學家道格拉斯（Heather Douglas）用「技術甜頭」（technical sweetness）[48]一詞來形容科學家和工程師在推動創新時所感受到的喜悅，這種喜悅可能會壓倒他們對創新進展的擔憂。物理學家奧本海默（J. Robert Oppenheimer）在協助開發原子彈之後，對這一概念的表述最為著名：「當你看到一些技術上很好的東西時，你就會去做，只有在你取得技術上的成功之後，你才會去爭論如何處理它。」在第一次成功的原子彈爆炸試驗後，奧本海默說《薄伽梵歌》（*Bhagavad Gita*）中的一句話閃現在他的腦海中，「我變成了死亡，世界的毀滅者。」道格拉斯說，這就是技術甜頭的苦澀餘味。

在特爾克於1991年獲得博士學位,並差不多把人臉辨識技術拋在腦後時,一個紀錄片團隊[49]來到麻省理工學院媒體實驗室採訪他。紀錄片團隊想要一個現場演示,於是他招募了幾名學生和研究人員——一名女性和三名男性——扮演生活在阿比創追蹤家庭中的一家人。當「自動人數量器」原型成功檢測到一個人坐在沙發上時,他們的名字就會以白色字體出現在特爾克的桌上型電腦中。一切都完美運作,直到團隊帶來一隻黑色的拉布拉多犬,紕漏出現了。

系統將這隻狗標記為「史坦琪」(Stanzi),即實驗中的那名女性。幾十年後回想起這部紀錄片,特爾克說,之所以會發生這種情況,是因為研究人員將檢測人臉的標準設定得很低,而且從未在房間裡用動物進行過測試。但這是早期電腦視覺史上的一個重要時刻。在布朗大學和麻省理工學院的實驗中,電腦看到的「普通臉孔」一直都是白人男性。特爾克的程式試圖透過某人與「普通臉孔」的偏差程度來辨識。顯然,女人和狗的臉孔都屬於「重大偏差」的範圍。在未來的幾十年裡,即使人工智慧系統變得更加先進,它們在辨識女性和非白人的臉孔時仍會遇到困難,甚至繼續將他們誤認為動物[50]。

特爾克說,三十年前,他並沒有想過困擾人臉辨識技術的大問題——隱私和偏見。這項技術是如此的初級,以至於特爾克無法想像它會對人們的日常生活產生重大影響。不過,在紀錄片中,特爾克似乎至少有點擔心。在另一位專家稱臥室電視中的人臉辨識鏡頭是「歐威爾式的」想法之後,特爾克為這一系統進行辯護,稱鏡頭並不是在錄影,而只是在收集房間裡有

誰的資訊。他說：「這是相當無害的。」

　　採訪者追問他：「那麼，人們是否願意在浴室或臥室裡裝一個這樣的鏡頭呢？」

　　「我不願意，」特爾克笑著回答。「但別把這段放在你的節目裡。」

# 第 5 章

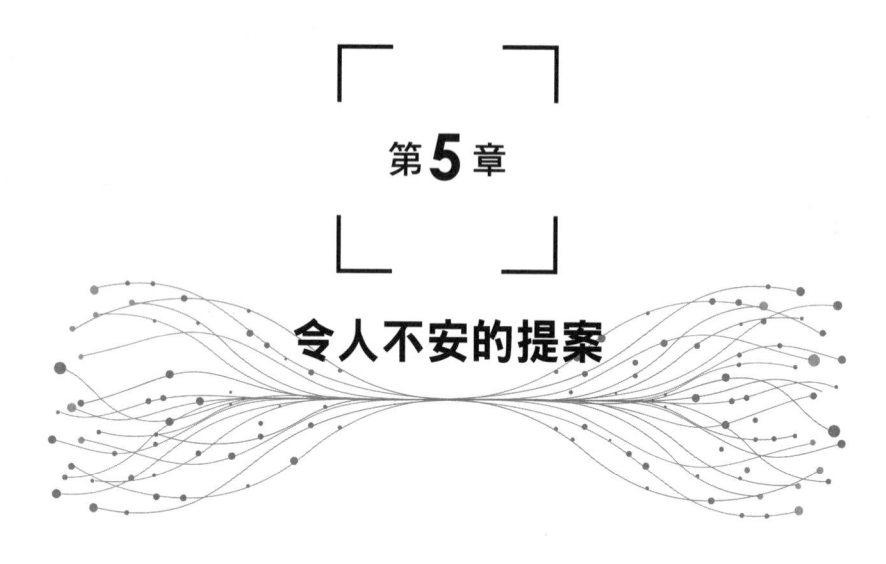

## 令人不安的提案

在2016年選舉投票當日[1]，受川普邀請，尊室歡和強森參加在紐約希爾頓飯店舉行的限定派對。

「那是一場很糟的聚會[2]，」強森說。「所有在場的記者都在問：『如果川普敗選，你們會怎麼辦？』我回答說：『呃，他不會失敗。』而他們則說：『你瘋了。』」

強森拋下懷孕的妻子從加州飛來。他認為川普可能會憑藉他的名人效應勉強贏得選舉。川普的實境秀節目《誰是接班人》曾有數百萬人觀看，這進一步強化這位房地產大亨精心打造的成功商人形象，儘管有調查報導否認了這一點[3]。

為了尋找比希爾頓飯店那群聽天由命的人們更有活力的地方，強森和尊室歡乘坐Uber前往位於米特帕金區（Meatpacking District）的煤氣燈（Gaslight）酒吧。那裡正在舉辦由VICE雜誌的聯合創辦人麥金尼斯（Gavin McInnes）主持的驕傲男

孩（Proud Boys）聚會[4]。而後來南方貧困法律中心（Southren Poverty Law Center）認定驕傲男孩為仇恨團體。麥金尼斯在前一年成立了這個「飲酒和打架」（Drinking and Fighting）的俱樂部[5]，但直到最近才公開宣布其存在。他在網上寫道，這個俱樂部是為「拒絕為創造現代世界而道歉的西方沙文主義者」而設立的。這個俱樂部不允許女性加入。

在選舉之夜，驕傲男孩的派對上有各種紀念品[6]：川普的汽車保險桿貼紙和一個裝滿面具的籃子，其中包括了陰謀論者瓊斯（Alex Jones）的面具，以紀念希拉蕊稱川普支持者中有一半可以被放入「一籃子可憐蟲」的言論。希拉蕊說他們[7]是「種族歧視者、性別歧視者、同性戀恐懼症患者、仇外分子、伊斯蘭恐懼症患者」，而川普卻「讓他們崛起」。川普的支持者自豪地接受了這個標籤。

在酒吧赤紅燈光的映襯下，一個戴著全臉金屬面具的男人正主持會場。他身穿《瘋狂麥斯》（*Mad Max*）系列電影中的反派角色「猛格大王」（Lord Humumgus）的服裝，高大的身軀被包裹在黑色皮質緊身服中，裸露的胸前掛著尖刺裝飾的皮帶。他用戲劇化的低沉聲音喊道：「驕傲男孩不會屈服！[8]」來激勵人群。

麥金尼斯身穿不協調的夏威夷襯衫，沉浸在他作為復興右翼運動領導者的角色中。他發表了一場演說，熱情讚頌川普的勝利將賦予可憐蟲們的權力。「如果川普獲勝[9]……呃……我現在不知道怎麼說了。」他對著麥克風說道。「這就像是『如果我們射精應該怎麼辦？』」他嘟起嘴唇，閉上眼睛，假裝達到

高潮。

「點根菸！[10]」從觀眾前方傳來一個聽起來像是強森的聲音大喊道。當麥金尼斯講完後，聚集在一起的人群開始高呼：「美國！美國！美國！」

這一切構成了一種奇異的景象，表演性的惡毒與真實性委屈之間的界線變得模糊不清。當選舉結果開始傾向於驕傲男孩的候選人時，現場變得更加喧囂，這讓人感到震驚。就在那時，強森和尊室歡決定離開。「這裡的哥們太多了，」強森回憶說他對尊室歡說道。「這很不舒服。」

隨著性別比例登上可能的不適因素之首，他們重新加入希爾頓飯店的人群，場內氣氛變得更為熱烈，因為川普有望證明選舉專家的預測是錯誤的。強森眼光快速掃描在場的保守派名人，並與他們和尊室歡合影，舞台後方懸掛著一排美國國旗。尊室歡穿著混搭印花襯衫，強森戴著一頂MAGA帽子，脖子上掛著一副耳罩式耳機。房間幾乎沒有川普的相關競選商品裝飾牆壁，彷彿舉辦者沒有預料到這將是一個他們想要紀念的夜晚。

強森與普林斯（Erik Prince）交談，普林斯是一名前海豹突擊隊員，他的私人軍事力量「黑水」曾獲得美國政府支付數億美元[11]。在伊拉克，黑水僱傭兵犯下暴行[12]，謀殺了包括一名九歲男孩在內的無辜民眾。普林斯隨後辭去執行長職務並出售該公司。在希爾頓飯店，強森拍下普林斯與妻子一起微笑的照片，他的妻子做出「OK」的手勢。房間裡的興奮情緒不斷升高。對於川普來說，選舉結果看起來愈來愈好，他必須與他的

團隊一起聚在樓上重新修改他的演說稿。

在凌晨二點後不久,媒體開始宣布選舉結果。川普在全民投票中失利,但贏得了選舉人團的支持。大約在凌晨三點左右,川普接到希拉蕊的祝賀電話後發表勝利演說。房間裡所有人都在拚命為這位候選人加油,儘管曾經希望渺茫,但他最終成為美國第45任總統。

「我和歡相互擁抱[13],我們非常開心,」強森說道。在凌晨川普的演說之後,尊室歡和強森與一大群慶祝活動的人一起去了附近的一家餐館[14],其中包括支付帳單的普林斯。強森表示:「川普當選之後,世界顯然將會發生變化,但我們自己的生活尚不清楚會發生怎樣的變化。」

對於強森來說,這是對守舊政治體制的勝利,也是一個機遇:他認為新的政府將對像他、尊室歡和史華茲這樣的人友善。一週後[15],2016年11月15日,他們註冊了一個新的網站,smartcheckr.com。該網站理論上可以辨識和排除極端自由主義者。

到2017年初[16],尊室歡、史華茲和強森起草了一份初步的商業協議,三人為新公司SmartCheckr LLC的共同創辦人,並享有相等的股權。史華茲和強森負責提供資金,而尊室歡則負責建立技術:一個用於查找人們政治傾向、社群媒體蹤跡以及可能的資訊漏洞(如在網上資料洩露中曝光的密碼)搜尋應用程式[17]。

強森吹噓自己有能幫助公司的強大關係。那個月有人在國

會山莊看到他與國會議員交談[18]。《富比世》報導稱[19]，他與行政過渡團隊的成員，包括川普的捐助者提爾一起合作，為高階內閣職位提出建議。在一月底，強森在網路論壇Reddit上進行了一個「問我任何問題」（Ask Me Anything）的慶祝活動[20]。強森聲稱：「我基本上可以選擇加入川普政府，或者努力讓自己的朋友和盟友進入政府工作。」他表示希望川普能夠「粉碎矽谷的共產主義者」。當被問及對大屠殺的看法時，他講述了自己不相信「六百萬人的數字」，並表示實際在集中營中遇害的人數遠遠少於這個數字。他寫道，「你無法談論這些問題而不被稱為大屠殺否認者，但我不是那樣的」。他準確地預測到，在未來數年中，他的名字將被貼上「大屠殺否認者」這個標籤。

雖然SmartCheckr LLC隔月才正式在紐約註冊，但尊室歡已經做出一個原型。使用者可以輸入某人的電子郵件地址，該應用程式會透過從臉書、推特、領英和Pinterest社群網站中提取資訊，顯示該人的照片和社群媒體帳戶。但這個應用程式不僅僅是一個專門的搜尋引擎，還包括對使用者關注的人進行分析，提供有關其政治傾向的見解。

SmartCheckr的這段歷史被蒙上一層神祕的面紗，但似乎該應用程式最初用途之一是為「可悲晚會」（DeploraBall）的參與者進行背景審查。「可悲晚會」是川普就職典禮前夕的一場慶祝活動，由一個鬆散的保守派組織，其中包括尊室歡、強森的晚餐同伴塞諾維奇和提爾的合夥人吉西亞（Jeff Giesea）等人。一位不願透露身分的活動相關人員證實，尊室歡曾與成員

聯繫，表示提供一個工具來檢查所有與會者，看看他們是否屬於「極右（alt-right）或反法西斯主義者（Antifa）」[21]。後者是對極左派和其他反法西斯主義者的蔑稱。

「可悲晚會」將於2017年1月19日在國家新聞俱樂部（National Press Club）舉行，該場地距離白宮附近只有幾個街區。活動將提供開放式酒吧、輕食和「各種背景的優秀人士」[22]。活動主辦方在Eventbrite網頁上表示：「我們的目標是慶祝和向像您這樣的熱情公民致敬，您在社群媒體上努力宣傳和忍受騷擾以支持我們的候任總統。」活動網頁上寫道：「您值得這樣的慶祝。」

這個「非官方就職晚會」是一個網路群體聚集的地方，他們因為對這位極具爭議的總統候選人忠誠而建立了聯結。全世界曾嘲笑他們，蔑視他們，稱他們為種族歧視者，但他們依然堅定不移，將「關押她」（Lock Her Up）的標語放在前院，動員選民在搖擺州投票，自豪地戴上MAGA帽子在商場購物。他們堅持不懈，現在川普即將入主白宮的橢圓形辦公室。

強森表示，「網路贏了」，指的是網上非常特定的一部分右翼群體。在這個群體之外，許多美國人對川普的當選感到震驚和沮喪，並且在網路上和現實中表達了這種情緒。自由派對於一位在競選期間公開表現出侮辱女性、排斥外國人和偏執的前實境秀明星，將在未來四年內掌握國家命運感到恐懼。

選舉後，「去他的川普」（fuck Trump）塗鴉出現在全美各地的牆壁上。抗議者高喊「他不是我的總統」（Not my president）在許多城市的街頭遊行。在華盛頓特區，一個名為反法西斯聯盟（Antifascist Coalition）的組織想要向世界表明，

他們不歡迎川普和他帶到國家首都的右翼團隊。該聯盟的一位成員是位長期反權威主義的無政府主義者，名叫麥卡莉（Lacy MacAuley），她曾幫助組織幾年前華盛頓特區的占領華爾街分支運動。她對川普的當選感到痛苦。她描述自己有一種「廣泛的恐懼」[23]，即「我們國家的有色人種將遭受迫害和痛苦」。

她和她的合作夥伴決定在「可悲晚會」舉行抗議活動，同時派遣一些成員潛入其中。他們希望記錄下類似《大西洋》（*Atlantic*）月刊記者在選舉後的幾天在一家右翼另類思想研究所拍攝到的情景[24]，當時一位演說者邀請觀眾「向川普致敬」，一些與會者站起來並做出納粹式的敬禮。麥卡莉身材纖細，長著金色長髮，她計畫買一張便宜的入場券，偽裝成「右翼女士」，並進行「大量的打扮」──時尚的髮型、厚重的妝容和精心設計的服裝。她說：「我以為我可以轉換形象，看起來就像另一個白人女士。」她報名參加活動，但由於某種原因，她始終無法獲得入場券。

隨著反法西斯主義者計畫進行各種就職抗議活動，愈來愈多的人想加入他們。這並不奇怪，畢竟這個國家已經四分五裂、怨氣沖天。但是其中有一些新手讓他們感到有些可疑，比如一個叫泰勒（Tyler）的安靜男子。泰勒有一個模糊的背景故事，對自由派事業似乎不太瞭解，這讓麥卡莉和其他人懷疑他可能是保守派的行動人員。是不是偵察員被滲透了，就像卡通《諜對諜》（*Spy vs. Spy*）中的情節一樣？

麥卡莉表示，華盛頓特區反法西斯聯盟已經策劃了一個古怪的辦法來找出真相。該聯盟的幾位成員邀請泰勒去彗星桌球

（Comet Ping Pong）俱樂部，之所以幽默地選擇這家店，因為它是「#披薩門」陰謀論的中心。在那裡喝啤酒期間[25]，反法西斯主義者告訴泰勒一個計畫，他們打算在「可悲晚會」期間引爆臭彈，啟動國家新聞俱樂部內部的灑水系統，以干擾活動進行。麥卡莉說，這個看似「陰謀」的情節是取自1980年代一部無聊電影，他們希望提供編造的虛假資訊給對手，如果泰勒是間諜的話，他就會暴露身分。

這個計畫適得其反。他們是對的：泰勒是一名滲透者，受僱於名為「真相工程」（Project Veritas）的保守派調查媒體，特別擅長祕密錄音。泰勒一直在拍攝他參加的所有會議[26]，包括在披薩餐廳的那次。隨後，「真相工程」發布了一份關於陰謀情節的報告，並通知當局，他們將這個「炸彈威脅」當成一件嚴重的事情對待。那些曾經對泰勒吐露心聲的人，即使只是開玩笑，也被逮捕，被指控共謀犯罪，最終認輕罪[27]。

然而，「可悲晚會」活動卻進行得順利。麥卡莉當晚仍然出現，但只是在建築物外抗議。沒有臭彈，也沒有納粹敬禮。有穿著禮服和MAGA帽子的男士，還有穿著派對服裝的女士。麥金尼斯和提爾也是與會嘉賓之一。提爾只停留了三十分鐘[28]。

SmartCheckr在非常奇怪的地方宣稱成功阻止了不受歡迎的客人參加「可悲晚會」活動，這個地方就是他們向匈牙利政府進行的產品簡報中。匈牙利政府是這家新公司接觸到的第一批客戶之一*。

匈牙利的極右翼總理奧班（Viktor Orbán）被媒體形容為

---

＊ 他們在公司註冊時命名為「SmartCheckr」，但最終定為「Smartcheckr」。

一位「強人」[29]，他領導著整個歐洲不斷壯大的威權主義民粹主義運動，就像川普在美國總統大選中所駕馭的那一股風潮一樣。美國的右翼群眾崇拜奧班，認為他是一位在自己國家中打擊進步主義者、在文化戰爭中取得勝利的領袖：他禁止跨性別者合法變性，還修建了帶刺鐵絲網的邊境牆來阻擋移民。川普的顧問班農（Steve Bannon）後來稱奧班為「川普之前的川普」[30]。尊室歡、強森和史華茲希望為他提供服務。

自川普上任以來，Smartcheckr團隊一直非常忙碌。就在川普就職三個月後的2017年4月初，尊室歡聯繫了一位名叫尤金・梅格耶希（Eugene Megyesy）的人，他是奧班的一名顧問，而強森在自己的右翼名錄中找到他的聯繫資訊。

「嗨，尤金[31]，」尊室歡在電子郵件中寫道，並將副本傳送給強森和史華茲。「附件是我們背景搜尋系統Smartcheckr的總結概述，以及我們認為這將如何幫助支援匈牙利的邊境安全和執法工作。」附在電子郵件中的是一份名為「Smartcheckr：未來的邊境安全」的PowerPoint檔案。

它將Smartcheckr描述為一種「專有的、首創的搜尋技術，可以根據電子郵件地址和/或人像即時建立個人檔案」。Smartcheckr可以查明一個人是否與「槍支、犯罪活動、激進政治、宗教活動或其他不良追求」有關。它稱「可悲晚會」是其「大型活動極端政治過濾器」的成功部署。Smartcheckr在「不到五分鐘」的時間內評估五百五十多位嘉賓，並確定了那些「高風險」的人。其中一位就是麥卡莉。

該簡報文件根據麥卡莉用來註冊該活動的電子郵件地址，

包括他們在她身上發現的內容:她的三張照片、九個社群媒體帳號、二個「被駭入的資料庫」,顯示她的密碼曝光於富比世和領英(這兩個網站最近都出現個資洩露);以及對她的推特帳號進行分析,並發出「警告」,她在關注「十個反法西斯帳號」。其中一個所謂的極端帳號屬於「為種族正義站出來」(Showing Up for Racial Justice),這是一個全美的白人網路組織,反對白人至上主義。

這份針對匈牙利的PowerPoint檔案,稱Smartcheckr已經進行微調,用於辨識奧班(匈牙利總理)認定的敵人:那些相信「開放邊境」的民主活動家。Smartcheckr的「研究團隊」已經對社群媒體進行全面搜查,包括點讚和關注,「幾乎所有與開放社會基金會(Open Society Foundation)及其他相關組織有關的個人」。「這使得Smartcheckr能夠立即標記任何與這些組織、幹部或員工有任何關聯的個人。」

開放社會基金會向全球的民間社會組織提供資助,以推動「正義、民主治理和人權」。該組織由匈牙利出生的億萬富翁索羅斯(George Soros)創立[32],他是猶太人後裔,在納粹占領匈牙利期間倖存下來。奧班鄙視索羅斯的組織,指責其破壞匈牙利的主權,並希望它離開匈牙利[33]。

該公司表示,Smartcheckr的背景調查工具可以透過掃描所有抵達匈牙利航班上的乘客來協助「標記問題人物」,並使用「無人機技術」巡邏邊境,但該技術「正在開發中」。該公司聲稱已與Oculus虛擬實境創辦人拉奇(Palmer Luckey)建立一個「獨特的合資企業」。拉奇是一位技術神童,他將他的虛擬

實境新創公司賣給了臉書,但後來由於資助一名在2016年選舉期間散播親川普宣傳的梗圖產生器（meme-maker）[34]而被公司開除[35]。拉奇尚未公開宣布,但他正在籌備一家新公司[36],旨在建立基於感應器的邊境牆。Smartcheckr聲稱正在與這家軍事新創公司合作,該公司的無人機配備網路攝影機,並「在技術上與Smartcheckr搜尋平台相結合」,以實現「對試圖越過邊境的個人進行即時背景審查」。

根據內部電子郵件,這些超現實的宣傳遠遠超出當時Smartcheckr實際能力的範圍。尊室歡編寫的工具可以根據照片提供一個人的種族和性別,但無法根據無人機飛掠瞬間拍攝的圖片得出某人的名字。當時,Smartcheckr實際擁有的東西不比匈牙利政府在網上搜尋或使用各種討厭的搜尋工具（例如BeenVerified、TruthFinder和Instant Checkmate）查找某人的資訊多出多少。但這就是新創公司所做的：假裝到成功為止。

這個簡報中確實包含了Smartcheckr需要使用方法的線索,在社群媒體網站不再允許像尊室歡這樣的人使用其內置開發者工具時,Smartcheckr需要使用的是未經授權的抓取。「抓取」聽起來可能有點噁心,甚至有點痛苦,但在網路上,它只是大量下載數據的行為；從1989年全球資訊網問世以來,這種行為就一直存在。長期以來[37],這種抓取行為一直困擾著被抓取的網站；早期的網站管理員抱怨網站伺服器因不斷的機器人登入者而負擔加重並變慢。為了阻止抓取者,公司偶爾會對他們提起訴訟,指控他們「盜竊」公司認為專有的資料,即使這些資料在網路上是公開可用的。

像臉書和領英這樣的網站禁止第三方抓取其內容，並設置技術措施來阻止抓取。其中最重要的是稱為數據限制和速率限制的限流機制，它們限制單個用戶可以獲取多少數據以及獲取頻率。然而，在匈牙利的簡報中描述一種可繞過這些保護措施的方法。簡報中提到，Smartcheckr透過一種無法被檢測的方法收集社群媒體數據，該方法可以登入全球超過二萬個住宅IP地址。這將使機器人看起來像是坐在很多不同家庭中的真實使用者，從而掩蓋了它們的身分。這種「無法被檢測的方法」聽起來類似於一種稱為「代理網路」（proxy network）的商業服務[38]，幾乎任何企業都可以購買。

　　Smartcheckr為匈牙利製作的那份奇特PowerPoint檔案使用了默認範本，呈現一種紫色調，看起來有些滑稽並且毫無新意[39]。值得注意的是，該團隊對將其技術賣給壓制言論的威權主義國家並沒有任何猶豫，但這並不是毫無前例的。到2017年為止，政府當局和執法機構數十年來一直在接受不太出色的人臉辨識技術推銷。

# 第6章

# 偷窺超級盃
# （2001）

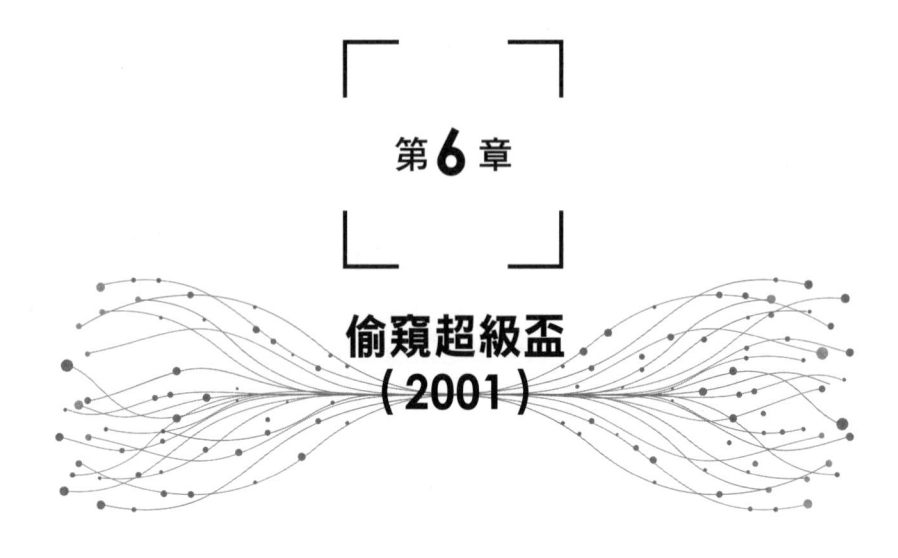

2001年1月28日，美式足球超級盃冠軍決賽在坦帕市舉行，對壘的球隊是紐約巨人隊與巴爾的摩烏鴉隊。坦帕市是佛羅里達州西海岸一個派對友好的城市，場地可容納七萬多人。中場休息秀的表演者包括史密斯飛船樂團（Aerosmith）的搖滾歌手、R&B歌手布萊姬（Mary J. Blige）、新生代男子樂團超級男孩（'N Sync）、流行歌手布蘭妮（Britney Spears）和饒舌歌手尼力（Nelly）。這個陣容可說滿足了廣大音樂愛好者的需求。

比賽結束後的週一，當體育迷剖析烏鴉隊的勝利，當文化分析家宣稱中場表演是有史以來最好的表演之一時，麻薩諸塞州一家不起眼的公司發布了一份錯字連篇的新聞稿[1]，標題為「罪犯不再是坦帕體育場人群中的另一張臉孔」。

顯然，包括國防承包商雷神（Raytheon）公司和人臉辨識供應商維賽科技（Viisage Technology）在內的幾家科技公司與當地警方合作，一同「監控潛在犯罪活動」。但對於觀眾來說，他們並不知情，這些公司在坦帕體育場部署了一個「監控和人臉辨識系統」。正如新聞稿中所說，「並非每個人都懷著善意來觀看體育賽事」[2]。

維賽科技[3]是一家為車輛管理局和企業識別證建立照片管理系統的公司，他們採用麻省理工學院媒體實驗室特爾克博士首創的特徵臉方法，並將其商業化。在超級盃比賽期間，體育場的網路攝影機捕捉到成千上萬觀眾的臉孔。根據新聞稿所述，這個系統「不斷將湧入人群中的臉孔與由多個地方、州和聯邦機構提供，關於已知犯罪分子、恐怖分子和詐騙犯的龐大定制化資料庫進行比對」。如果辨識出這些危險角色，警方可以「迅速派遣人員進行可能的逮捕」。新聞稿宣稱這個過程可以「快速而悄無聲息地」進行。

2001年，這是第一次。人臉辨識技術從未在如此大規模的野外\*人群中使用過，至少大家都不知道。《聖彼得堡時報》（*St. Petersburg Times*）[4]在頭版上刊登這個故事：「攝影機掃描球迷以找出犯罪分子」。《紐約每日新聞》將其稱為「偷窺超級盃」（SNOOPER BOWL）。

根據《洛杉磯時報》（*Los Angeles Times*）報導，坦帕警方表示超級監控是一次免費試用的「測試」。警方主要監控的是黃牛及扒手。據警方稱，網路攝影機據稱辨識出十九個有犯罪紀錄的人，但「沒有一個人是『重要人物』」。然而，儘管

---

\* 「在野外」（In the wild）是談論人臉辨識時常用到的術語。這個詞語用來區分在人像攝影等完美條件下拍攝的臉孔，和那些不知道自己被拍照或沒有擺好姿勢的人的臉孔。

新聞稿裡有著大膽的聲明,並沒有人被攔下來確認身分[5],也沒有人被逮捕。不管如何,警方對這次試用表示滿意。

警方發言人說:「這只是另一種可用的高科技工具[6]。而且,我們確實喜歡它。非常喜歡。」然而,一位知名的資訊安全專家持不同意見。經常就資安問題撰寫文章的技術專家施奈爾(Bruce Schneier)對《洛杉磯時報》表示:「哦,天哪[7],這又是對個人自由的一次沉重打擊。這是監控社會的另一種形式,即我們要時刻監視你,以防你做錯了什麼事。」

一位憲法學教授對這一事件感到「困擾」[8],但表示這是完全合法的。「人們沒有理由期望自己在公共場所時不會被拍攝。」他說道。

但這不僅僅是拍照。這個系統正在將七萬多人的臉與一千七百名通緝犯的臉進行比對,僅僅基於一種直覺,認為一個不良分子可能會被這場盛大賽事吸引而出席。《紐約時報》的社論部門[9]反對「超級盃偷窺」,表示市民願意接受自動提款機上的安全網路攝影機,但不願接受對一個巨型公共活動的隨機監視,尤其是在無辜者可能被錯認為罪犯的風險下。維賽科技當時的總裁科拉托斯提(Tom Colatosti)對這些嚴厲的評論並不在意。「世上沒有所謂的負面宣傳[10],」他後來說。「我們收到了很多的詢問。這樣的行銷效果非常棒。」

然而,即將於猶他州鹽湖城奧運會上對人群進行人臉辨識技術的計畫[11]被取消了。佛羅里達州美國公民自由聯盟(American Civil Liberties Union,簡稱ACLU)呼籲舉行聽證

會[12]，該組織的負責人表示，在毫無戒備的人群中使用這項技術是「極權社會」[13]運作的方式。

德州的保守派國會議員艾爾密（Dick Armey）[14]是全美最有權威的立法者之一，他與ACLU發布了一份罕見的聯合聲明[15]，呼籲各級政府停止使用人臉辨識技術，以免「美國的隱私被削弱到幾乎成為美好回憶的地步」。他們表示，這項技術「不應用於對沒有犯罪嫌疑的美國人，進行『虛擬列隊指認』」。

艾爾密要求國會調查機構——美國審計總署（GAO）[16]調查聯邦政府在人臉辨識上花了多少錢，以及誰在使用它。媒體開始調查並發現，包括川普在大西洋城擁有的三家賭場在內，早已成為使用人臉辨識的先驅者。「在我們安裝它的第一個星期[17]，我們就逮住了一大批騙子。」川普馬里納賭場（Trump Marina Casino）的監控總監告訴《洛杉磯時報》。然而，一家人臉辨識技術供應商對該說法提出質疑。該供應商說，他的公司曾在一家賭場試用人臉辨識技術，但由於燈光不均勻，而且網路攝影機主要對準人們頭頂部位，所以未能正常工作。

更多的文章對這項技術提出了質疑。它到底有沒有用？

同一年稍晚，坦帕警察局[18]在一個叫作伊博市（Ybor City）的社區安裝人臉辨識網路攝影機時，選擇了一家名字與維賽科技類似且令人困惑的競爭對手維視公司（Visionics Corporation），該公司也提供免費試用的技術。與此同時，皮尼拉斯郡（Pinellas County）警長辦公室建立了一個能夠搜尋佛羅里達州嫌疑犯照片的人臉辨識資料庫。一名記者發現[19]這些

機構幾乎沒有對這項技術的有效性進行任何研究,所以她為他們進行了這項工作。她與全美其他警察部門和政府機構進行交流,瞭解他們所試用的人臉辨識技術,而他們都表示同樣的觀點:這項技術尚未準備好投入實際應用。

艾蒂克(Joseph Atick)是一位從學術界轉行為企業家的人,他是維視公司的聯合創辦人之一。他對於這些負面報導感到擔憂[20]。他認為在超級盃比賽上的宣傳活動是一個錯誤,可能對整個產業造成嚴重影響,所以他開始大力進行媒體宣傳,談論這項技術所能做的好事。他告訴記者和政府官員,自動化人臉辨識是一個重要的公共安全工具,足夠可靠,可以在現實世界中部署使用。

在那段時間[21],艾蒂克有寫日記的習慣,其中他的表達更加坦率。對於將他競爭對手的系統應用於數千名足球迷身上,他尖刻地寫道:「事實上這個系統是一個完全的騙局,它連一張臉也沒有捕捉到,更別說和資料庫中的人進行比對了。」

他的蔑視情緒既源於競爭對手間的敵意,也與「特徵臉」技術有關:「特徵臉將臉孔視為不同可能的臉部組合。」艾蒂克認為這種技術在大規模應用上並不有效(最終整個產業也會同意他的觀點)。艾蒂克的演算法透過觀察臉上的幾個關鍵點來工作,這些關鍵點的組合使每張臉變得獨特。這更接近正確的方法,但在電腦決定哪些是關鍵點時效果最好。這需要更多數據和更強大的運算能力,而這遠超出任何人的能力範圍,因此,這也需要很多年的時間才能實現。

但是,整個產業會有那麼多時間嗎?激烈的公眾憤怒和

認為該技術「邪惡」的觀點讓艾蒂克感到擔憂，華盛頓特區施加的壓力也讓他憂慮。政府似乎有可能完全禁止人臉辨識技術。「艾爾密基本上發誓要淘汰我，」他回憶道。「2001年的夏天，我確信那是我們最後的夏天。我們需要轉行做別的事情。」

然後，局勢戲劇性地發生了轉變。

2001年9月11日，蓋達組織（al-Qaeda）的成員劫持了四架商用客機，並將它們變成瞄準美國權力象徵的飛彈。其中一架飛機由於乘客的反抗，在賓州的一個田地上墜毀。但其他飛機則抵達了它們的目的地：五角大廈和紐約市的世界貿易中心雙子塔。

艾蒂克說：「立即有一股巨大的潮流席捲而來[22]，我們都被捲入其中。人們需要科技，人們需要更多安全。對於隱私，人們無動於衷。」

對紐約市和國防部的攻擊，迅速將美國變成了一個更加恐懼的國家，安全問題逐漸優先於隱私。在宣布打擊恐怖主義之後，小布希總統在伊拉克和阿富汗發動軍事行動。國會通過《美國愛國者法案》（USA PATRIOT Act），賦予執法機構更大的權限，獲取美國人的金融和通訊紀錄，以便更容易追蹤嫌疑恐怖分子及其金錢流向。該法案還包括政府評估生物特徵追蹤技術（包括人臉辨識技術）準確性的要求。監控公司的股價飆升。

艾蒂克和其他供應商開始與機場合作，談論使用臉部掃描

技術來向旅客保證，機場正在部署先進的技術來保護他們。艾蒂克知道，這項技術無法在即時安檢排隊中辨識出恐怖分子，而且在未來的十到二十年內也不會有所突破。但他還是同意安裝他的系統。他需要這些數據來改進他的軟體。

所有人臉辨識公司都希望獲得在監控網路攝影機下拍攝的人們真實照片和影片，特別是在檢查人們身分的場合，比如在機場，這樣他們就能擁有一個與姓名相匹配的龐大臉部資料庫，以改進他們的軟體，最終達到實際運作的程度。

施奈爾是一位技術專家，曾批評監控超級盃球迷的行為，後來他為這種「提供安全感而非實際安全」的對策創造了一個術語：安全劇場（security theater）[23]。臉部掃描實際上無法幫助辨識壞人，它唯一可能的好處就是欺騙，讓旅客感到少些焦慮，並嚇阻那些認為臉部掃描可能會對他們有不良影響的人。

美國公民自由聯盟（ACLU）的代表們繼續在媒體和資訊安全會議上指責這項技術。他們對支持這些系統的人感到沮喪。他們指出在超級盃和坦帕伊博市的社區部署中，沒有人成功被辨識並被逮捕。「我們在捕捉壞人的數量上增加了零個百分點[24]，」一位ACLU的律師在2001年底的一場生物辨識會議上說道，「沒有一次逮捕行動，這真是令人驚訝。我們在這裡做什麼？如果沒有安全效益，我們為什麼還要辯論隱私問題呢？」

《聖彼得堡時報》曾經密切報導超級盃監控事件，該報刊登了一篇有關911事件後人臉辨識技術興趣激增的報導。維視公司的艾蒂克和維賽科技的科拉托斯提等供應商代表表示，

他們接到來自執法機構、辦公大樓、商場和學校的大量電話。該報導表達了對這些機構尋求技術上虛假保證的擔憂：「儘管公司高層表示該技術與指紋辨識一樣準確，但一項政府研究表明，該技術在人群場合幾乎毫無用處。」一位曾任陸軍上校並擔任ACLU董事的人[25]告訴記者，該組織擔心有缺陷的技術可能帶來的危害。「我們擔心的是[26]，不僅它無法辨識資料庫中的人，最終它還可能被用來騷擾無辜的人。」他說道。

科拉托斯提沒有公開說明，但他知道他的公司系統至少存在一個明顯的問題。他們不得不中止了在南非的試點專案，因為他們的技術完全無法區分黑人臉孔。

在2002年3月，即「偷窺超級盃」事件之後，艾爾密要求進行的美國審計總署報告顯示，整個世界已完全改變，人們不再擔憂技術帶來的寒蟬效應，而是如何改進它。報告揭示，國防部在1987年[27]首次開始研究和開發這項技術，正是特爾克的論文發表的那一年。從那時起，聯邦政府在這方面總共花費4,700萬美元。除了國防部之外，另一個龐大的開支者是美國司法部，該部門在1994年考慮在南部邊界使用該技術來「辨識有犯罪嫌疑的外國人」。該報告中的支出數字是在恐怖攻擊事件之前的，但據報告描述，政府部門對這項技術的興趣已經顯著增加。

同年11月[28]，美國審計總署報告稱，人臉辨識技術正在被政府機構迅速採用，但估計需要至少5,000萬美元來評估其運作情況。十七個州正在使用科拉托斯提的系統來防止身分盜竊。國務院正在測試人臉辨識技術以查核簽證申請人的身分。冰島

和澳大利亞已在他們的國際機場安裝人臉辨識系統[29]，而艾蒂克的系統則在波士頓、達拉斯、弗雷斯諾（Fresno）和棕櫚灘（Palm Beach）的四個機場進行了試點，但成功率不理想。

根據美國審計總署的報告[30]，最大的人臉辨識部署是在英國倫敦東部的一個「不安全社區」——紐漢自治市（Newham Borough）。1998年，艾蒂克的系統被安裝在這個地區大約三百個閉路電視（CCTV）網路攝影機的其中十二個，將路人臉孔與約一百名警方紀錄中被定罪的街頭搶劫犯的資料庫進行比對。這項措施使街頭犯罪減少，獲得良好的公眾認可，但卻沒有導致任何逮捕。僅僅是系統的存在明顯地嚇阻了潛在的罪犯。這是安全劇場在發揮效果。

連科拉托斯提也覺得像紐漢自治市這樣的應用案例讓人感到不舒服。他認為是艾蒂克太過誇大這項技術，人臉辨識只應部署在存有安全威脅的地方，而不應該在城市中央掃描每個路過者的臉孔。他覺得這樣做很「可怕」[31]。

除了令人不舒服之外，試點專案並未向我們證明人臉掃描系統在技術上的有效性。因此，開始對政府所購買的技術品質產生懷疑的美國政策制定者轉向NIST，這是一個負責測量的聯邦實驗室。

成立於1901年的NIST，全名是國家標準與技術研究院（National Institute of Standards and Technology），當時正值美國工業發展蓬勃的時期。NIST的宗旨在幫助實現市場標準化，確保整個國家在時間、重量、長度、光線和功率等方面的測量

方式一致。該機構甚至進行過釣魚執法。1905年的一張黑白照片顯示[32]，兩名西雅圖的警察穿著西裝和圓頂禮帽，站在一堆剛被沒收的欺詐性測量設備旁邊。

NIST是一個獨特的聯邦機構，其中不僅有政策人員，還有科學家和工程師。他們致力於研究新型的測量設備，例如氣球載具的天氣預報工具，以及在第二次世界大戰期間研發的近距離引信，使導彈在撞擊地面之前就能爆炸，造成比撞擊時爆炸更大的破壞。

在1990年代，NIST首次注意到人臉辨識作為一項值得測量的技術。在特爾克博士之後，人臉辨識在學術論文中愈來愈頻繁地出現。研究人員在讓電腦辨識人臉方面取得各種不同的成果，但這些成果之間並不具可比性。他們各自在自己的實驗室中，使用手頭上一小群有限的人臉資料進行研究。NIST需要一種方法來評估他們的性能，而最好的方法就是使用一個龐大的已知人臉資料集。

於是[33]，一位曾在軍方工作，後來轉到NIST和DARPA工作的科學家菲利普斯（P. Jonathon Phillips），開始收集這些人臉數據。他資助維吉尼亞州喬治梅森大學的一位教授，招募了一千多人參加大量的人像攝影，從各種角度捕捉他們的臉部，建立起一個名為FERET的人臉資料庫[34]。這個具有負面意味的縮寫結合了FacE的F和E，REcognition的RE，以及Technology的T。軟體界的人們稱這些與特定個人明確關聯的數千張照片為「標記數據」，這對於訓練演算法和測試其效果至關重要。

人臉資料庫FERET成為NIST評估人臉辨識程序的基準。它

可以進行正面交鋒，以確定哪家公司表現更勝一籌。2000年，菲利普斯舉行第一次人臉辨識供應商測試，為每個公司的演算法提供同樣簡單的挑戰：判斷兩張照片是否為同一人，這兩張照片都是在理想照明的攝影棚中拍攝。

這是一個很好的點子，但存在一個問題：菲利普斯沒有權力強迫人臉辨識供應商提交他們的演算法；他所擁有的只是一場競賽的吸引力，以及一個供應商證明其產品是市場上最好的機會。NIST向二十四家人臉辨識軟體供應商傳送邀請郵件，但只有五家公司參加比賽，而且只有其中三家在規定的七十二小時內完成了照片的處理。這場比賽規模小得可笑，但同時也具有重大意義。因為現在終於有了一把量尺可以用來評估這項新技術。

菲利普斯的團隊在2001年2月發表一份長達七十一頁的報告[35]，這是偷窺超級盃之後的一個月。對於一般讀者來說，這份報告非常無用，技術性強到令人難以理解。作者們還寫道，他們的報告不是一個「買家指南」。這次測試並沒有揭示哪個系統是最好的，儘管這通常是測試的目的。也許這是為了避免傷害那幾家自願參加公司的感情。沒有最好的系統，它們中沒有一個特別出色。

如果照片中的人不是像拍照時的那樣正面望著相機，那麼這些系統甚至很難檢測到人臉的存在。這些系統都還沒準備好應用於監控足球迷、倫敦購物者或空中旅行者的監控網路攝影機中。即使如此，這些系統還是被應用了。

美國國務院是最早向NIST提供真實世界肖像供測試的機構之一。不是僅僅為了實驗目的所拍攝的照片，他們提供來自三·七萬多名墨西哥公民的簽證申請照片[36]，每個人至少有三張照片。

　　有十家供應商參加這次的測試，而這次NIST對於誰更優秀明確地做了說明。其中排名前三的公司，包括艾蒂克的公司，在匹配兩張同一人的照片時，正確率達到90%，但這僅限於室內拍攝的照片。如果照片是在室外拍攝的，太陽造成的意外陰影會對演算法造成影響，在最好的情況下，只有一半能正確匹配。

　　這項技術最好的應用場景，是確保某人不以虛假身分申請新的政府文件。而這正是美國國務院使用該技術的方式，當有人申請護照或簽證時，用於檢查是否存在重複申請，以減少「恐怖分子或罪犯透過欺詐進入美國或獲得美國護照」的可能性[37]，這是該機構在隨後的隱私評估中提到的。各州的交通部門也因類似目的而使用，以查找試圖獲取多個駕照的身分盜竊者[38]*。

　　就將這項技術應用於更複雜的監控而言，結果並不令人滿意。當被要求在數千條數據中找到一名特定的墨西哥旅客的臉時，表現最好的公司只有大約70%能夠找到該旅客的另一張照片作為最匹配結果。儘管電視和電影中有時會呈現人臉辨識的運作方式，但大多數人臉辨識系統不會僅僅輸出一個和給與照片相匹配的結果，而是給出一個可能很長的可能性清單。這些演算法在將正確人物的照片放在前五十名中表現得相當不錯，

---

* 2011年，麻薩諸塞州的一名男子向當地的汽車登記處提起訴訟，因為人臉辨識系統誤認他和另一人長得太相似而暫停了他的駕照。這起訴訟揭示這樣的情況並不罕見，引起了對系統可能如何錯誤標記無辜簽證申請者照片的問題，導致他們被拒絕入境，很可能沒有解釋。

CH6 偷窺超級盃 (2001)

但再次強調，這是在接近理想條件下進行的：搜尋政府資料庫中的大頭照，而不是在野外使用監控網路攝影機捕捉的傾斜臉孔。

研究人員在報告中指出，人臉辨識對男性的效果比女性好，而年輕人比老年人更難辨識*。這讓報告其中的一位作者格羅瑟（Patrick Grother）產生興趣，他最終接手菲利普斯的測試工作。

格羅瑟是一位自1990年加入NIST的英國資訊科學家。人臉辨識每隔幾年就會進行測試，每次都有更多的供應商參與。他看到前段班的準確度有顯著提升，但他仍然看到演算法在男性和女性以及不同年齡段的人身上表現出差異。

幾十年後，當提到那個發現時，格羅瑟的臉上露出了痛苦的表情，他嘆了口氣，把他時尚的圓形眼鏡推到頭上。他說：「我們沒有稱之為偏見[39]。我們應該說，『這是一個人口統計學問題。這會妨礙公平性。』我們應該更積極一些。」

為什麼NIST沒有重點標示人臉辨識對某些人的效果更好呢？原因之一可能是，雖然人臉辨識在男性和成年人身上表現最佳，但種族偏差並不明確。偏差因供應商而異，但似乎主要與訓練該系統所使用的人臉有關，這在2009年進行的兩次測試中顯而易見，其中一次是為FBI進行的測試。

在建立全美的DNA和指紋資料庫[40]，供執法機構在犯罪現場留下生理證據的肇事者進行身分鑑定後[41]，FBI決定以同樣的方式處理嫌疑人的照片。為了找出哪家供應商最適合這樣做，FBI向NIST提供近二百萬名被捕者的臉部照片。資料庫中包括

---

* 人臉辨識技術在兒童身上的效果仍然不如成人。

他們的種族，使得格羅瑟能夠評估演算法在不同種族身上的表現。他和其他研究人員發現了一個驚人的「種族影響」：「對於六種算法中的五種，黑人比白人更容易被辨識出來[42]。」大多數算法對白人存在偏差。

作者們沒有詳細討論這一點，只是簡短地推測可能是由於這些公司為預期的人口統計數據進行性能優化所致。換句話說，供應商們知道他們將使用嫌犯照片進行測試，考慮到美國黑人的過度監禁情況，他們可能相應地訓練了他們的演算法。

在同一時期，菲利普斯比較由西方公司和東方公司推出的演算法。菲利普斯和他的研究團隊寫道：「心理研究表明[43]，人們對自己種族的臉孔辨識比對其他種族的臉孔更準確。」他們報告了相同的「其他種族效應」。西方演算法在辨識高加索種族的臉孔方面表現更好，而東方演算法在辨識亞洲種族的臉孔方面表現更好。這項重要的研究似乎對人臉辨識界並未產生應有的影響，而且在演算法在現實世界中使用時，對這些不同表現方式的考量也很少。

為了使數百萬張嫌犯照片能夠被搜尋，FBI選擇NIST測試中的表現頂尖的公司之一：L-1辨識方案（L-1 Identity Solutions），該公司是由艾蒂克和科拉托斯提兩家競爭對手合併而成的。到2014年，FBI的10億美元「下一代辨識系統」已經具備了人臉辨識功能。技術文件警告說[44]，如果搜尋者的嫌犯照片存在於資料庫中，它只有85%會出現在前五十個候選人中。然而，當系統運作搜尋時，預設僅顯示前二十個候選人。

有一些成功案例[45]：人臉辨識幫助捕獲了一對搶劫銀行的

劫匪和一名使用假名字的殺手。但人們不知道這項技術在現實世界中的表現如何[46]，沒有真正的考查。沒有人知道它有多少次準確辨識了犯罪嫌疑人、多少次失敗，或者它是否導致警方誤認某人犯罪。FBI強調，任何「候選人」（他們謹慎使用的詞語，指搜尋中找到的嫌犯照片）僅僅是「調查線索」，而不是「身分辨識」。

根據理想條件下進行的測試，人臉辨識技術被認為足夠好用，雖然沒有人知道它在實際應用中的實際效果如何。但它也愈來愈多地被部署在現實環境中。

## 第7章

## 床下的超級電腦

　　2017年，尊室歡居住在曼哈頓東十一街「有史以來最小的房間」[1]，每個月支付1,100美元的租金。這是他能在東村找到最便宜的地方。儘管他必須與住在同一層的租客共用浴室，但他認為是划算的。附近社區充滿了這些建築上的遺蹟，一百年前的公寓建築，曾經住著貧困的工人階級移民，現在則是作家、藝術家、電腦工程師和其他「前衛創意人士」的住所。像尊室歡一樣，他們中的許多人都在附近的酒吧、咖啡館和餐飲店裡完成他們的工作。

　　Smartcheckr如今已成為一家合法註冊的企業，但並沒有真正的辦公室，只以史華茲在上西城的地址作為公司臨時地址。因此，尊室歡在他家附近的一家希臘咖啡館度過了很多時間，因為該咖啡館營業至午夜並提供無線上網（Wi-Fi）。他基本上是獨自一人，摸索Smartcheckr的技術研發關鍵人物。強森遠在

加州，忙於照顧新生兒[2]和瀕臨破裂的婚姻。史華茲在紐約，但他是負責業務方面的人。

尊室歡在尋找臉部和分析工具的過程中，就像他十幾歲時自學程式設計一樣：上網搜尋並自學所能學到的知識。他上了GitHub輸入「人臉辨識」，這是一個供程式設計師分享工作的社群媒體。他在推特上關注機器學習專家，他們能可靠地指引他朝最有潛力的技術方向前進。他也經常搜尋arXiv.org（發音為「archive」），這是一個資訊科學家和工程師發布學術論文的網站。

多年後回顧，他承認這是一個荒謬的開始方式。他說：「這聽起來就像[3]我在谷歌上搜尋『飛行汽車』，然後找到了相關的製作指引。」然而他的旅程與人工智慧歷史上的一個重要時刻交會在一起。在這個領域中，最聰明的人，才能從科技巨頭那裡獲得數百萬美元的薪水，他們推動免費共用他們的工作成果，原意是希望能「開源」。

對於在資本主義經濟體制下成長的人來說，這可能有點難以理解。這就好像發明可口可樂的那個人決定和全世界分享配方一樣。但當時實際上就發生了類似的情況，部分原因可以歸咎於麻省理工學院著名研究員明斯基，他宣稱神經網絡是一條死路。

從那時起[4]，一小群神經網絡的信仰者就不顧反對地努力研究，他們堅信明斯基是錯的。他們也相信該領域最大的突破，將來自那些可以透過嘗試錯誤進行自學的程式。大多數人工智慧研究者認為這些神經網絡研究者在痴心妄想，但這些技術專

CH7 床下的超級電腦　　115

家,包括有著書呆子名號的大學教授楊立昆(Yann LeCun)和辛頓(Geoffrey Hinton)卻充滿決心。他們不斷修補改進神經網絡,參加學術會議並發表論文,希望能吸引其他人加入他們的技術研發道路。最終,得益於更快的電腦、新技術和更多的數據,他們的神經網絡開始發揮作用了。

一旦神經網絡發揮作用,它們就超越了其他人工智慧方法。它們使語音辨識更好、圖像辨識更可靠,並使人臉辨識更準確。神經網絡可以應用於各種任務:在網飛(Netflix)上推薦節目、在 Spotify 上編排播放清單、為特斯拉電動車的自動駕駛儀提供視覺,以及讓 ChatGPT 以看似人類的方式進行對話。只要存在大量數據,神經網絡理論上就能對其進行運算。

突然間,這群叛逆的學者成為科技界最炙手可熱的搶手貨。谷歌、微軟、臉書、百度等全球最大的科技公司紛紛向他們投入資金。神經網絡專家接受了這些資金,但他們花費多年的時間發表研究成果,以向世界證明他們的工作價值。他們喜歡發表自己的成果,並希望繼續這樣做,即使他們所在的公司通常希望保持技術的專有性。這些專家新成員們不僅有權利去做他們想做的事情,對公司來說也有好處。其他人閱讀他們的技術成果,想出了改進的方法,然後發表改進的論文,從而推動了整個領域的進步。這是一個良性循環,也使得像尊室歡這樣的人能夠從中受益,讓他在一旁利用這種科技大團結來獲利。

尊室歡發現了 OpenFace,這是卡內基梅隆大學團隊建立的「人臉辨識庫」,由一位後來在臉書工作的人工智慧實驗室研

究生帶領。該團隊在一篇關於這組程式碼的論文中寫道:「我們打算把OpenFace作為一個資料庫來保持更新[5],使用最新的深度神經網絡架構和人臉辨識技術。」他們把它發布在 GitHub 上,而尊室歡就是在那裡找到它的。

如果他閱讀GitHub上的整個頁面,他應該能看到創作者的一條資訊:「請負責任地使用![6]」在下面還有這樣一句話:「我們不支持將本專案用於侵犯隱私和資安的應用程式中。我們使用它來幫助認知障礙的人們感知和理解周圍的世界。」這是一個高尚的要求,但完全無法執行。

尊室歡啟動並執行OpenFace的程式碼,但它並不完美,所以他繼續搜尋,在學術文獻和程式碼儲存庫中遊蕩,試了這個又試那個。他就像漫步在果園裡,品嚐著幾十年研究的果實,隨心所欲地摘取,而且免費。「我不可能從零開始弄清楚這一切[7],但像辛頓這樣的其他人一直堅持著,就像滾雪球一樣。」他說,「我們可以挖掘出很多東西。」

當尊室歡在學術論文中遇到一些不理解的東西時,他並不害怕發揮好奇心。他會去教授的網站上找到他們的電話號碼,打電話提問。有些教授實際上會回答他的問題。

然而,尊室歡的能力是有限的,因為他既不是機器學習專家,也沒有適合這項工作的最佳設備。神經網絡取得突破的原因之一,是由於新硬體的發展,包括用於電子遊戲的強大電腦晶片,稱為圖形處理單元(graphics processing units,簡稱GPU),這些晶片對於訓練深度學習神經網絡非常有用。尊室歡負擔不起最先進的硬體,但幸運的是,他遇到了一個可以免

費使用這些硬體的人：Smartcheckr最重要的早期合作夥伴，一位劉姓（Terence Z. Liu）的傑出數學家。

在中國南京大學獲得工程學學位後，劉前往俄亥俄州的托萊多（Toledo）大學攻讀博士學位。在2017年春季，他對未來生涯感到不確定。即將完成計算物理學博士學位的他，不確定畢業後的下一步。在去紐約市找工作的旅途中，劉遇到了尊室歡，他們是透過「重疊的科技圈子」[8]結識的。在一家咖啡館裡，尊室歡向劉展示了他正在進行的工作。那時候，人臉辨識的能力還算可以，但要建立一家公司，它需要更強大的能力。

劉希望在一家大公司找到軟體發展工作，並希望在大學超級電腦上進行物理實驗之外獲得更多實際經驗。想要研究恒星、宇宙大爆炸、黑洞或者像劉一樣研究新題材的物理學家，依賴於超級電腦來類比宇宙及其資料。超級電腦就像它聽起來的那樣：一台非常強大的機器，能以令人難以置信的速度進行數學計算。當時《紐約時報》宣稱最快的超級電腦：「一個每秒做一次計算的人，必須活上六十三億年以上，才能匹敵這台機器一秒鐘內所能做的運算。[9]」

「我需要在我的簡歷上加入一些內容[10]，」劉提到他決定與尊室歡合作的原因。尊室歡表示，劉在公司的演算法方面給予了巨大的幫助，因為他「在他學校的超級電腦上偷了很多運算時間。[11]」（之後，劉聲稱他只是使用了他自己參與構建的桌上型工作站電腦，並且低調地表示它的功能不強大，他的系主任稱之為「我床下的超級電腦」[12]。但當被問及此事時，他的博士指導教授表示從未聽說過這樣的說法。[13]）

無論如何,這是一個互利的合作夥伴關係。這項工作為劉提供了他所需要的實際工作經驗,使他的簡歷更加完整,而他早期的關鍵貢獻是加速Smartcheckr演算法的發展。

在2017年夏天,劉博士畢業從俄亥俄州搬到紐約後,能夠在不同的「辦公」空間中更多地與尊室歡一起工作,這些地方包括霜淇淋店、咖啡店和拉麵館。憑藉他的數學才能,劉在對Smartcheckr神經網絡進行微調的所有人工修補上,都要勝人一籌[14]。尊室歡對其匹配效果的提升大為震驚。到了六月,兩人已經準備好測試他們的系統。他們需要大量的人臉來進行練習。

科技巨頭再次提供幫助。2016年,微軟公司的研究人員[15]發布了一個包含數百萬張「名人」照片的公開資料圖庫,專門用於幫助從事人臉辨識技術的人員。其中大多數是演員,但也包括記者和激進分子[16],其中一些人是人臉辨識技術的著名批評者。諷刺的是,他們不知道自己的臉被用來改進這項技術。

一天晚上,當劉和尊室歡新編寫的人臉辨識系統消化了數百萬張「名人」照片後,他們花了幾個小時搜尋難以匹配的臉孔,並試圖用相貌相似的演員使系統失效,比如娜塔莉·波曼(Natalie Portman)和綺拉·奈特莉(Keira Knightley)。但是系統一直都能準確辨識出來。從數百萬張照片中,系統始終為他們指出正確的人。「這太瘋狂了[17],」尊室歡想。「它真的成功發揮作用了。」

劉決定將他們所建立的名人相似度工具發布在個人網站

上。網站上提示：「在一千張臉中[18]，你最像哪位名人？別說了。上傳照片吧。」這是1970年世界博覽會特展的現代版本，但使用了更多現代名人：「你是坎卓克（Anna Kendrick）！」

在六月中旬，與機器學習演算法之開源庫dlib有關的一位技術人員注意到了這個網站，並對其依賴免費軟體感到興奮，他在推特上寫道：「快來看看這個酷炫的應用程式。[19]」

劉的參與成為Smartcheckr的轉捩點，使強大人臉辨識應用程式的夢想變成了現實。他和尊室歡一起工作的幾個月讓演算法變得超級高效，與市場上的任何其他產品一樣好，甚至更好。尊室歡堅稱這個成就僅基於開源技術，這對於兩個新手在生物辨識技術上來說是一個驚人的壯舉。

一旦Smartcheckr具備了這種強大的匹配能力，目標就是將一個人與他們自己的臉部配對，而不是與名人的臉部。於是尊室歡需要普通人的臉孔。幸運的是，網路提供了一個豐富的搜尋場所。

就像熱衷於狩獵的人一樣，尊室歡深深記得他的第一個大獵物：移動支付平台Venmo。這個平台於2009年推出，用戶可以綁定自己的銀行帳戶，方便地在朋友之間傳送和接收付款。該公司的最大創新是將支付轉變為一個帶有新聞動態的社群媒體。註冊時，你為自己建立一個暱稱，提供名字和姓氏，並上傳一張照片。或者可以使用「臉書連結」登入，就像許多用戶一樣，這樣就可以自動導入包括個人照片在內的所有資訊。

當你向網路上的其他人傳送付款時，你可以附上一條小訊息或一些表情符號，以說明付款的原因，將日常支出轉化為社

交貨幣,紀念你如何花費錢以及與誰共同花費。取決於你的隱私設定,當你向朋友傳送的付款,將連同你寫的訊息一起顯示在你的網路上,甚至整個世界上。(但不包括傳送的金額——如果做到這一步就太過分了。)隨後,Venmo迅速增長[20],吸引到數百萬用戶,並最終被PayPal收購。

表演性支付是一個成功的故事,但隱私權宣導者[21]對這個應用程式感到擔憂,尤其是Venmo預設將交易設為公開。如果用戶不希望全世界看到他們的每一筆Venmo行為,他們須要更改他們的隱私設定,但有多少人意識到了這一點尚不清楚。忙碌的人們沒有時間深入瞭解應用程式的所有設定或閱讀隱私政策。大多數人認為隱私政策的存在意味著公司會保護他們的資料。但實際上,這些政策存在的目的是為了用冗長的法律術語解釋公司可能如何利用資料[22]。更準確地說,它應該被稱為「個人資料利用政策」。

由於Venmo的設計本身就是公開的,該公司很少採取措施來防止窺視者和資料抓取者,而這正讓尊室歡感到高興。抓取可以是一項具有挑戰性的工作。大多數網站都是用一種靈活的語言HyperText Markup Language(HTML)編寫的,以供人類閱讀。設計師可以調整字體大小、頁面顏色、對齊等等。但對於一個尋找資料的機器人來說,這種格式就是令人困惑的垃圾語言。資料抓取者必須「解析」HTML,提取他們所尋找的寶藏。尊室歡表示:「這很讓人討厭[23],網站總是在改變,如果它們改變了設計,你就必須重新調整你的抓取程式。」

但Venmo並非如此。在其首頁上,Venmo展示了一張iPhone

的圖像，螢幕上顯示著Venmo的新聞提要，呈現用戶之間公開支付的事項：「Jenny P向Stephen H收費，『Lyft網約車』。」、「Raymond A向Jessica J收費，『電費和網路費』。」、「Steve M支付給Thomas V，『好吃好吃好吃』。」\*這不僅僅是一個虛構的產品簡報；它是一份即時的、以機器可讀格式編寫的交易實況，其中包括使用者的全名和指向他們個人資料照片的連結。

「你可以使用一個網頁腳本登入這個URL[24]，並獲取一百個交易紀錄，」尊室歡提到他為該網站編寫的抓取程式時說道。「你可以整天不停地登入它。每個交易都像是『這裡有一張你可以下載的照片』。」

尊室歡設計了他的電腦程式，使其每兩秒登入一次該URL。這就像是一個老虎機，但他每次都能贏。每次拉下拉桿，人臉就會湧現出來。尊室歡說：「這有點瘋狂。」他回憶起當時，「隱私保護人士」曾抱怨過這一點，但多年來情況仍然如此[25]。而尊室歡充分利用了這個漏洞。

在2017年6月初，尊室歡給強森和史華茲寄了一封電子郵件，附上一個連結：「https://smartcheckr.com/face_search」，這是他與劉一起開發的工具平行版本，用於普通人的人臉辨識。「從Venmo和Tinder上抓取了二百一十萬張臉部圖像[26]。試試這個搜尋功能吧，」他寫道。強森對此非常喜歡，他告訴熟人們，他可以拍下他們的照片，然後知道他們在Venmo上向誰轉了錢。

尊室歡表示他們需要更多的照片，特別是那些他們希望打

---

\* 這些都是尊室歡在抓取該網站時，透過網路檔案館（Internet Archive）的回溯機器（Wayback Machine）所捕捉到的真實Venmo交易。回溯機器是一個寶貴的網路爬蟲（crawler），用於保留舊版本的網頁。

動的投資者。「我們需要用他們認識的每個人的照片,以及他們所在的公司來填充資料。然後這將給他們一個驚喜,」他寫道。換句話說,他們須要操縱遊戲規則。尊室歡從Crunchbase這個追蹤新創企業和投資者的網站上抓取了姓名,然後透過谷歌圖像搜尋,獲取每個人的前二十張圖片。這樣,試用該應用程式的潛在投資者將保證能夠找到自己和熟人的照片匹配結果。

收集所有這些臉部照片有其代價。照片占據空間,任何一位手機存儲空間不足的人都明白這一點。尊室歡必須找個地方儲存這些數位照片。他估計使用亞馬遜(Amazon)的雲端服務進行託管,將需要每月支付1萬美元以上的費用,所以他尋找其他的選擇。他最終搭建了自己的存儲解決方案,基於一個名為Ceph的開源系統,但這只是一個臨時解決方案。Smartcheckr需要更多的資金來維持這個運營。

尊室歡寄了電子郵件給強森介紹的兩位富人,億萬富翁投資者提爾和Oculus Rift創辦人拉奇(Palmer Luckey)。「我有一個原型正在運作[27]。」他告訴了拉奇,而拉奇對此產生興趣,要求更多關於它的資訊。這很令人高興,但是恭維並無法支付帳單。

尊室歡在和提爾的合作方面更加幸運,他們一年前在克里夫蘭見過面。他告訴提爾,Smartcheckr現在可以在不到一秒鐘的時間內搜尋十億張人臉。「這意味著我們只需要一張臉就能在社群媒體上找到某個人[28],」他說道。

作為一個富得無法衡量的人,提爾可以像普通人隨意在下

CH7 床下的超級電腦　123

午喝拿鐵咖啡那樣,選擇投資有前途的公司。提爾作為臉書的董事會成員,也許會對這一發展感到不安,因為這可能對社群媒體使用者的隱私造成影響。但他可能沒有意識到這一點,或者他並不在意,因為在下一個月,也就是2017年7月,提爾的一名助手給尊室歡傳送了一封電子郵件[29],表示提爾有意投資20萬美元。Smartcheckr獲得第一筆資金支持。

為了接受提爾的資金,合作夥伴們需要成立一家公司。史華茲找到普衡(Paul Hastings)律師事務所的合夥人韋克斯曼(Samuel Waxman),他專精於新創公司和創業投資。韋克斯曼十七歲時曾在朱利安尼市長競選活動中實習,自那以後他和史華茲一直保持聯繫。在一家希臘餐廳的午餐上[30],Smartcheckr的雙人組向韋克斯曼講述了他們是如何構建人臉辨識工具。他們沒有提到強森。夏天結束時,韋克斯曼幫助他們在德拉瓦註冊了一家新公司,命名為Smartcheckr Corp, Inc.[31],以接受提爾的資金。這一次,公司只有兩個股東:尊室歡和史華茲。

強森並不知道他被排除在公司之外[32],儘管他知道自己除了人脈關係之外並沒有做出太多貢獻。他身在加州距離公司很遠,並被他的家庭問題耗費心力。而且考慮到他有毒的聲譽,包括與否認大屠殺和與白人至上主義者有關的媒體文章,他顯然是一個麻煩的負擔。

儘管尊室歡和史華茲決定在法律上剝奪強森的權益,他們仍繼續將他包含在Smartcheckr計畫的電子郵件中。在德拉瓦州的公司成立後不久,尊室歡給拉奇寄了一封電子郵件,並將強

森加進副本中,告知他們已經「正式從提爾那裡獲得資金」[33],並再次詢問拉奇是否願意投資或與他們合作。

由於提爾的支持,Smartcheckr現在有了一些真正的資金。不幸的是,尊室歡無法聘請他的演算法專家劉。劉的計畫成功;他與尊室歡合作的專案證明了他的能力,使他於2017年秋季在彭博(Bloomberg LP)找到軟體工程師的工作。但顯然,Smartcheckr公司依然期望他能回來,因為在劉接受彭博工作將近一年後[34],公司仍然在向投資者展示中聲稱他是首席技術長,據說負責日常的研發營運工作。

尊室歡並沒有聘請一位真正的首席技術長,而是招募了擅長網頁抓取的接案程式設計師,只告訴他們他需要臉部圖片和相關連結。尋找臉部賞金獵人有時會將尊室歡帶入網路較晦暗的領域,那些人們不願意分享真實姓名的地方。有一個人聲稱他已經從Meetup、AngelList和Couchsurfing上抓取了照片,並表示願意出售這些照片給尊室歡。但他要求用加密貨幣乙太幣支付報酬。

「我不得不兌換我的比特幣來購買它[35],」尊室歡說道。「這很好,我想僱用他。他拒絕了,但他向我介紹了一些他的朋友。」

尊室歡最終僱了大約十幾名世界各地的技術專家來在網路上蒐集臉部照片。他對其中一些人到底是誰一無所知,只知道如何支付報酬給他們。而這些獵人們,反過來並不會被告知尊室歡為何需要這些臉部照片。

整個過程對於尊室歡來說都是激動人心的。他在咖啡館裡

尋找辦公空間，招募斜槓的年輕人做臨時工，但在他漫長艱辛的科技新創公司工作中，他終於創造了一個真正有前途、風頭正勁的應用程式。他還加入了美國國籍。像許多新創公司的創辦人一樣，他也處於隱身模式。但他對保持低調的需求，並不僅僅源自對競爭對手的恐懼。還有一項州法律規定了嚴厲的罰金條款，可能會在他的公司正式營運之前就將他逼入絕境。

# 第8章

## 唯一預見此事的人
## （2006-2008）

　　2006年，費卡迪瑪（James Ferg-Cadima）注意到他所光顧的芝加哥珠兒超市（Jewel-Osco）收銀員都戴著印有「問我使用『一觸即付』（Pay by Touch）！」的大綠色徽章。在入口處還有一個展示「一觸即付」的廣告牌，上面有一個大大的標牌，上面寫著「快速、簡單、安全」。

　　有一天，當費卡迪瑪結帳時，收銀員邀請他加入該服務。「不用，謝謝。」[1]費卡迪瑪說道，他只是想把東西裝入手提袋，然後走回他在瑞格利球場（Wrigley Field）附近的公寓。

　　費卡迪瑪留著一頭棕色的捲髮，長著一張笑容可掬、圓潤可親的臉龐，或許這就是為什麼收銀員一直向他推銷。「您再也不需要拿出信用卡或寫支票了，」收銀員邊掃描和裝袋商品，邊說道。只須要掃描指紋，「一觸即付」將連接自己的銀

行帳戶，然後就可以每次來店裡時使用指紋進行支付。

要求費卡迪瑪交出指紋，只為了在結帳時節省幾秒鐘的時間，讓他感到「相當大膽」。他說：「讓我看看加入辦法。」他從收銀員那裡拿了一本宣傳手冊，並在下週上班時「深入瞭解」一下。

費卡迪瑪當時三十多歲，是玻利維亞移民的兒子。他在華盛頓特區獲得法律學位，並在一個種族正義的非營利組織從事拉丁裔權益工作後，他搬到伊利諾州當一位聯邦法官的助理。在那次命中註定的超市購物之行，他剛剛在美國公民自由聯盟（ACLU）的芝加哥分部開始了一份新工作，擔任國會研究員的職務，負責提出能夠加強憲法保護的立法措施。

他知道這可能會具有挑戰性，因為ACLU組織在一些州議員們之間頗具爭議性。他說：「有一小部分議員永遠不會與美國公民自由聯盟會面。[2]」這家進步的非營利組織成立於1920年，第一次世界大戰後，為了捍衛被逮捕的抗議者、社會主義者、無政府主義者和勞工組織者，以及那些因挑戰政府和強大企業而被驅逐出境的移民。美國公民自由聯盟以在熱門議題上採取明確立場而聞名：它反對死刑、支持墮胎權利，並保護言論自由權利，無論多麼具有爭議性。ACLU律師們在二戰期間反對拘留日裔美國人、捍衛納粹和三K黨的公開集會權利，並在911事件後抗爭關達那摩灣（Guantánamo Bay）所謂拘留恐怖分子的做法。

費卡迪瑪正在尋找一個可能獲得兩黨支持的議題，一個比美國公民自由聯盟通常關注的目標更「無爭議」的議題。他

沒想到自己會在珠兒超市找到這個機會。他仔細翻閱「一觸即付」的文件，試圖弄清楚是否有相關的法律條文可參考。是否有任何規定企業可以利用人的指紋或其他身體測量訊息（統稱為「生物辨識」）來做什麼？

他發現最近提出但尚未通過的兩項法案：聯邦《基因資訊非歧視法案》（Genetic Information Nondiscrimination Act或GINA），旨在禁止雇主和保險公司[3]利用美國人的DNA對其進行歧視；以及《德州生物特徵辨識採集或使用法案》（Texas Capture or Use of Biometric Identifier Act）[4]，禁止商業機構收集「德州人的視網膜或虹膜掃描、指紋、聲紋或手部或臉部幾何紀錄」。第二項法案相關重要，但費卡迪瑪認為它的象徵意義大於實際作用，因為該法案只能由州檢察總長執行。如果個人消費者的指紋或聲紋在未經同意的情況下被採集和商業化，他們無法採取任何行動來保護自己。

費卡迪瑪對生物辨識進行了一些基礎研究，並對其獨特的辨識特性以及如果公司沒有妥善保管生物辨識資訊時可能發生的後果感到不安。當其他形式的身分證明（如信用卡或密碼）洩漏時，人們可以更換或更新。但他們無法改變自己的臉孔、聲音或手指，至少在不進行痛苦手術的情況下是無法改變的。費卡迪瑪說：「如果生物辨識資訊被洩露[5]，那就無法挽回了。」他對「一觸即付」產生了疑問。「那麼誰是這些生物辨識資訊的保管人呢？」

「一觸即付」[6]是由一位名叫羅傑斯（John Rogers）的企業家於2002年創立的。對沖基金和著名蓋蒂（Getty）家族後裔對

這家位於舊金山灣區的新創公司投資了數億美元。據報導，成千上萬家商店安裝了這家新創公司的指紋掃描器，據稱數百萬美國人都在使用。

費卡迪瑪不安地發現[7]，這家公司的創辦人有很長的法庭紀錄[8]：在他搬到矽谷之前居住的明尼蘇達州，他曾多次未償還債務而被起訴，並在被女友指控家庭暴力後，承認擾亂治安罪行。

這可能只是冰山一角。費卡迪瑪建立了一個谷歌提醒事項，以便在有關該公司的文章出現時收到電子郵件通知。在2007年底，這個提醒傳遞了令人震驚的消息[9]：「一觸即付」公司陷入嚴重的財務困境，並計畫申請破產。「然後我的警鈴都響了[10]，」他說。「伊利諾州人的生物辨識資訊，竟然成為另一個州破產程序中處理的資產。」

從理論上講，任何人都有可能購買這些指紋，並隨心所欲地使用它們。如果有人購買這些指紋為執法部門建立一個私人指紋資料庫，會怎樣呢？或者，如果一些不法分子獲取這些指紋，並像電影《不可能的任務》（*Mission Impossible*）一樣仿造高價值目標的指紋，進行大規模瘋狂購物呢[11]＊？費卡迪瑪知道，無論議員們是哪一黨，這些場景都會在他們的心中燃起一把火。技術和隱私是兩黨的共同話題。「天時地利人和，一切條件都十分有利。[12]」他說。

更多關於該公司以及它如何耗盡資金的破壞性報導開始層出不窮。其中大部分都出現在「高客媒體」網站的「矽谷閒話」上。「矽谷閒話」報導稱：「創始人羅傑斯失蹤了[13]，在

---

＊竊取生物辨識資訊並非牽強的想像。後來，當駭客入侵專職背景調查的聯邦人事管理局（Office of Personnel Management）時，他們竊取560萬名政府雇員的指紋資訊。這個事件實實在在地發生了。

他的任期內,我們的消息來源說他『大吃大喝、生活糜爛、狂歡、泡妞、吸毒、大肆揮霍』。」羅傑斯還僱用自己的母親[14]來管理人力資源部。不出所料,「一觸即付」停止向員工支付薪資。投資者們提起訴訟,在起訴書中聲稱公司因為羅傑斯的「濫用藥物」[15]而遭受損失,還稱他曾向一名董事會成員提供古柯鹼。這就是伊利諾州人託付指紋的人?費卡迪瑪感到震驚。

該公司還面臨著更傳統的商業問題[16]:每當顧客用指紋付款時,公司只能獲得很少的收益,但在指紋掃描硬體上花費了很多錢。「一觸即付」在吸引用戶方面遇到了困難。一些基督徒對此表示反對[17],認為這如同《啟示錄》(Revelations)中的「獸的印記」(the mark of the beast)。而其他人,比如費卡迪瑪,僅僅認為這沒太大意義。一位前員工表示,公司向投資者和媒體吹噓那些「數百萬客戶」,實際上是在收購一家在支票兌現服務中掃描指紋以防欺詐的公司後獲得的。消費者一直不容易接受在購物付款時使用「一觸即付」。

在這家陷入困境的公司崩潰中,費卡迪瑪看到了機會[18]。他與ACLU位於紐約的科技法律團隊進行磋商,共同構思「生物特徵辨識器」的基本定義,並參考德州的法案內容,將其定義為「視網膜或虹膜掃描[19]、指紋、聲紋、手部或臉部幾何掃描」。

該法案的其餘部分相當簡單:除非是執法機構,否則必須獲得個人的許可才能蒐集、使用或出售他們的生物特徵資訊,並且必須解釋儲存和最終銷毀資訊的計畫。如果一個人的生物

特徵資訊被處理不當或未經他們同意被使用，該人可以起訴索賠最高達5,000美元的損害賠償金，這一規定被稱為「私人訴訟權」，使公民能直接訴諸法庭，不必等待政府來採取行動。「我們希望提供[20]明確的經濟激勵措施，鼓勵企業盡到自己的責任。」費卡迪瑪說道。

費卡迪瑪在2008年初起草了《生物特徵資訊隱私法案》（Biometric Information Privacy Act，簡稱BIPA），然後他在伊利諾州州議會中進行遊說[21]，爭取提案人和支持者。他沒有先提到自己是ACLU的成員，他知道這可能會疏遠一些議員，所以他強調這是一項重要的消費者保護法案。他向議員們介紹「一觸即付」，該公司擁有伊利諾州人的指紋，並有可能在公司破產後將其出售。公司破產成為這項法律的一個極具說服力的賣點，該法案迅速獲得兩黨的支持。除了向議員及其助理們進行遊說外，費卡迪瑪並不想大張旗鼓地向媒體宣傳。如果《BIPA》法案能夠悄無聲息地通過立法程序，避開任何可能減慢進程的遊說者關注，那會比較好。

該法案於2008年的情人節提出[22]，並於五個月內在伊利諾州眾議院和參議院中一致通過。德州的類似法案也已通過，並將在2009年開始生效；華盛頓州也通過了類似的法律（但排除了從照片生成的資料）。然而，這些州的法律沒有私人訴訟權。消費者不能保護自己的權利，必須依靠州檢察長來執行這些權利。只有伊利諾州的法律中才有真正的約束力[23]。

常說科技發展速度快於法律的進展。但這次法案通過是個罕見的例外。

在破產後，原名為「一觸即付」的公司[24]實際上一分為二。其中，支票兌現業務部分擁有大部分用戶指紋。它換了新的名稱，並繼續使用指紋來防止小偷兌現他人的支票。而曾與超市合作的部分變成了YOU Technology，從人們購買的方式轉為購買的內容[25]。比起購物者的指紋，更有價值的是他們的購買紀錄。這些紀錄可以用來生成有針對性的廣告和優惠券，並幫助引導他們未來的購買決策。這是比「一觸即付」更成功的商業模式[26]，最終被克羅格（Kroger）連鎖超市收購，然後以5.65億美元的價格賣給了北卡羅來納州一家名為Inmar Intelligence的資料經紀公司。

費卡迪瑪在完成研究員職位後，繼續留在ACLU，連續多年擔任該組織的立法顧問。之後，他加入了其他民權組織，並在政府部門任職。儘管他再也沒有參與其他科技隱私法律的工作，但這一直與他如影隨形。「至今[27]，我還沒有在我的iPhone上使用FaceID，」他說。「『一觸即付』是一個警世故事，告訴我們將隱私資訊交給一家公司的風險。」

很顯然，如果沒有法律保護消費者的生物特徵資訊，消費者就很容易受到傷害，尤其是隨著生物特徵資訊技術的進步。

# 第9章
# Smartcheckr的終結

隨著2018年中期選舉的臨近，琳琪（Holly Lynch）開始考慮從政[1]。她是個身材嬌小的女性，留著整齊的鉑金色短髮，棕色大眼睛，還戴著鼻釘。除了在哈佛大學度過的四年，琳琪的一生都在曼哈頓上西區，這也是她想要參選的地方。

琳琪四十出頭，在過去二十年裡一直在廣告產業工作，為多個品牌如多芬（Dove）和富豪（Volvo）汽車等品牌策劃大型廣告活動。她想轉換職業生涯的願望是源於一段痛苦的經歷。實際上，是兩段。

幾年前，她的腦部長出一個柚子大小般的腫瘤。她接受放射治療，腫瘤消失，她重新開始正常的生活。但是，後來在她的腎上腺發現了另一個大腫瘤。她接受化療，這也是她頭髮稀疏的原因。化療讓她痛苦不堪，她不確定自己是否能夠兩次戰勝癌症。

她的第二次病發正好發生在2016年的總統競選期間，她堅持下去的原因是希望看到希拉蕊成為美國首位女性總統。然而，儘管琳琪戰勝了致命的病魔，但希拉蕊並沒有成功當選。

琳琪是一位女權主義者和終身民主黨人，她對川普當選總統感到極度沮喪。她決定不僅僅抱怨政治的現狀，而是決定直接參與其中。她告訴在紐約本地有廣大人脈的父母，表示她想要競選公職。他們向她推薦了幾個紐約政界的重要人物來進行諮詢。最終，她結識了史華茲。

那是在2017年的夏天。Smartcheckr剛剛從提爾那裡獲得20萬美元的資金，並註冊成為德拉瓦州的一家公司，但它正為吸引更多投資者而苦苦掙扎。這本應該很容易的。它擁有一項先進的技術，一個可將個人的臉與他們Venmo消費連結的早期原型。即使Smartcheckr沒有收入，投資者有很大的機會投入資金，取得股權，並夢想在未來公司上市後投資翻倍獲利。史華茲的幾個紐約朋友投資了一些小額資金[2]，但還不足以給他們提供足夠的發展空間。他們接觸的投資者都有些猶豫不決：Smartcheckr如何將臉部搜尋變現？這是否合法？

因為迫切需要收入，史華茲和尊室歡推出了一家短命且命運多舛的政治諮詢業務，而這一決定似乎毀了Smartcheckr。

到了2017年8月，史華茲和琳琪在林肯中心的法國餐館Bar Boulud共進午餐。史華茲個子矮小，有些超重，髮色黑白交錯，話多得讓琳琪幾乎插不上嘴。他向琳琪講述他在紐約市參與過的事以及他認識的所有人物。「我曾幫助朱利安尼當選[3]，」她回

憶起他說的那番話。

琳琪告訴史華茲她想要在她成長的地方競選：紐約市迷你的第十個國會選區，該選區從曼哈頓的上西區一直延伸到布魯克林。這個席位由納德勒（Jerry Nadler）擔任，他是一位強硬的自由派議員，已在國會任職超過二十年。琳琪認為納德勒已經在這個職位上待得太久，已喪失對變革的緊迫感。她也對他的性別有意見，認為議員裡女性比例少於20%，而男性卻長期主導著這個國家。「我剛剛結束癌症治療[4]，本想等到2020年再考慮競選，」她回憶道。「但是史華茲說我應該立即參選，因為那是女性的年份[5]。」

在史華茲告訴琳琪可能獲勝[6]，並表示願意擔任她的政策顧問後，她決定投入自己的50萬美元用於競選，並支付史華茲每月5,000美元的顧問費[7]。事後回想起來，她認為史華茲的建議可能是出於自身利益，她只是他的搖錢樹和實驗小白鼠。當她看到史華茲的付款憑據，要求支付給一個神祕的公司「維理塔戰略夥伴」（Veritas Strategic Partners Ltd.），她感到不安。在報稅表格W-9上，史華茲用自己家的地址作為維理塔的工商註冊地址，就像他為Smartcheckr所做的一樣。

和琳琪一樣，史華茲也住在上西區。有一天兩人在中央公園相遇，史華茲告訴她，他正要去川普大廈開會，並堅持兩人一起走過去。在琳琪的記憶中，史華茲再次滔滔不絕地談論他在紐約市認識的所有重要人物，以及有他參與在她的競選活動中是多麼幸運。琳琪感到不舒服[8]，但她認為這就是政治的本質。

聘請一個朱利安尼的追隨者作為民主黨初選的顧問確實有些令人費解，但史華茲似乎與許多重要人物有聯繫，而且他註冊為民主黨選民（在這個絕對自由派的城市中，共和黨人選擇成為民主黨選民並不少見，因為民主黨初選往往是唯一重要的選舉）。史華茲說他與一位電腦天才合作，他是資料專家，可以協助競選。史華茲稱他為「王子」，因為他是王室的後裔，而且他的名字很難發音。他還給了她一本「Smartcheckr 公司[9]民意調查和社群媒體服務」的宣傳手冊，解釋了他們能做什麼。

宣傳手冊上寫道：「為每個選民提供獨特的客戶體驗，最終在投票日獲得堅定的支持者。」Smartcheckr可以提供四項服務：「一、豐富的選民檔案」、「二、超級民意調查」、「三、針對個人的選民拓展」，以及「四、極端對手研究」。

前三個服務實際上是同一件事的變種：從社群媒體上收集人們資訊，然後直接或以廣告與他們聯繫。這類似於當前幾乎所有公司都在進行的資訊收集，以提供目標明確、準確定位的廣告，在IG上的朋友照片之間投放。這是相當普遍的資料挖掘技術。

然而，最後一個服務「極端對手研究」完全是另外一回事。在競選世界中，「對手研究」是指收集有關政治對手的有害資訊，範圍從未付停車罰單到婚外情。Smartcheckr的宣傳手冊暗示其可以發現其他人無法找到、用來打擊對手的有害情報：「透過我們獨特的社群媒體搜尋技術，和登入非傳統資料庫的能力，Smartcheckr及其專業研究人員團隊可以生成對手研究，從根本上改變政治競爭的動態。」

這是對網路時代人臉辨識技術可能實現的一種客氣描述：它可以找到人們從未想過的網上照片。它可能是一位已婚政治家的祕密化名約會資料；一場多年前的大學萬聖節派對，其中一位白人候選人化妝成黑人；或者是一位候選人被其報復心切的前任發布的復仇色情照片。我們無法預測一個人的臉孔會與哪些有害資料連結。不過，史華茲從未明確向琳琪提到過人臉辨識，可能是因為他不相信這位民主黨人能保守祕密。

「專業研究人員團隊」的說法有些誇張：該公司主要還是尊室歡和史華茲，可能還包括他們僱用的一批不斷更替的承包商。為了確定琳琪應該採取哪些政策立場，史華茲花費了2.4萬美元[10]找到一家民意調查公司，對她潛在的選民進行調查。在11月份，民意調查公司對琳琪所在選區的四百名民主黨選民進行調查後，琳琪與史華茲和Smartcheckr團隊的其他人一起研究了調查結果。「王子」是尊室歡，琳琪形容他沉默寡言，穿著得體，頭髮很長。還有另外一個人叫做麥基（Douglas Mackey），來自佛蒙特州，很和藹可親，讓她感到放鬆。他們在琳琪的公寓裡見面，在客廳的米白色皮沙發上坐著，這是一個溫馨的空間，設計得像一個日本茶室，有著復古的和服絲綢屏風和櫻花照片。

來自花費2.4萬美元民意調查的建議是集中在地鐵系統，這一直是紐約人的不滿源泉。「勝選的途徑」[11]是將現任的納德勒描繪成擁擠和延誤的地鐵列車責任方。為了傳達這個資訊，Smartcheckr團隊提議收集選民的電子郵件和電話號碼，並在社群媒體上找到他們，以便掃描他們公開發布的所有內容：照

片、影片、資訊。他們說,這將使他們能夠為選民建立有針對性的資訊,使他們討厭納德勒,轉而支持琳琪。

「那合法嗎?[12]」琳琪問道。他們向她保證這是合法的。

而Smartcheckr並不是唯一一家試圖藉分析網上資料來取得政治勝利的公司。政治顧問公司提供這樣的服務已經是標準做法[13],但直到英國的劍橋分析出現醜聞,公眾才完全意識到自己的資料和臉書的「讚」被多麼深入分析。該公司以一種不當方式獲取數百萬臉書使用者的資料——透過一名學者建立了一個類似於尊室歡早在十年前設計的人格測試應用程式,記錄參與測試的個人資訊,以及他們所有朋友的資訊。

劍橋分析公司聲稱[14],他們可以分析這些資料,以提供完全針對性的資訊,從而影響選民傾向某位候選人以及反對另一候選人。當這種資料抓取和所謂的政治操縱被公之於眾時,劍橋分析破產了,而臉書則遭受極大的聲譽打擊。儘管在醜聞爆發之前,臉書已經停止讓使用者共用他們朋友的資料。整個複雜的故事被簡化為一個簡單的結論:臉書讓用戶的資料被盜,幫助川普贏得總統選舉[15],而劍橋分析聲稱曾參與川普的競選活動。

相比之下,Smartcheckr銷售的產品相對保守。他們只是希望從社群媒體上公開發布的內容中獲取紐約選民的資訊。使用者提供資訊時可能沒有想到,政治候選人會利用這些資訊來試圖操縱他們,但當我們在公共論壇上發布資訊時,這是一直存在的風險。

在與史華茲、尊室歡和麥基會面後,琳琪單獨與她競選

團隊中的朋友們開會。她想聽聽大家的意見，是否應該繼續與Smartcheckr合作。琳琪在市場行銷方面有經驗，她對於利用網上廣告和郵件來觸及人群沒有問題。但利用從社群媒體收集到的資訊，直接打電話給選民和傳送電子郵件，對她來說可能涉及侵犯個人隱私的風險。

琳琪的一個朋友做了一些調查，然後在半夜與琳琪FaceTime，說他們必須在隔天見面。他找到「高客媒體」網站有關尊室歡的文章，其中稱他是一個創造蠕蟲病毒的駭客。

「我非常擔心[16]他曾經進入你的公寓並接觸過你的電腦，」琳琪回憶起朋友的話。「我希望你搜查一下公寓並清理你的電腦。他可能在裡面安裝了竊聽裝置。」

這可能是反應過度，但琳琪非常認真對待。她陷入了恐慌，決定結束競選活動，等到2020年再參選。她的團隊意識到史華茲的公司「維理塔戰略夥伴」並不存在，至少沒有在紐約註冊為一家企業。琳琪把史華茲的電話列入黑名單，覺得自己是一個沒有經驗的候選人[17]，被保守派騙了。

琳琪當時並不知道，但Smartcheckr也向一個極右翼的候選人推銷其有問題的諮詢服務。一個名叫內倫（Paul Nehlen）的中西部企業家，自稱[18]為「親白人」，在同一年競選威斯康辛州的國會席位。在一個極右翼的播客上，內倫表示Smartcheckr以每月2,500美元的價格向他推銷社群媒體諮詢服務。這個宣傳手冊[19]被採訪內倫的播客主持人在網上發布，與琳琪從史華茲那裡收到的宣傳手冊非常相似，但更詳細，因其明確提到了

以人臉辨識作為研究潛在選民的工具。內倫告訴播客主持人，他以為Smartcheckr正在試圖賣給他「魔豆」[20]，但還是試了一試，讓麥基登入他的臉書帳戶。

三個月過去了，內倫一無所獲[21]，他決定退出。這次經歷讓所有人都心懷不滿，在餘波中，內倫決定揭露一個他所知道的祕密：麥基有個化名[22]。他經營著臭名昭著的「瑞奇‧范恩」（Ricky Vaughn）推特帳號，在2016年的大選期間不停地發文支持川普，其中充斥著種族歧視的哏圖、反猶太人的笑話，以及對希拉蕊的離奇指控[23]。麻省理工學院媒體實驗室的一位研究員認為，該帳戶是推特上最有影響的選舉新聞帳戶之一，排名第107，低於華倫參議員的帳戶，但高於NBC新聞的帳戶。在此之前，這個帳號一直是匿名的，令沉迷於推特的政治狂熱者震驚的是，該帳戶的管理員竟然是畢業於佛蒙特州自由派米德爾伯里（Middlebury）學院的麥基。

極右翼的部落客圈對麥基的身分曝光和他所推銷的神祕公司異常癡迷。一個名為「右翼八卦小組」（Right Wing Gossip Squad）[24]的部落客用谷歌搜尋Smartcheckr，並由此找到史華茲的網上訊息，他在領英上自稱是Smartcheckr的聯合創始人和總裁。這個故事在網路的糞坑4Chan上引發關注，一個網友問為什麼麥基／范恩會與一個「猶太資料挖掘公司」合作。在谷歌搜尋「Smartcheckr」的結果中，出現愈來愈多關於極右派和白人民族主義的網頁連結。

顯然，這些負面宣傳[25]讓史華茲和尊室歡感到恐慌[26]，因此他們決定退出政界，關閉Smartcheckr，並試圖讓其消失。史華

茲刪掉他的領英頁面，並似乎僱用了一個聲譽管理公司，因為他的谷歌搜尋結果中出現了一些無傷大雅的廢話。隨後，用史華茲的名字[27]和Smartcheckr進行搜尋，結果出現另一個名叫史華茲[28]的服裝設計師訃聞。

史華茲和尊室歡似乎需要一個全新的企業身分。在2017年12月，他們為公司註冊了一個新的網址[29]。在2018年夏天，他們修改在德拉瓦州的公司檔案，正式確立了新身分。從Smartcheckr餘燼中崛起的是Clearview AI。

公司的重新起步，產生了連鎖反應。公司更名讓強森意識到德拉瓦州的企業實體中沒有包括他。他憤怒地打電話給尊室歡。「你想讓我成為薩維林（Eduardo Saverin）嗎？」[30]他憤怒地問道，將自己比作臉書的聯合創辦人之一，後來被祖克柏排擠出去。強森發出威脅，包括可能提起訴訟。這通電話讓尊室歡非常震驚，淚流滿面[31]。根據史華茲的說法，在接到電話時他就在場。尊室歡告訴史華茲，他可以處理這件事，但問題持續了幾個月。

當時強森的個人生活發生了很多事情[32]。尚不滿三十歲的他正在離婚過程中，他的時間分配在德州（他搬到那裡）和洛杉磯之間，一歲女兒仍然在洛杉磯。他被診斷患有一種叫做福氏失像（Fuchs' dystrophy）的退化性眼疾，以為自己將要失明。而且他的聲譽比以往任何時候都更加糟糕。當一位佛羅里達州議員邀請強森出席川普的國情咨文演說時，一些新聞媒體對他會帶一個「否認大屠殺」的人出席感到震驚[33]。由於忙於自己分崩離析的生活，強森沒有實質參與公司事務。

但現在，強森意識到自己的地位岌岌可危，於是他重新投身於這個企業，並做了大量他認為有利於改名後公司的引薦工作[34]。他表示可以介紹尊室歡認識推特及電子支付系統公司Square的聯合創辦人傑克·多西（Jack Dorsey）。「現在不要介紹多西，[35]」尊室歡在2018年6月的電子郵件中告訴強森說：「在我們擁有資料庫之前，我們不能讓這些矽谷的老闆們發現。」

強森不斷要求被正式認定為聯合創始人，但史華茲和尊室歡並不這麼認為。他雖然說得頭頭是道，但並沒有為公司付出真正的汗水。他只是做了幾個重要的介紹，他們才是打造產品並向企業和投資者推薦產品的人。

到了2018年11月，他們致電協助在德拉瓦州註冊公司的律師韋克斯曼[36]。在韋克斯曼辦公室附近的Bobby Van's牛排餐廳，他們向他講述了整個故事。儘管當時已經與該公司合作了一年，但韋克斯曼之前從未聽說過強森。他們告訴韋克斯曼，強森威脅說要毀掉Clearview，除非他從中分一杯羹。韋克斯曼建議，作為紐約最初的SmartCheckr LLC正式停業的一部分，他們簽署一份保密和禁止詆毀的協定，讓強森保持沉默。

但他的沉默是有代價的。強森要求Clearview至少一成的股權。這些股權分為三個信託，分別歸強森、他的前妻和女兒所有。這種安排使得Clearview後來可以發表謹慎措辭的聲明，聲稱強森與該公司無關。韋克斯曼說，這是「壞事中的好事」。他指出，當有更多的投資進入時，強森的股份就會被稀釋。

「讓我們結束這段糾紛，繼續前進吧。[37]」尊室歡寫給強

森，後者簽署包括保密條款在內的協議，並有權從他帶來的任何客戶中獲得10%的銷售佣金。理論上，Clearview重新開始了。不再繞任何遠路。現在是專注於人臉辨識技術的時候了。

　　Clearview的資料圖庫正在不斷擴大。到2018年底[38]，該公司已經從網路上收集了十億張人臉照片，這意味著它可以辨識地球上相當數量的人，其中一些人在搜尋中可能會出現他們的多張照片。Clearview現在有了更強大的產品來吸引投資者和潛在客戶。同時，它也擁有先發優勢。當然，臉書、谷歌和其他大型科技公司擁有更龐大的照片姓名資料庫，但他們並沒有發布類似Clearview的工具。尊室歡相信他能先下手為強，並獲得回報。然而，矽谷巨頭們之所以沒有推出他們自己版本的人臉辨識工具，並不是因為他們做不出來，而是他們不敢。

# PART 2
# 技術甜頭

# 第10章

# 谷歌不願跨越的底線
# （2009-2011）

在2009年，谷歌發布了名為Goggles的革命性新產品，它是該公司著名搜尋引擎的新變體。Goggles背後的工程師們製作了一個可愛的YouTube影片，來解釋他們的創作能做什麼。

「迄今為止[1]，網路搜尋的唯一選項是打字或說話。現在你可以透過拍照搜尋了。」說話帶有濃重德國口音的量子物理學家尼文（Hartmut Neven）如此說道。在NIST人臉辨識供應商測試中表現出色後，谷歌收購了他的新創公司尼文視覺（Neven Vision）。尼文在YouTube影片中以卡通形象出現，下巴上有一個深深的疤痕，太陽眼鏡則戴在頭頂上。

尼文解釋說，你可以用手機對準一些事物，例如金門大橋、卡蘿（Frida Kahlo）的畫作或名為《現實之織》（*The Fabric of Reality*）的一本書，Goggles會透過來自網路的相關連

結向你提供相關資訊。

聽起來很酷,甚至可以說是革命性的。但實際上,當人們開始使用Goggles時[2],他們發現它並不令人滿意。是的,他們可以拍攝一本書的照片並找到網上購買的地方,但這只是使用文字同樣容易完成的搜尋。Goggles沒有真正視覺搜尋的魔力,無法辨識後院裡的奇怪毛毛蟲,只因當時的核心技術還不夠成熟。

在推廣影片中,他們承認Goggles在食物、汽車、植物或動物等方面還無法很好運作,但動畫版的尼文承諾它會變得更好。「隨著這項技術的進步,我們將能夠做更多有趣的事情,」他說。「比如在西洋棋中提供建議,或者拍攝一片樹葉以辨識植物。」

一年半後,也就是2011年初,一位CNN科技記者拜訪了尼文[3],以確認他的預測。尼文並不在谷歌灣區總部工作,他實際上在加州南部,在聖塔莫尼卡(Santa Monica)的谷歌小辦公室裡工作。記者拍攝了一張尼文皺著眉頭看著鏡頭的照片,他瘦長的身體伸展在躺椅上。就像他的卡通形象一樣,他頭上戴著太陽眼鏡。

尼文告訴記者,Goggles沒有辜負承諾,現在它可以做一些令人震驚的事情:對某人的臉部進行搜尋(Goggling),就會出現他在網上的其他照片。這項功能已經準備就緒,但谷歌擔心公眾的反應,正在想辦法讓人們能控制自己的臉是否可以被搜尋到。「人們一直在不斷要求這個功能,[4]」他說。「但是作為一個已經成立的公司,谷歌比一個一無所有的小型新創公司

保守得多。」

加州似乎沒有關於使用生物辨識資訊的法律，但谷歌的律師們有所擔憂。在內部測試期間，尼文的團隊必須事先獲得同事明確的同意才能「搜尋」他們的臉部。然而，尼文承認一些人「對此感到合理地恐懼」。「尤其是女性說，『哪，想像一下，這個人在酒吧裡拍了我一張照片，然後他就知道我的地址，因為在網上某個網頁有我的照片與住址的資料。』」尼文說，「這是一種可怕的想法。因此，我認為有必要找到一條好的途徑，以合理的方式利用這項技術的力量。」

在矽谷，甚至在谷歌，對於弱勢群體的擔憂並不總是首要考慮的問題。早在幾年前[5]，谷歌公司就曾派遣安裝有相機的汽車在公共道路上行駛，建立了街景（Street View）。這是谷歌數位地圖的一項前沿功能[6]，允許用戶選擇世界上的某個地點，並看到一個3D立體照片，就像他們站在那裡環視四周一樣。

谷歌沒有考慮到，世界上任何人只要點一下按鈕，就可以虛擬地站在他們家門口，這可能會讓一些人感到恐懼。賓州的一對博林斯夫婦（The Borings）[7]因谷歌拍攝了他們的車道而起訴該公司，聲稱谷歌非法侵入以及侵犯他們的隱私。但是這個進展緩慢的訴訟，對於改變谷歌的態度幾乎沒有任何作用。直到歐洲隱私監管機構採取行動，谷歌才提供了一種解決方案，讓那些不希望有網路上陌生人在家門口徘徊的人，得到一些安撫。谷歌設立了一個模糊選項[8]，最初是為那些在德國生活的人（在那裡，谷歌面臨最大的抵制）在街景照片中對房屋進行模糊化處理，使其無法辨認。

成千上萬[9]的德國人利用了這項隱私措施，但當模糊處理成為標誌性的特徵時，情況適得其反。科技狂熱分子在現實世界中尋找被模糊處理的住宅，這些位置可以輕鬆從谷歌地圖上確定，然後在他們的信箱留下一張寫著「谷歌很酷」[10]的紙條。那些選擇隱私而非科技的人因此成了惡棍。顯然，在這個高度透明的新世界中，人們將無處藏身。

現在，根據尼文的說法[11]，谷歌再次致力於開發一款能夠根本改變公共場所隱私概念的產品。搭載了「臉部視圖」（Face View）功能的Goggles意味著，街上任何人都有可能拍攝你的臉部照片，並知道你是誰。這項技術的基礎是谷歌於2008年首次在其照片儲存網站Picasa上發布的朋友標記功能。

在當時，TechCrunch報導稱，「Picasa的人臉辨識技術[12]將要求您辨識您還沒有標記的人物。一旦您開始上傳更多的照片，並對人物進行標記，Picasa會根據照片中人物的相似度和您已經設定的標籤，為人物提供標籤建議。」

在人工智慧中，最繁瑣的任務就是收集大量的「標記資料」（labeled data），這些是電腦須要解析以便學習的示例。透過Picasa，谷歌找到一種巧妙的方法，將這種繁瑣的任務外包出去。當用戶上傳聚會、度假和全家福照片時，Picasa用戶會認真地為他們朋友的臉孔打上標籤。在沒有任何報酬的情況下，他們幫助谷歌訓練人臉辨識演算法，以便其更容易地將同一張臉的不同照片連結起來。現在，谷歌正在考慮以真實臉部搜尋功能的形式，將這些「勞動成果」向全世界公布。

儘管人們已經習慣於上傳朋友的照片，並獲得「標記」他

們的建議,但尼文提出的是全新的東西:能夠為陌生人的臉孔命名的能力。2011年3月,CNN的記者發表了這篇文章,標題令人不寒而慄:「谷歌開發能夠辨識人臉的應用程式。」

當其他記者向谷歌公司詢問[13]即將推出的工具時,谷歌的發言人表示這個故事是「記者的發明」,並不是公司正在積極追求的事情。顯然,身在距離公司總部三百五十英里之外的尼文有點越界了,他的言論並沒有經過谷歌強大的企業溝通團隊審核。

幾個月後,《華爾街日報》知名記者莫斯伯格(Walt Mossberg)和史威瑟(Kara Swisher)在一年一度的「全面數位化」(All Things Digital)會議上採訪谷歌當時的執行長施密特(Eric Schmidt)。

施密特頭髮灰白稀疏、皮膚布滿斑點,一雙小眼睛被一副貓頭鷹眼鏡遮住。莫斯伯格和史威瑟向他提出尖銳的問題,聚焦於公司隱私保護措施和谷歌所掌握的用戶資訊。此時,施密特表現得冷靜而審慎。當史威瑟問到Goggles和人臉辨識時,他出人意料地坦率回答:「我們開發了那項技術[14],但我們選擇不去使用它。」他說:「據我所知,這是谷歌唯一一項開發出來後選擇停用的技術。」莫斯伯格向前傾了身體,一臉震驚地問道為什麼。他對谷歌設定了一條自己不願逾越的底線感到難以置信。

在消費者對谷歌的免費電子郵件服務Gmail上癮之後,該公司開始挖掘私人郵件以生成相關廣告。當谷歌推出[15]一個命

運不佳的社群媒體Buzz時，它再次挖掘了Gmail，以查看人們最頻繁與誰通訊，然後將他們公開連結起來，暴露了他們之間的親密關係。除了將人們的房屋資訊放在網路上，谷歌的街景車在經過商業區和住宅時，還祕密地從開放的Wi-Fi網路中獲取資料[16]，包括密碼和私人電子郵件。自1998年成立以來，谷歌一直致力於擴大人類的可知範圍。為什麼止步於人們的臉部呢？

對莫斯伯格的問題，施密特沒有提供太多細節。他含糊地提到之前在採訪中他對「邪惡獨裁者」的評論，他表示這項技術可能被用來在人群中辨識公民。他說：「人們可以透過非常非常糟糕的方式使用這種東西，」然後匆忙地補充道：「當然，也可以透過非常好的方式使用。」

然而，儘管施密特在台上向兩位銳不可擋的記者表示，谷歌絕對不會發布普遍的人臉辨識技術，但該公司卻正在洽談收購「匹茲堡模式辨識」（Pittsburgh Pattern Recognition）公司。這家公司被暱稱為「PittPatt」，他們開發了一款人臉辨識產品，最近被用於在大學生不知情的情況下，透過在臉書上搜尋他們的臉部照片來辨識他們的身分。

在1990年代末期，一位名叫施耐德曼（Henry Schneiderman）的年輕工程師在卡內基梅隆大學攻讀博士學位時，開始著手幫助電腦能更好地辨識人臉。他的指導教授是著名的電腦視覺專家金出武雄，多年前曾處理過大阪世博會的照片。

CH10 谷歌不願跨越的底線（2009－2011）　153

當時，大多數人臉辨識研究者使用NIST的FERET資料庫。但施耐德曼認為該資料庫中的照片太過完美：高解析度的自願參與者肖像，光線完美，背景統一。他說：「電腦程式很容易找到人臉[17]，因為人臉是唯一的事物。」但這並不是電腦在實際環境中會遇到的情況。

要在現實世界中發揮作用，電腦需要能夠辨識出在真實環境中的人物：自然的姿勢、昏暗的光線、模糊的監控影片、或不看鏡頭的行人。施耐德曼認為學術界本末倒置。電腦在辨識人臉之前，首先需要能夠找到人臉。

施耐德曼的一位研究生[18]同窗已經在這個領域做了一些研究。他使用神經網絡的簡單（當時看來有些複雜）技術，將數位照片分解為極小的組成單位，並分析這些單位中是否存在表示人臉的模式。在給與一組有人臉的照片和一組沒有人臉照片的情況下，神經網絡能夠相當好地判斷照片中是否存在人臉，但只有當人臉直接面對相機時才能有效，而不能在側面或傾斜的照片中辨識。然而，施耐德曼的同學無法解釋為什麼。在數學課上解方程式時，老師都會說：「展示你的解題過程。」神經網絡的問題在於它們不展示解題過程，不解釋它們如何解決問題。它們只是解決問題，或者不能解決。

「神經網絡被稱為黑盒子。有點像魔術。你真的不知道它在做什麼，」施耐德曼說道。「當它們失敗時，很難理解接下來該怎麼做，因為你不知道它們失敗的原因。」因此，施耐德曼採用一種不同的方法，稱為貝葉斯影像處理（Bayesian image processing）。這種方法有效。他於2000年發表關於人臉偵測的

論文[19]。論文中充滿了成功的例子：一張人群的照片，所有人臉都被白色方框包圍，顯示施耐德曼的程式已經偵測到它們；一張年輕的希拉蕊坐在安南（Kofi Annan）旁邊的照片，兩個人的臉都被方框圈出；網球選手山普拉斯（Pete Sampras）親吻獎盃的照片，他的臉是側面的，但被偵測到了。施耐德曼的研究給人留下深刻的印象，他獲得了博士學位，並在卡內基梅隆大學擔任教職。

施耐德曼覺得他的創作成果意義重大，值得向資訊科學家以外的群體推廣。於是他決定將其發布到網路上。人們可以瀏覽他的網站並上傳任何照片，軟體會在偵測到的人臉周圍加上一個方框。現在這聽起來可能不算什麼特別的事情，但在當時卻是引起了很大轟動，以致於該網站登上一個名「為書呆子服務」的有影響力社群新聞網站「Slashdot」的榜首，網友們在網上為它投票支持，並評論說它有多酷。他的臉部偵測網站吸引龐大的瀏覽量，以至於兩次導致網路伺服器當機，整個學系的網站都無法正常工作。一些公司也紛紛聯繫上他，其中包括柯達，希望使用該軟體來消除照片中的紅眼效果。一家科學博物館也請求他協助製作一個互動展覽；博物館的參觀者們可以在一盒偽裝道具中，試著找到方法來逃避該軟體的偵測。

施耐德曼對於可能的商業應用非常感興趣，因此在2004年，他向大學請假，並與一位同學和一位商學教授共同創立匹茲堡模式辨識公司（PittPatt）。出於好奇，他也打聽在加州傳奇的矽谷創辦公司所需的成本；在那裡，一個月的辦公空間所需費用相當於PittPatt在匹茲堡嶄新辦公室一年的費用。

PittPatt收到來自南非的詢問，詢問是否可以利用該技術來統計巴士上的乘客數量，以確保司機交接所有的車費。一個仿生恐龍展覽使用了PittPatt的人臉偵測技術，當孩子們經過時，它可以喚醒展覽中的侏羅紀機器恐龍。但PittPatt不斷聽到人們想要人臉辨識的需求，因此他們將努力轉向這方面，並發現數位影片使得這一過程更容易實現。「你可以看到一個人臉部表情的變化，他們移動頭部的方式，」施耐德曼說。「這帶來了更多的資料。你擁有的資訊愈多，做得就愈好。」

　　線上樣本演示對於吸引人們對原始人臉偵測工具的關注效果不錯，所以施耐德曼又製作了一個新的演示，使用《星艦奇航記》（Star Trek）的影集，其中約有六十小時的內容可以在YouTube上找到。PittPatt團隊將影集製作成了互動形式，你可以點擊寇克艦長（Captain Kirk）或者史巴克先生（Mr. Spock）的臉，軟體會顯示出該影集中這個角色出現的其他時間點。這在2008年是一項非凡的成就，並且具有明顯的保安用途。如果你有一段犯罪行為的監控影片，你可以使用PittPatt的軟體來瀏覽無限的錄影，並準確找出犯罪者出現的時刻＊。

　　大型科技公司開始打來電話，表達對收購PittPatt的興趣。他們告訴施耐德曼，他們希望能夠引導技術的開發，確保它能在智慧型手機上運作。儘管有一些誘人的報價，但施耐德曼並沒有出售；他想要保持對自己產品的控制權。

　　然而，當2008年的經濟衰退來臨[20]，銀行不再願意為PittPatt提供貸款時，施耐德曼開始後悔自己的決定。為維持公司的營運，施耐德曼和其他兩名員工延遲支薪了數月。直到一位由政

---

＊ 這項技術不僅對警方有用，施耐德曼還聽說有些兒童夏令營的回饋想為家長提供便利服務，讓他們能夠快速流覽夏令營的相冊，找到所有包含他們孩子臉部的照片。

府資助的閃耀「救世英雄」出現。已經獲得PittPatt演算法使用許可的執法機構認可[21]其為「明星產品」[22]，使得PittPatt公司的生存非常重要[23]。因此，情報高階研究計畫署（Intelligence Advanced Research Projects Activity，簡稱IARPA），情報界為有前途技術所設立的專門資金，提供撥款支援PittPatt公司經營。

在2010年末，當施耐德曼還在匹茲堡辛勤工作時，他在卡內基梅隆大學的一些前同事們就在想，商業化人臉辨識技術的準確度到底有多高。這個研究團隊由來自義大利的阿奎斯蒂（Alessandro Acquisti）教授領導，他有著一頭黑髮和棕色的大眼睛，對隱私經濟學的課題非常有興趣。

阿奎斯蒂著迷於[24]「隱私矛盾」（privacy paradox）[25]，即人們聲稱關心自己的隱私，卻不瞭解保護隱私所需採取的措施。例如，阿奎斯蒂認為使用商店會員卡的人並不瞭解商店看到購買驗孕棒的後果。阿奎斯蒂希望深入研究這種行為。2004年，他看到了一個理想的研究場所，那就是當時被稱為「臉書」的新網站。

當網路透過數據機和美國線上（AOL）光碟首次進入美國家庭時，人們為自己創造了新的身分，在網路上使用奇特的暱稱或「用戶名」。你可以逃離真實的自己，而一幅著名的漫畫巧妙地概括這個概念：一隻坐在鍵盤前的小狗告訴牠毛茸茸的朋友：「在網路上[26]，沒有人知道你是一隻狗。」

但是，臉書說服了人們（首先是大學生，然後是其他人）

CH10 谷歌不願跨越的底線（2009－2011）　　**157**

將他們的網上活動與真實姓名擺在一起。他們填寫了個人資料，包括生日、家鄉、學校和雇主。他們透露了自己的偏好，包括最喜歡的電影、電視節目、樂團和品牌，並提供他們的好友名單。當然，臉書也誘使他們發布照片。大量的照片！到2010年，臉書用戶每月上傳的照片高達二十五億張[27]，主要是他們自己、朋友和家人的照片（他們還會認真地進行標記）。正如維基解密的創辦人亞桑傑（Julian Assange）所說，這是「有史以來最令人震驚的間諜機器」[28]。

這個網上社群網站是免費的，但這僅僅是因為臉書用戶本身就是待售的商品。行銷人員喜歡臉書[29]，因為它擁有數百萬人的目光和資料，增加了以正確的廣告接觸到正確的人的機會。

對於阿奎斯蒂來說，臉書是一個大規模的隱私經濟案例研究。他可以觀察人們向外界暴露的資訊，並確定自己可以從中獲取哪些見解。他並不是將臉書用戶視為完美實驗對象的唯一學者。當時，《紐約時報》的一篇文章稱學者們非常喜歡臉書，將其稱為「社會科學的聖杯之一」，一個完美的「培養皿」[30]，以及將數百萬人「置於顯微鏡下」的這個前所未有的機會。

阿奎斯蒂能夠透過查看卡內基梅隆大學學生的個人資料，來研究年輕人認為是私人的事物。超過90%的學生[31]分享了他們的個人照片，但只有40%的人分享了他們的電話號碼。他們希望被看到，但不被電話聯絡。電話號碼對他們來說是敏感資訊，但他們的照片顯然不是。阿奎斯蒂懷疑[32]他們是否真正理

解自己在公開資料時放棄了什麼。

阿奎斯蒂想知道,如果將PittPatt的演算法應用於這些照片上,會產生什麼可能。於是,他和合作者下載了二・七萬多名卡內基梅隆大學學生發布在臉書上的二十六萬張照片。然後,在2010年11月的兩個寒冷日子裡,阿奎斯蒂團隊在卡內基梅隆大學的校園裡擺了一張桌子,上面放著一台35美元的網路攝影機和幾台筆記型電腦。他們詢問路過的學生是否願意自願參與拍照,並完成有關他們使用臉書方式的調查問卷。

當學生們回答問卷調查問題的同時,阿奎斯蒂團隊使用PittPatt的人臉辨識演算法和學生們擺拍的照片,掃描臉書上蒐集的照片。每次搜尋大約需要三秒鐘。完成問卷調查後,學生志願者們會得到一個驚喜:多達十張來自臉書的照片被PittPatt認為與他們的臉部最匹配。然後,研究人員會要求他們辨認出哪些照片是他們自己。在調查結束時,九十三名學生志願者[33]中有三十多人發現了自己的照片,其中包括一名不使用臉書的學生,但他的照片是別人上傳的。

阿奎斯蒂和同事們感到震驚[34]。他們的小小實驗證明,你可以使用現成的技術和網上照片用於現實世界中辨識人們。但也有一些限制:僅有三分之一的學生能夠被成功辨識,而且這僅限於在一個相對較小的人群中進行搜尋。這比在一個五十萬人、一百萬人或十億人的資料庫中搜尋某人要容易些。但即使如此,阿奎斯蒂對於技術已經如此擅長解讀陌生人的身分感到驚訝和困擾。他知道隨著電腦變得更快、更強大,技術只會愈來愈好,我們正走向「監控的普及化」(democratization of surveillance）[35]。這項技術不再局限於政府間諜機構或大型公司，任何稍有技術知識的人都可以像阿奎斯蒂的團隊一樣做到這一點。

阿奎斯蒂將這一發現保密了九個月，因為他將於夏天在拉斯維加斯舉行的著名安全會議「黑帽」（Black Hat）上介紹這一發現。與此同時，施耐德曼終於臣服於一家科技巨頭的誘惑。2011年7月，也就是「黑帽」會議的前一個月，PittPatt在網站上發布了一則公告：它已被谷歌收購[36]。

當阿奎斯蒂團隊發表演說時，他們所做的一切已經不可能被複製了。谷歌已經將PittPatt的技術轉為私有。這在矽谷是一個趨勢；科技巨頭們紛紛收購具有前景的新創公司，以確保自己始終處於創新發展的最領先地位。前一年，蘋果公司收購了瑞典一家名為北極玫瑰（Polar Rose）的人臉辨識公司，並以類似的方式關閉其對外服務。矽谷的重量級企業成為了實際把關者，決定如何以及是否使用這項技術＊。

―――――

施耐德曼是在去了谷歌之後[37]，才聽說阿奎斯蒂實驗的結果。他對自身科技的傑出表現感到驚訝，也讓他想到了隨著人臉辨識技術的改進，未來會遇到的困難。「什麼時候被辨識出來才是公平的[38]？什麼時候我們有權匿名？」他思索著。「如果我們劃定了界限，該如何執行？」

不過，短期內他不必擔心這個問題。在谷歌，施耐德曼

---

＊ 谷歌拒絕回答這本書的問題，而是提供了以下聲明：「多年前，我們是第一家決定不將人臉辨識技術用於商業用途的主要公司，當時我們正在研究相關的政策和技術問題。我們還有一套非常明確的人工智慧原則，禁止將其用於監視或銷售。我們鼓勵透過法規和其他手段，為人臉辨識技術，特別是公共場所的人臉辨識，設立強而有力的監管措施。」

和他的團隊匆忙投入工作，尋找一種只需看一眼就能解鎖安卓（Android）手機的方法。谷歌希望在年底前推出一款可行的產品，以引起轟動，並幫助推動新款智慧型手機Galaxy Nexus的聖誕銷售。

那可謂是一次嚴峻的考驗。前PittPatt的成員們在最後期限前完成了「臉部解鎖」（Face Unlock）專案，但它遠非完美。人們很快發現，可以使用手機主人的照片來解鎖設備。谷歌警告自己的員工不要使用它[39]。一位曾在谷歌隱私團隊工作的前員工說：「臉部解鎖沒有取得成功[40]，谷歌也沒有推動它。」他說：「在公司內部，他們不允許我們在企業手機上使用臉部解鎖，因為它的安全性還不夠。那麼為什麼我們還讓消費者使用它呢？」

要完善這個功能需要數年時間和更好的智慧型手機鏡頭。最終，蘋果公司先於谷歌推出了一款名為「True Depth」的攝影機，它可以使用紅外線技術區分平面臉孔和立體臉孔。數以百萬計的iPhone用戶每天使用1:1的人臉辨識技術時，對此已經不再覺得有什麼問題。

根據谷歌在那個時期提交的專利申請來看，他們對人臉辨識還有其他的想法。就像阿比創公司幾年前所想像的那樣，其中一項專利申請描述了[41]使用這項技術來監測坐在電視前的人，以及他們是否在看電視。谷歌還設想[42]使用人臉辨識技術來追蹤智慧家庭中的人們在做什麼：誰在做飯，誰在打掃清潔，誰在玩桌遊？在這些專利申請所繪製的世界願景中，智慧聯網家庭中每個配備了鏡頭和麥克風的設備，都將密切而持續

地監控它的居民。

———————

儘管谷歌收購了PittPatt，使得「黑帽」的簡報稍微受到影響，但阿奎斯蒂仍然傳達了一個重要的訊息：匿名性岌岌可危。不久的將來，人們不僅可以知道陌生人的姓名，還能將他們與不斷增長的線上檔案連起來：他們瀏覽過的網站，他們的信用評分，他們購買的日用品，他們的約會史，他們的政治傾向。而你幾乎無法阻止這一切。「改變你的名字和宣布名譽破產，要比改變你的相貌容易得多[43]。」他說。我們的相貌本質上是公開的，可以作為連結線上和線下自我的鑰匙。

這就是在現代社會保護隱私所面臨的挑戰。隨著技術的提升，你很難完全理解將來可能出現的情況是什麼？你現在自願提供的資訊，看似無害，但當電腦在挖掘這些資訊方面變得更加高效時，它可能會回過頭來反咬你一口。阿奎斯蒂作了一個預測：到2021年，在美國，僅憑一張臉就可以輕易辨識任何陌生人。

然而，他錯了。事情比預料的更早發生。

# 第11章

# 尋找投資人

　　創業投資人史卡佐在2018年夏季遇到了Clearview AI[1]。史卡佐四十多歲，有科技背景，但以金融為職業。他在華爾街一系列知名投資銀行工作過，包括2008年經濟衰退期間被收購的貝爾斯登（Bear Stearns）。他現在有自己的小型投資公司──Kirenaga Partners。與矽谷的大型玩家不同，它沒有數十億美元可以揮霍。它的籌碼較少，必須明智地投資。史卡佐的策略是找到一家擁有實用產品的新創科技公司，並為其寫下一張100萬美元或更少的支票，這足以讓創業者有一點起飛的空間，但又不至於讓他們坐吃山空。

　　史卡佐和一位保險經紀人談論起新創企業，她提到了一家從事人臉辨識的公司。他請求介紹，並很快與史華茲和尊室歡在時代廣場附近的阿爾岡昆飯店（Algonquin Hotel）安排會面。

　　他們向史卡佐進行介紹[2]：Clearview AI可以對數億張臉進

行即時人臉辨識。三人聊了一個半小時,接下來的幾週裡,他們討論了公司想要做的事情,以及史卡佐為什麼應該投資他們。提爾在前一年提供他們20萬美元的支持,現在他們正努力湊齊100萬美元以繼續發展。

他們已經找到幾家民間企業的客戶。公司的產品系列主要有三個:Clearview AI 搜尋(Search)是一個背景調查工具;Clearview AI 相機(Camera)可以在罪犯進入飯店、銀行或商店時發出警報;以及Clearview AI 登記(Check-In)是一個現場篩查系統,可以驗證人們的身分,「同時根據犯罪、暴力和恐怖主義等風險因素,對他們進行評估[3]。」

一家銀行曾使用他們的工具過濾股東大會的與會人員。另一家希望使用該工具來辨識高淨資產客戶。一個房地產公司希望每當大樓黑名單上的人走進大廳時,收到簡訊提醒。一家飯店對開發無縫入住體驗的工具很感興趣。雖然一切還不穩定,但Clearview公司規模小、管理費用低。

儘管一個能夠辨識幾乎任何人的工具在安全方面有明顯的應用,但他們並沒有提及將執法機構作為目標市場。他們只對私營企業感興趣;他們的一些推廣資料引用了一位未透露姓名的銀行安全主管的話:「我有很多金屬(metal)探測器[4],而Clearview就像是一種思想(mental)探測器。」

他們希望服務價格便宜。每月幾千美元?每年6萬美元?他們想要壓低競爭對手的價格,但他們也希望人們知道,他們已經做到競爭對手沒有做到的事情:他們從整個網路收集人們的大頭照,而且他們的演算法具有世界級的精準度。他們的人

CH11 尋找投資人　　**165**

臉辨識技術在光線不好的條件下也能夠正常運作。即使一個人戴著帽子、戴上眼鏡和長了鬍鬚，也能夠被辨識出來。它可以辨識人群裡的人或別人照片裡的背景。即使一個人的眼睛不看相機，它也能夠把姊妹兩人區分開來[5]。

史卡佐不必相信史華茲和尊室歡的話。尊室歡在飯店大廳坐下後，拿出iPhone，拍攝了史卡佐的照片，然後使用應用程式進行辨識。它找到兩張史卡佐的照片[6]：他在領英和Kirenaga Partners網站上的大頭照。史卡佐當場對這項技術產生興趣。

但其他投資者的反應則完全相反。幾個月前，尊室歡和史華茲曾向一位名叫博特維克（John Borthwick）的紐約投資者提案過，他經營著一家名為Betaworks的新創企業孵化器，擁有5,000萬美元的基金。這兩個人給博特維克留下「十分不搭」[7]的印象，史華茲西裝革履，看起來像是來推銷夾克的，而尊室歡則年輕而明顯緊張。簡報失敗。博特維克大吃一驚，因為該工具顯示了他在臉書上的照片，以及未經許可擅自收集到關於他的所有資料，他拒絕了投資，並在後來刪除他的臉書帳戶。一個共同的朋友告訴尊室歡，「你把這傢伙嚇壞了。」[8]

尊室歡將這種反應視為「未來衝擊」。他說：「這一下子太多了[9]，人們無法接受。」

史華茲和尊室歡不僅僅為史卡佐展示了未來，他們還免費提供這項技術給他。這是投資提案的一部分：「這是我們的應用程式，拿去試用吧。」

史卡佐是許多支持者、潛在投資者和公司朋友之一，他們

獲得私人超能力的免費使用權,沒有設定使用條件。儘管它的存在對大眾仍然是個祕密,但它已成為世界上一些最富有和最有權勢者的聚會伎倆。他們將其用作約會的談資,用作商務聚會的身分辨識工具,也用作與陌生人玩撲克時的優勢[10]。正如科幻作家吉布森(William Gibson)曾經觀察到的那樣:「未來已經來臨[11]──只是分配不均勻」。

在2019年1月,史華茲和尊室歡從東岸飛往西岸到加州,向矽谷的富有投資者推銷他們的產品。他們會見了紅杉資本(Sequoia Capital),這家公司被尊室歡認為是創投界的哈佛。為了得到紅杉資本的認可,尊室歡把應用程式交給該公司的員工,他們隨後進行數百次搜尋操作[12]。

該公司的管理合夥人、億萬富翁萊昂內(Doug Leone)是他的狂熱粉絲。他特別熱衷於此應用程式,但當他沒有投資時,後來尊室歡中斷了他的使用權限。三月時,萊昂內發簡訊給尊室歡[13],詢問如何重新啟動他的帳戶?尊室歡回覆說:「簽投資協定。」萊昂內沒有理會投資的請求,但表示願意為這款應用程式付費,並解釋說他是為了工作才使用,以便在出差到其他辦公室時記住人們的名字。

一個月後,萊昂內再次發來簡訊,表示他需要這款應用程式參加即將到來的「太陽谷」會議,這個會議被媒體稱為「億萬富翁夏令營」。萊昂內寫道:「那裡有很多企業執行長,但識別證上只有名沒有姓。」尊室歡再次給了萊昂內使用權限,仍然希望能夠進入他心目中的哈佛大學,但他只收到萊昂內一位朋友的電子郵件,該朋友也希望使用Clearview。他叫喬(Joe)[14],他在郵

CH11 尋找投資人　167

件中說可能會投資，但錯字連篇。尊室歡將這條訊息轉發給史華茲，並表示對萊昂內不僅不投資，還向其他人宣傳該應用程式的行為感到惱火。史華茲立即打電話給尊室歡。

「那是喬・蒙塔納（Joe Montana）[15]，」史華茲告訴他。

「他是誰？」尊室歡問道。

當尊室歡最終與這位美式足球傳奇四分衛見面時，他們合拍了一張照片：尊室歡穿著白色衣服，蒙塔納穿著黑色衣服，他的iPhone在他的大手中顯得迷你。蒙塔納獲得使用該應用程式的使用權，但並沒有成為投資者。

卡西馬迪斯（John Catsimatidis）是個六十多歲的紐約億萬富翁，擁有房地產、能源和媒體集團等企業，但最著名的是他的格里斯提蒂斯（Gristedes）連鎖超市。其中一家在東區的門市試用了Clearview[16]，因為保安想要阻止慣竊進入店內。他後來說：「人們一直在偷我們的哈根達斯（Häagen-Dazs）冰淇淋[17]。這是個大問題。」

格里斯提蒂斯超市並沒有在所有門市中採用Clearview，但卡西馬迪斯在某個星期二的晚上，在紐約蘇荷區（SoHo）的一個高檔義大利菜餐廳奇普里亞尼（Cipriani）用過這個應用程式。他的女兒安德莉雅（Andrea）是一位金髮碧眼的美女，喜歡穿著緊身連衣裙和低胸裝，她挽著一個父親不認識的男子手牽手走進餐廳。卡西馬迪斯請侍者為這對情侶拍照，然後將照片上傳到應用程式中。只需幾秒鐘，他就確定這位神祕的追求者是來自舊金山的創業投資人。「我想確定他不是江湖騙子。[18]」卡西馬迪斯說道。

然後,他將這位男子的個人資料以簡訊傳送給女兒。安德莉雅和她的約會對象感到驚訝,但他們認為這很「滑稽」[19]。

卡西馬迪斯在iPhone中有著二・八萬個聯絡人[20]。他與Clearview團隊開玩笑說,他們需要設計一個眼鏡版的軟體,這樣他就可以辨識他應該認識的人,不會讓自己尷尬。他沒有在該公司投資,但他告訴他們,如果他們真的製造那些眼鏡,他會購買。

尊室歡和史華茲要求使用該應用程式的人們保守祕密[21],因為公司處於隱祕模式,但並非每個人都遵守這個要求。庫奇爾(Ashton Kutcher)在參加一個廣受關注的YouTube系列節目《熱點》(*Hot Ones*)時洩露了祕密。主持人問庫奇爾,未來「隱私是否將成為新的名人?」換句話說,做一個無名氏最終會比做一個眾所周知的人更難嗎?庫奇爾回答說,是的。

「我手機裡現在有一個測試版的應用程式,[22]」庫奇爾在節目中說道。「這是一個人臉辨識應用程式。我可以將它對準任何人的臉,就能準確地找到你是誰,你有哪些網路帳戶,以及他們長什麼樣。這太可怕了。」

尊室歡感到惱火[23]。他最初向庫奇爾推銷這個應用程式,是為了幫助他的非營利組織荊棘(Thorn)推動防止兒童性剝削的工作。「你差點讓我們的祕密洩露了,[24]」尊室歡告訴他。

據尊室歡說,庫奇爾羞怯地回答道:「我沒有說公司的名字。」

庫奇爾表示自己只使用過這個應用程式幾次[25],他覺得它很「嚇人」。這並不是一件壞事,事實上,對於一個新創公司

來說，這通常是一個「好的信號」。在《熱點》節目之後，庫奇爾與尊室歡進行了盡職審查電話，但他對與該公司合作或投資持不願意的態度。他對公司的現有投資者和尊室歡過去的某些事情感到不滿意[26]，他儘管無法回憶起具體是什麼事情，但那些件事對他而言「不太對勁」。

他刪除了這個應用程式，然後又試圖重新安裝它，以幫助一位朋友透過網上照片辨識騷擾者。「這個應用程式沒起作用，所以我又刪除了它，」庫奇爾說道。

一位投資者告訴一個熟人[27]，他希望投資能夠讓自己和朋友從Clearview的資料庫中刪除，以便他們無法被找到。另一位和好萊塢有關係的投資者告訴尊室歡，珍娜（Kendall Jenner）喜歡他的應用程式[28]。尊室歡對珍娜不知情，但當他搜尋這位模特兒的資訊後，看到她在推特和IG上有數以百萬計的粉絲，他感到很高興。

當他聽說潛在投資者向貝佐斯（Jeff Bezos）展示這個應用程式時，他的熱情就變得不那麼高漲了。這位殘酷無情的亞馬遜創辦人兼執行長以打擊競爭對手聞名，而尊室歡知道亞馬遜最近開發了一種可深度學習的圖像分析系統，名為Rekognition，它可以搜尋和分析人臉等內容。尊室歡心想：「哇，兄弟[29]，你在幹什麼？」更糟糕的是，這個過度分享者從未對Clearview進行投資。

Clearview的最大問題在於其創辦人的格格不入。尊室歡有幾個不利因素：關於他作為駭客設計了一個「蠕蟲」軟體程式的「高客」網站文章，以及他戴著MAGA帽子與川普支持者閒

170　你的臉屬於我們

逛的網上照片，正是這種工具設計出來用以挖掘的照片。左傾的投資者被嚇退了。而快六十歲，穿著像是前官僚的史華茲，並不是那種投資者覺得可以信任的精明創業家[30]。進行過盡職審查的投資者發現，有爭議的強森與該公司有聯繫，而尊室歡僱用的一些從中國來的技術人員和臉部抓取人員引發國家安全的擔憂。此外，這個應用程式飽受「監管不確定性」的困擾，這意味著它幾乎肯定會在未來面臨訴訟問題。

投資者不斷拒絕他們。「在我看來[31]，這個東西在技術上是沒有風險的。這很罕見。而且它已經完成了，」尊室歡後來描述他的沮喪時說道。「這東西太棒了，太酷了。它有神奇效果，像魔術一樣。」

追求投資者的過程就像浪漫約會一樣。尊室歡和史華茲見了一個又一個人，展示他們的才能，介紹他們的神奇工具，每次都希望能成功。但很少能擦出火花。

然而，他們與史卡佐之間確實一拍即合。史卡佐嘗試使用這個應用程式[32]，使用在他的孩子、朋友身上。無論是誰，只想知道成效如何。然後它會找到他們的照片，或者找到長得很像他們的人的照片，並提供這些照片來源的連結。他對於這個全球人臉搜尋引擎的新穎性印象深刻，但更令他讚歎的是它的易用性。他知道隨著公司對網路進行更多索引和收集更多照片，它只會變得更好。

他知道這個應用程式會讓人們感到害怕，但他相信人們會逐漸接受它。「資訊就是力量[33]。如果我們將資訊提供給個人，他們可以根據自己的選擇使用自己與生俱來的才能。」他

後來說。

他們可能會以不正當的方式來使用，但史卡佐是一個樂觀主義者。他想讓「美國媽媽們」[34]和其他人都能使用這款應用程式，以便「Clearview一張臉」就像「谷歌一個名字」一樣普遍。他相信，人臉辨識可以幫助人們在現實世界中建立關係，就像在網路上一樣容易。在史卡佐看來，可能的應用場景似乎無窮無盡，而這兩人試圖籌集的資金只有100萬美元，估值也非常合理，差不多1,000萬美元。這意味著如果事情順利，這筆投資可能帶給史卡佐巨大的回報。他決定投資20萬美元，這個金額相對較小，他認為沒有必要進行太多的盡職審查。產品有效，這是他真正關心的。

史卡佐明白該公司正在探索未知的領域[35]，將面臨法律挑戰。Clearview未經數百萬人同意就建立這些人的生物特徵資訊，並從許多網站上獲取了照片，其中包括領英和臉書這兩家強大的公司，它們過去曾因類似行為而被起訴。

事實上，領英當時正在與一家名為Keeper的「人才分析」公司進行一場備受矚目的官司[36]，該公司曾經透過抓取領英網站上的一款資料建立工具，可以在重要員工考慮離職時向雇主發出警報。領英聲稱其違反了1986年的《電腦欺詐與濫用法》（Computer Fraud and Abuse Act），這是一項禁止在未經授權的情況下登入電腦的反駭客法律，因為這些資料是未經領英許可從其伺服器上獲取的*。儘管該法律的初衷是保護存儲在私

---

* 這部聯邦法律有一個令人驚歎的來歷。它的靈感來源於一部1980年代的電影，由演員柏德瑞克（Matthew Broderick）飾演的青少年駭客侵入了一台連接網路的政府主機，改變了一些設置，差點引發核戰爭。好萊塢演員出身的雷根總統在大衛營（Camp David）觀看該電影後感到恐慌，要求他的安全顧問和國會議員調查可能的威脅，為反駭客法律的創建奠定基礎。

人電腦上的資訊，但領英等精明的公司將法律用來嚇唬那些企圖窺探資料的人。該案件已經進入第九巡迴法院的聯邦上訴法院，無論如何判決，都將為其他資料抓取者（包括Clearview）確立先例。這個案例將對其他資料抓取者產生重要影響。

史卡佐認為公司的贏面很大，並且尊室歡和史華茲已經為公眾發現他們所做的事情而引發的可能反彈做好準備。他認為他們進入法律灰色地帶是一種商業優勢[37]。如果史華茲和尊室歡成功將他們的人臉辨識應用程式商業化，他們將領先於那些更為風險回避的競爭對手。

Clearview從史卡佐、一些紐約律師、零售和房地產高階主管、尊室歡的投資導師拉維坎特、加州的自由主義投資者馬爾肖（Joseph Malchow）以及因創立名為MAGA交易所買賣基金而聞名的德州人藍伯特（Hal Lambert）等人那裡，湊集100多萬美元[38]。

藍伯特喜歡向朋友展示Clearview，他們總是不可避免地問如何獲取該應用程式。他會告訴他們：「你無法拿到。[39]」某天晚上在一個晚宴上，他向肯塔基州共和黨參議員保羅（Rand Paul）展示了這款程式，保羅是一個堅定的隱私保護者，曾在國會反對政府監控法案。保羅對Clearview印象深刻，他很高興看到美國公司正在構建與中國和俄羅斯研發中相媲美的技術，但同時他也對隱私影響提出疑問。

大約一個月後，史卡佐再次與尊室歡和史華茲在曼哈頓中城區的一家昂貴餐廳班傑明牛排館（Benjamin Steakhouse）

共進慶祝午餐,距離阿爾岡昆飯店只有幾個街區之遙。一起用餐的還有強森。大約在同一時間,強森發現他的合作夥伴曾試圖將他排除在Clearview之外,但如果這三人之間有任何緊張關係,史卡佐並沒有察覺到。尊室歡將紅髮的強森介紹為Clearview的另一位投資者[40],儘管是史卡佐為午餐買單。

史卡佐覺得強森很有趣,認為他非常聰明[41],他對科技和科學的加速發展,電腦變得更強大,以及從人們的DNA、大腦和數位足跡中挖掘更多資料,對社會將會有怎樣的影響有著深刻而經過深入研究的理論。強森談到科技是一場全球主導權的戰鬥,並表示Clearview將幫助美國贏得人臉辨識競賽,以便能夠辨識間諜和那些對國家及其公民懷有敵意的人。他聲稱與政府和「機構」有關係,暗示與中央情報局(CIA)有關係,他說CIA有權選擇他們想要的人和公司取勝[42]。

對史卡佐來說,強森既聰明又有些可怕,類似皮克斯動畫電影《超人特工隊》中的反派角色辛拉登(Syndrome)*。「有一點邪惡的天才,[43]」史卡佐這樣評價強森。「而且你永遠不確定什麼是真實的。」他不知道這個比喻會變得多麼貼切。當強森與尊室歡和史華茲的關係惡化時,他像辛拉登一樣透過與一位記者(即我)分享公司的祕密,造成了混亂,但那是幾年後的事了。那時,這家公司仍然是一個隱藏得很好、不為人知的祕密。

在2019年秋季,史卡佐受邀參加為競選堪薩斯州參議員席位共和黨人籌款的活動。提爾與保守派媒體評論員庫特勒(Ann Coulter)在他位於曼哈頓公園大道的公寓中共同主持了

---

*辛拉登在《超人特工隊》中,也是一個紅髮人物,當超能先生(Mr. Incredible)拒絕他當助手後,他就致力於殺害超級英雄來報復。

此次活動[44]。史卡佐走近提爾,並開始談論他們兩人都有投資的人臉辨識應用程式。史卡佐拍了一張提爾和派對上其他人的照片,然後向他展示了結果:一張他們在其他網站上的照片。

「我有投資這個?[45]」史卡佐轉述提爾問道。「很酷。」

史卡佐說:「他有點故作神祕。他進行了上千個的天使投資。」

提爾提供種子資金,使公司得以發展並吸引其他資助者,例如史卡佐。如果沒有提爾最初的20萬美元投資,這個工具可能就不存在了。然而,如果史卡佐沒記錯的話,提爾幾乎沒有意識到它的存在。它只是一株在他培育眾多新創公司中努力生長的植物。

史卡佐對自己的投資保持了一種較為密切的關注。他偶爾會查看業務進展情況。很快,業務開始進展得很好。Clearview終於找到了正確的客戶:紐約市警察局。

# 第12章

# 監管機構發聲了
# （2011-2012）

　　2011年12月一個寒風凜冽的星期四上午[1]，來自美國科技公司的隱私權倡議者、學者、新創公司執行長、記者和律師齊聚一堂，在距離華盛頓特區美國國會大廈幾條街外，一個乳白色會議場所齊聚一堂。

　　他們聚集在一起，參加聯邦貿易委員會（Federal Trade Commission，簡稱FTC）主辦「面對事實」（Face Facts）的研討會。這個名字聽起來像是針對偏差青少年的矯正計畫，而事實上，這正是會議的精神所在。人們在那裡討論，如何防止即將變得非常強大的新興技術成長為一個怪物。

　　研討會在一個狹長的房間舉行，前方懸掛著必不可少的美國國旗，窗戶上拉著窗簾，沒有自然光的空間讓人感到壓抑。接待櫃台上擺放著名牌和當天的議程表。由於政府預算緊縮，

這裡沒有貝果或餐點，但政府律師米塔爾（Maneesha Mithal）在最後一刻送來了幾罐咖啡[2]，這是她自己掏錢買的。

會場內的資金和權力集中在科技巨頭身上。每家公司都有一個在律師和政策專家團隊出席會議；他們像魚群一樣成群結隊地移動。無論是哪家公司的代表，幾乎所有與會者都穿著華盛頓特區的統一服裝：男士身著深色西裝搭配平淡無奇的領帶，女士則穿著西裝外套。

除了臉書和谷歌到場之外，還有一些剛起步的新創公司如SceneTap[3]。該公司在芝加哥五十多家酒吧安裝了臉孔偵測鏡頭，對男女及其年齡進行記錄。潛在顧客可以在出門前查看手機上的SceneTap應用程式，看看他們最有可能在哪裡找到豔遇＊。（該公司在集體訴訟律師們發現伊利諾州最新的《生物特徵資訊隱私法》之前就已消失，否則這些律師很可能會將其告上法庭，告到不復存在。）

「在我那個時代，你得在去酒吧之前在裡面先轉上一圈才能找到最佳的吧台位」，律師布里爾（Julie Brill）打趣道。她最近被歐巴馬總統任命為FTC的委員。

FTC成立於1914年，旨在保護美國消費者免受「欺騙、不公平和反競爭」商業行為的侵害。從歷史上看，這包括打破壟斷、防止操縱價格，以及懲罰那些對產品做出荒謬宣傳的公司。

但是，這家擁有百年歷史的機構在網路時代重新定義了自己的使命。網路上，以產品換取個人資料的做法，推動了廣告生態系統的發展。只要公司能不斷吸引人們來到他們的網站，

---

＊ 是的，千真萬確。

這個生態系統就會一直有利可圖。銷售商們為了有機會在正確的時間將正確的資訊傳遞給正確的人，願意付出高昂的代價。正所謂：「如果你不付錢，你就是被售賣的商品。」（If you're not paying for it, you're the product.）

在資訊時代，保護公民免受企業侵害，不僅意味著保護他們的血汗錢，還意味著保護他們日益寶貴的個人資料。世界上許多國家都成立了保護個人資料隱私的專門機構。但在美國，言論和資訊自由歷來壓倒隱私權，因此沒有建立任何類似的機構。但在2006年，FTC填補了這一空白。這個監管機構成立了一個小規模的「隱私與身分保護小組」（Division of Privacy and Identity Protection），並認定對個人資料做些不正當操作的公司，也屬於「欺詐」和「不公平」行為。

從一開始，FTC就處於被動地位。如果一家公司將用戶資料的所有可能用途都寫進了密密麻麻的隱私政策中，就可以避免被指控欺騙——即使根本沒人看[4]。另一種避免符合FTC調查的方式，是在企業隱私政策中不做任何具體承諾。這樣，該公司就可以聲稱，從技術上講，它沒有「欺騙」任何人：「我們沒有告訴用戶[5]，我們打算把他們的個資賣給魔鬼，但我們也從來沒有告訴他們，我們不會把他們的資料交給魔王撒旦。」

FTC曾經對臉書、谷歌和推特混亂的隱私政策和超乎預期地使用人們的資訊，而對它們進行過調查，但監管機構僅能與這些公司達成和解協議，要求它們承諾不再做出不當行為。只

---

\* 2008 年，幾位學者決定研究一下，如果一個普通美國人要閱讀一年內同意的所有隱私政策，究竟需要多長時間？他們的估計是200多個小時。這相當於25個工作日，或者整個月朝九晚五都在閱讀。為了諷刺指當消費者閱讀這些協議是多麼荒唐，一家遊戲公司在服務條款中添加了一個聲明，聲稱在愚人節當天於網站下單的人將「擁有不朽的靈魂」。

有在公司後來違反承諾時，監管機構才能對其罰款。但另一方面，調查的時間太長。例如，當FTC終於與Myspace社群網站就隱私問題達成協議時，已經沒人在使用這個網站了。在個人資料淘金熱中，隱私保護部門就像一個資源不足的警長[6]。但它正竭盡全力預防企業以新方法使用消費者資料，這也是舉辦人臉辨識技術論壇的原因。

「面對現實」研討會的開場，來自史蒂芬・史匹柏（Steven Spielberg）的電影《關鍵報告》片段。在該片中，湯姆・克魯斯飾演的英雄警探安德頓（John Anderton）被誣陷謀殺而逃亡。當這位逃亡中的警探穿過2054年的一家商場時，虹膜掃描看板向他發出了誘惑：「安德頓，你現在正需要一杯健力士啤酒！」其中一則廣告對他大聲喊道。這是反烏托邦的科幻小說情節，它應該被設計來嚇唬那些看電影的人。然而就在那個房間裡，卻有人努力讓它變成現實。

在上午的會議中，英特爾（Intel）的律師布萊恩展示該公司幾個月前發布的產品，該產品是一個臉部偵測軟體，廣告商可以將其崁入數位看板中。布萊恩在自己的筆記型電腦上操作了該軟體，電腦的攝影機對準他的臉。當他說話時，他身後的螢幕顯示出英特爾的演算法正在對他進行分析。「感測器首先要確定這是一張臉，然後尋找眼窩，」布萊恩說道。當應用程式偵測到布萊恩的臉時，一個白色方框出現在他的臉上。「然後它再察看其他特徵。比如說，如果有兩隻耳朵露出來，那麼這個人是男性的可能性有85%。」布萊恩繼續說，他的方框也變成了藍色。

CH 12 監管機構發聲了（2011 - 2012） **179**

年齡預測器慷慨地將布萊恩歸入到十八到三十五歲的「年輕成人」群體，儘管他實際上已經三十九歲了。在確定布萊恩是一個健壯的年輕人之後，一個「男性廣告」開始播放，這是英特爾為簡報製作的一則通用汽車促銷廣告，顯示一輛轎車的前輪，上方逐漸出現的文字：「風格……性能……動力。」

當布萊恩用手遮住其中一隻眼睛時，方框消失了。除非兩隻眼睛都可見，否則軟體無法偵測到他的臉。（顯然，英特爾的演算法不如PittPatt的好。）

像任何優秀的科技魔術師一樣，布萊恩邀請一名志願者上台測試這個設備，特別要求是一名女性。「這樣我們就可以展示一下它的原理。」他說道。

一位留著齊肩紅髮、遮住了耳朵的女士，恭敬地加入他的表演。她直視鏡頭，一個白色方框出現在她的臉上。

「所以它檢測到這是一張臉。」布萊恩說道，看起來鬆了一口氣。

然後方框變成了藍色。「實際上，它顯示這是一張男性的臉，好吧，結果就是這樣。」他尷尬地承認，並將手放在鏡頭前，希望重置演算法的判斷。他移開手，方框又出現了，仍然是藍色的。與原本預期針對女性臉孔的沐浴露廣告不同，汽車廣告一遍又一遍地播放著：「風格……性能……動力。」

布萊恩說道，「所以，人們問到了準確性的問題。」引起觀眾的笑聲。「對於性別，我們通常有大約94%的準確率。對於年齡範圍，我們大約有90%的準確率。」他就此打住並很快結束了簡報。現在回想起來，這幾乎像是故意安排的演出，彷

佛英特爾希望讓監管機構認為這項技術很糟糕，他們不需要過多擔心。

布里爾對這次失敗的簡報不以為意，相反地，她選擇以《關鍵報告》來引導當天的討論氛圍。她神祕地說道：「即使不是現在，也會很快地，我們就能把名字和臉孔連結在一起。」「對我來說，這個話題讓我想起了最喜歡的一首歌，一首披頭四的歌曲。」她指的是〈我剛剛見到一個臉孔〉（I've Just Seen a Face），麥卡尼（Paul McCartney）在歌中描述，他對一個名字未知的女子一見鍾情。

「我不禁好奇，如果1965年已經存在人臉辨識技術，那麼這首歌會不會有不同的走向。」布里爾說道。她可能沒有意識到，中央情報局和一個名叫布萊索的人曾經試圖實現這一目標。

「如果當麥卡尼看到這張臉孔時，他能夠立即獲取更多關於這位女性的具體資訊，比如她的姓名、出生日期或工作地點、電子郵箱、網路購物史或其他個人資訊，會怎樣呢？」她說道。「讓我們假設，她和我一樣，不會介意年輕的麥卡尼稍稍侵犯她的隱私，」她繼續說著，引起了一陣笑聲。

「但如果她真的介意呢？或者，如果來看她資訊的不是披頭四成員，而是她想迴避的熟人呢？」她問道。「又或者，如果保險公司根據她跳傘的照片認為她的風險過高，拒絕為她提供保險？還是潛在雇主根據『大一派對』上的某張照片來評判她的性格呢？」

「或者，如果這項技術將她與另一個人混淆了呢？」布里

爾說完。「今天上午，我們看到技術是如何連被觀測者的性別都搞錯了。布萊恩，如果你吃完午餐回來了，非常抱歉。」

觀眾們都笑了。

布里爾說，決策者們在考慮「今天和不久的將來需要制定何種規則來保護美國消費者和競爭力」時，必須牢記這首披頭四歌曲中的無名女孩。

「競爭力」似乎是附帶的，但在任何關於潛在新隱私法律的對話中，它都是一個始終存在的幽靈：新的隱私法律可能會束縛科技公司的手腳，阻礙它們的創新，並使美國經濟的光芒黯淡下去。

受邀發言的學者們警告說，重大的技術變革正在發生，而現有的法律制度還沒有準備好應對。喬治華盛頓大學法學教授索洛夫（Daniel Solove）將應用於人臉辨識的現行法律體系描述為「不牢固」、「不完整」、「漏洞百出」和「幾乎沒有任何法律保護」。他說：「從一般情況來看，法律是否為人臉辨識做好了準備？還差得遠呢！」

阿奎斯蒂描述他在卡內基梅隆大學進行的實驗，使用PittPatt的技術將學生的臉孔與其臉書帳戶進行匹配。他表示，這種操作會愈來愈容易，「因為有那麼多人上傳了自己的精美照片，並使用了自己的真實姓名。」自動化的人臉辨識可能很快就會變成每個人都能做到的事情。他說，隱私不僅僅是關於別人對你瞭解多少，更是關乎這些瞭解如何讓他們控制你。

不出所料，科技公司的律師們淡化了對隱私問題的擔憂。他們承認，使用科技來消除人們的匿名身分確實很可怕。但他

們堅稱，他們並沒有這麼做！他們是以完全無害的方式使用這項技術，只是幫人們在照片中標記朋友而已。

有一件事似乎所有人都相信：公司不應該在未經本人許可的情況下，發布僅憑人臉就能辨識身分的軟體。科技遊說者、政府官僚和隱私權倡議者之間很少能在任何事情上達成一致。也許這種不尋常的理念重疊，可以被制定成法律。但FTC實際上無法起草這樣一部法律，它只能推動國會這樣做。

為活動現場買咖啡的律師米塔爾在該機構工作了二十二年，她說：「我們一直在呼籲國會制定相關法律。[7]」研討會結束後，FTC發布一份長達三十頁的報告[8]，其中為對人臉辨識感興趣的公司提供通用的最佳實踐，建議這些公司做到「透明」，給予消費者「選擇」，並在產品開發的每個階段「都考慮隱私保護」。報告裡警告說，「人臉辨識技術的進步，可能會使個人在公共場所難以保持匿名。」人們走在街上、在餐館吃飯、乘飛機旅行、入住飯店、在健身房健身、在遊樂場玩耍、去脫衣舞俱樂部、逛商場時，他們覺得自己只是人群中的一個臉孔，不太可能被周圍的人認出。報告中說：「一款可以即時辨識街上或酒吧裡匿名個體的手機應用程式[9]，可能會引發嚴重的隱私和人身安全問題。」

這就像是隱私權的監管機構在發出警告，提醒國會危險迫在眉睫。等到一切都為時已晚之前，國會議員們會採取行動嗎？

# 第13章

## 病毒式傳播

原先，尊室歡和史華茲想出售Clearview AI應用程式給民間公司：高檔飯店的服務人員能夠用名字親切問候客人，警衛人員能夠在扒手偷竊之前將其趕出門市，豪華公寓的保全能夠輕鬆擋住不速之客。商店的訪客不再是陌生人。一張在社群媒體上有大量粉絲的臉孔可能會得到優待。而曾經偷過口紅的臉孔，可能再也無法逛絲芙蘭（Sephora）了。

但在2018年10月中旬，尊室歡和史華茲遇到房地產公司的安全總監貝森（Greg Besson）。他曾經是一名員警，他徹底改變Clearview公司的發展軌跡。

「你知道你們應該做什麼嗎？」[1]他說：「你們應該和我以前的團隊交談。他們負責金融犯罪調查。」

幾年後，我問尊室歡是哪個員警部門。他含糊其辭地回答說：「大紐約地區的某個地方。」[2]我追問他，是不是紐約市警

察局（New York City Police Department，簡稱 NYPD）。這是全美最大的地方員警部門，有三・六萬名警員負責在擁有八百萬人口的城市打擊犯罪。

「是的，喔不是。」尊室歡說。

實際上，確實是NYPD。

貝森曾經是NYPD金融犯罪特遣隊（Financial Crimes Task Force）的一名隊長[3]。這意味著他追蹤那些擅長身分盜竊、偽造、信用卡詐欺等手段，試圖獲取非法錢財的人。

他在2018年退休後進入民間部門工作，為曼哈頓的一家名為魯丁管理（Rudin Management）的房地產公司工作，該公司擁有私人公寓和商用辦公大樓。魯丁管理的營運長吉伯特三世（John J. Gilbert III）正在考慮對Clearview投資5萬美元[4]，而該房地產公司希望使用Clearview的攝影機進行測試，當有不受歡迎的人，比如已知的搶劫犯進入建築物時，可以發出警報。史華茲和尊室歡與貝森會面，作為魯丁管理盡職審查的一部分，當時貝森對該應用程式的表現印象深刻，他建議他們與NYPD的老同事談談。

史華茲之前短暫承包政府標案時，曾被指控貪汙，因此他一開始不願再次與政府合作[5]。但他克服心中的厭惡情緒，並向貝森請求推薦介紹。貝森將NYPD金融犯罪組組長弗拉納根（Chris Flanagan）加到電子郵件群組中[6]，並使用弗拉納根的NYPD郵箱地址，從而將私人通訊轉移到公共紀錄區域。

史華茲以其慣常的方式告訴弗拉納根，關於他與朱利安

尼市長一起工作的經歷,以及由此建立的人脈關係,其中包括前警察局長布拉頓(William Bratton)和前副警察局長梅普爾(Jack Maple)。他聲稱這些人是他介紹給朱利安尼的。布拉頓和梅普爾被譽為「打擊犯罪之王」[7],他們實施「破窗」(broken windows)執法策略,這是一個備受爭議的理論,認為犯罪主要是由社會混亂而不是更深層次的結構性問題,如不平等、貧困和種族壓迫所引起的。在1990年代,紐約市警察局嚴厲打擊輕微違法行為,如地鐵逃票、隨地小便、塗鴉,以此來遏制更嚴重的犯罪。他們甚至開始嚴格執行禁止在未獲歌舞廳執照的酒吧裡「非法跳舞」[8]的規定,而這個法律自禁酒令時代以來一直存在。

梅普爾在那時是最早利用大數據分析的警官之一[9]。他從基礎開始,將大型地圖掛在辦公室裡,在過往地鐵搶劫案發生地點插上圖釘。他開始看到一些模式,犯罪熱點地區上有大量的圖釘。他稱之為「未來的圖表」,並表示警員應該在這些地區巡邏,而不是漫無目的地巡邏。這是一個經典的「過去即未來」策略,並且在顯示出潛力時,布拉頓和梅普爾將其應用於其他犯罪的追蹤上。這些地圖從梅普爾的牆壁轉移到NYPD的電腦上,最終傳播到全美的其他員警部門。

儘管這樣的系統被譽為巨大的成功,但這種系統可能會強化關於犯罪應該發生在哪裡的偏見,比如低收入社區或某些種族集中的區域。犯罪熱點不僅反映了犯罪發生的地點,也反映警員傾向於尋找犯罪活動的地點。不過,布拉頓和梅普爾在員警部門內是傳奇人物,他們是值得一提的名字。尊室歡和史華

茲安排了在下週二於布魯克林的NYPD某分局舉行會議。

在會議當天，史華茲和尊室歡準備充分。到目前為止，他們已經為投資者和民間公司進行過許多這樣的介紹和簡報。而且這曾經是史華茲的專長——協助民間公司獲得政府資金。

NYPD內部有一個人臉辨識團隊[10]，但他們只能將照片與嫌犯資料庫進行比對，當嫌犯來自其他國家，或是犯罪集團中的普通成員沒有犯罪紀錄時，這種方法就不太足夠了。金融犯罪組擁有許多從銀行櫃檯和自動提款機中，獲取的犯罪嫌疑人清晰照，但無法確定他們的身分。Clearview可以幫助解決這個問題。

約一個小時後[11]，尊室歡向警官們展示這個應用程式，使用真實世界的監控照片進行簡報。一名警長向尊室歡傳送六張在一家銀行大廳拍攝的照片。其中四張是自動提款機交易的照片，顯示一個男子站在機器前，另外兩張是由大廳天花板附近的監控鏡頭拍攝的男子照片。

簡報肯定進展順利，因為金融犯罪組決定對這個工具進行一次測試。這類似於二十年前在佛羅里達州坦帕市舉行的「偷窺超級盃」比賽上的情況。警方免費試用一款有前景的人臉辨識工具，以測試其性能並瞭解其效果。但這次，這項技術真的成功了。

應用程式立即開始產生線索[12]，雖然並非每張上傳的照片都能生成線索，但仍然有相當數量的照片能夠提供線索。警方不應立即逮捕Clearview提供的人員名單，但將建議的匹配視為「調查線索」。然後，警方可以尋找其他證據來證明這個人犯

下了罪行，例如檢查他們的銀行紀錄是否有與失蹤金額相同的存款紀錄。

弗拉納根非常滿意[13]，他將這個情況向紐約市警察局的高層彙報，以探討與Clearview簽約的可能性。2018年12月初，弗拉納根告訴史華茲和尊室歡，高層對這個應用程式的功能印象深刻，並且其他幾個部門也希望嘗試這個工具。但是，為了打擊犯罪，它需要進行一些調整：NYPD是否有辦法阻止Clearview AI獲取員警透過應用程式查詢的照片？這是關於犯罪嫌疑人和受害者的敏感資訊；有時員警會查詢之後可能會被法院封存的嫌疑人照片。NYPD不希望Clearview能夠知道他們正在查詢誰。但是，Clearview還沒有在其應用程式中設計這種用戶隱私保護功能。

「我們還須要在每次搜尋時都記錄下案件編號以及進行搜尋的人員，以避免濫用。」弗拉納根寫道。要實現這一點，對Clearview來說比較簡單。警方須要確保警員在執行任務，而非用在私人目的。這顯然存在一些擔憂。如果警員不當地搜尋那些沒有犯任何罪行的人，比如那些對他們惡言相向的人，反對員警暴力的抗議者，或者酒吧裡漂亮的女人呢？實際上，對於最後一種情況有一個術語：愛人情報（LOVEINT）[14]，指情報人員利用監控工具來監視他們愛慕對象的行動。這種情況在政府的各個層面都發生過[15]，從查詢約會對象的電子郵件和電話資料的國家安全局員工，到查詢車輛管理局資料庫以獲取女性住址的地方員警和官員都有。

尊室歡開始著手設計弗拉納根所要求的功能，最終開發

了一個介面,可以為每次搜尋時標記原因和案件編號。就在那時,Clearview簽署了供應商政策和保密協定,這也是尊室歡後來否認與NYPD合作的原因[16]。該協議中有一條是關於「無償示範／試點專案」,表示市政府將其視為禮物,並不保證Clearview最終能獲得合約。在提供郵寄地址的時候,Clearview列出的是位於曼哈頓中城區《紐約時報》大樓附近的WeWork辦公室。當尊室歡認為他需要一個比咖啡館更固定的辦公場所時[17],他曾在那裡短暫租用了一間辦公室。

一週後,尊室歡寄給高階警官一封電子郵件,詢問「試用過程」進展如何。這位警探在NYPD的即時犯罪中心工作,那裡是大型員警部門運用最尖端技術的地方。他說進展非常順利:「我們匹配到了幾個以前不認識的人。」

隨著愈來愈多的警員要求使用該應用程式,Clearview和NYPD之間來回傳送著電子郵件。尊室歡不斷建立新帳戶,並跟進他的新用戶進展如何,就像他們是測試用戶一樣。從某種程度上說,他們確實是測試用戶;他們是第一批使用這款「人臉搜尋引擎」來追捕犯罪嫌疑人的警官。而且效果很好。一位警官告訴尊室歡,Clearview幫助NYPD抓住了一個戀童癖[18],這個人是一名稅務律師,他以為自己向十二歲女孩發的照片不會被發現身分。還有,當兩名執班員警在乘火車時被拍到喝酒[19],內部稽查部門要求一名有權登入Clearview的警官搜尋他們的臉孔,以確認他們的身分。

在二月時,NYPD的最初介紹人貝森再次聯繫Clearview。他向一名在NYPD和聯邦調查局(FBI)合作成立的聯合反恐任

CH 13 病毒式傳播　**189**

務小組工作的高階警官,展示了該應用程式。尊室歡向這位警官傳送登入憑據和下載Clearview應用程式的連結到他的iPhone上。第二天,該警官告訴尊室歡,「這個應用程式太棒了。」

「謝謝你,兄弟,」尊室歡回應道。「讓我知道還有誰應該拿到一份拷貝 :-)」。

就這樣,Clearview從一個地方警察局躍升為與聯邦調查局合作的對象。

與此同時,史華茲試圖安排與決策者的會議[20],簽署與NYPD的合約,以達成協議獲取報酬。但他似乎運氣不佳。Clearview開始為金融犯罪組生成自動報告,報告包括每天的搜尋次數(最高達到每天八十七次)和Clearview的匹配率,以量化這款應用程式的實用性。匹配率在50%左右徘徊,尊室歡希望提高這個數字[21],這意味著須要將更多的人臉添加到資料庫中。他召集了他的全球承包商團隊,繼續進行資料抓取工作。網路是一個龐大的人臉海洋,而他們只撈起了其中的一小部分。

「隨著時間的推移,情況確實在逐漸改善[22],系統中的資料愈來愈多可以進行匹配,」一名金融犯罪官員說道。「在許多案件中,這款應用程式改變了遊戲規則。」

但最終,這還不夠。經過六個月的「測試」和超過一・一萬次搜尋之後[23],紐約市警察局決定不與Clearview正式簽訂協定,原因是「人們對它的看法」[24]。對於這名金融犯罪官員來說,這意味著更難抓獲身分竊賊和支票偽造者了。「但對於兒童虐待或綁架案件中,你如何告訴別人,我們已經掌握了這個

人的詳細資料,我們有一個系統可以辨識他們,但由於潛在的負面宣傳,我們不準備使用它來找到這個人。」他說:「當人命面臨威脅時,卻不使用這樣的工具,在我的看法中,這是有道德問題的。」

雖然簽約不成,但NYPD的試驗在其他方面得到了回報。2019年2月初,一名NYPD警隊隊長將Clearview的兩位創辦人介紹給印第安那州警察局的一名隊長柯亨(Chuck Cohen)[25],尊室歡提供該局員工試用帳號。一個月內,印第安那州警察局簽訂了一份為期一年、價值49,500美元的Clearview訂閱合約[26],成為該公司的第一個官方執法機構客戶,以後還將有更多類似的客戶。

在接下來的幾個月裡,柯亨成為這款工具的超級粉絲,向其他部門推銷並介紹Clearview團隊,包括佛羅里達州和田納西州的政府官員。某次柯亨在前往倫敦教授網路調查課程之前,他聯繫了史華茲。「人們經常問我有關調查新興犯罪能力的問題[27]。我認為Clearview AI很可能會引起一些與會者的興趣。」他寫道,請求允許傳播這個訊息。

另外。Clearview也瞭解到CrimeDex,這是一個擁有一・五萬名金融犯罪調查人員的全國性電子郵件群。他們在CrimeDex傳送了一個「如何透過人臉辨識[28],瞬間解決更多犯罪」的宣傳,指引任何感興趣的人與Clearview聯絡人馬爾科(Marko Jukic)聯繫(就是這個馬爾科,他後來有一天會打電話給德州的一名警官,詢問一位煩人的《紐約時報》記者情況)。此時,Clearview正走在一條通往全美甚至全球採用的道路上。

但它仍然是一支思想右傾的雜牌軍[29]。馬爾科從大學輟學[30]，曾與強森合作[31]，並曾在一系列化名的新反動派部落格中表達激進觀點。其中主張種族隔離、專制主義以及對批評極右運動的記者進行暴力攻擊。他後來告訴一位記者，這些部落格的發文是「戲劇誇張和喜劇諷刺的練習」[32]。現在，他正在幫助向警方推銷一款革命性的應用程式，它有可能成為控制社會的強大武器，而且正在像野火一樣蔓延[33]。

尊室歡還一度使用化名。當一位西雅圖警官詢問關於Clearview的安全問題以及背後的人是誰時[34]，一個名為「Han T」的人以han@clearview.ai的電子郵件地址回覆他，並附上克萊門特撰寫的法律備忘錄。「Han T」是尊室歡自己創造的名字，因為他擔心如果這位多疑的警探看到他在網上的名聲後，會認為Clearview是一個製造蠕蟲病毒的駭客公司。

撇除不斷被谷歌搜尋的恐懼，尊室歡對自己還算滿意。自從他十九歲從澳洲搬到舊金山後，他一直在努力開發一款受人喜愛的應用程式。他開發過愚蠢的遊戲、照片濾鏡和影片分享工具，所有這些都是為了迎合最新的科技潮流。但沒有一個是真正新穎的。它們沒有目標，而他自己也是如此。但現在，三十歲的他終於開發一款有影響力的應用程式。它正在病毒式傳播，只是所針對的對象不是他曾經預期的。

2019年5月[35]，國土安全部調查部門的特工芬德利（Josh Findley）收到一批令人不安的圖像，被雅虎（Yahoo）標記出來，似乎記錄對一個年輕女孩的性虐待。當時，芬德利在維吉

尼亞州工作,他有十六年的兒童虐待案件調查經驗。他表示,進行這樣的工作是令人創傷的,但也是必要的。

大多數儲存電子郵件、照片和影片的大型科技公司都在努力防止兒童性虐待資料(child sexual abuse material,簡稱CSAM)的傳播。其中許多公司使用微軟在2009年發明的一個名為PhotoDNA的技術,該技術可以標記出之前調查人員編目過的已知虐待資料,即使它已被稍作改動。2018年,谷歌更進一步開發出一種演算法[36],可以辨識出調查人員之前從未見過的虐待圖片,從而有可能找到執法機構尚不知道的受害者。與微軟一樣,谷歌也將其技術提供給其他公司使用。

少女的照片是在一個海外帳戶中發現的。調查人員從未見過這個女孩的臉孔,這意味著她是一名未知受害者,可能尚未被執法部門營救出來。從照片中的一些線索(例如牆上的電源插座),他們猜測她可能是在美國的某個地方。但在哪裡呢?

在芬德利收到的照片中,一個男子斜躺在一個枕頭上,直視著攝影機。這個男子看起來是白人,棕色頭髮,留著山羊鬍。芬德利截取一些這個男子的臉部照片,傳送給全美各地兒童犯罪調查人員的郵件群,希望有人能夠認出他。一位有Clearview使用權限的調查員看到這個請求,進行這個男子的臉部比對,並向芬德利傳送一個奇怪的匹配結果:在拉斯維加斯的一個健身博覽會上,一個肌肉發達的亞洲男子和一位女性健身模特在紅地毯上合影的IG照片。但這個嫌疑犯既不是亞洲人,也不是女性。「這些不是我們要找的人,」芬德利告訴她。

「看一下照片的背景，」她說道。

在仔細檢查後，芬德利看到照片邊緣有一個白人男子，站在一個運動補充品公司的攤位櫃台後面。這就是匹配的人。在IG上，他的臉部可能只有指甲的一半大小。芬德利感到震驚。他從來沒有使用過一款能夠實現這樣功能的人臉辨識工具。

這家補充品公司的總部位於佛羅里達州。芬德利瀏覽該公司的網站，想看看這個人是否是該公司的員工，但他在任何地方都沒有看到他的照片。他打電話給這家公司，詢問一些模糊的問題，以防是這個男子接起電話。芬德利解釋說，他正在尋找一個在拉斯維加斯健身博覽會上工作過的人，並將這個男子的照片發給對方。電話那頭的人說他不知道這個人是誰，可能是他們臨時僱來的一個當地員工。

在他掛斷電話後不久，有人用另一個佛羅里達州號碼打來，提供了匿名提示：那個男子叫維奧拉（Andres Rafael Viola）。芬德利找到了維奧拉的臉書帳戶，它是公開的，但在Clearview的搜尋中沒有出現。一些照片中的一個房間看起來很熟悉。芬德利繼續搜尋，找到了在維奧拉社群中的受害者。維奧拉是一名阿根廷公民，居住在拉斯維加斯。2019年6月，在芬德利收到虐待照片的一個月內，維奧拉被逮捕，後來被判處35年監禁。

「我的上司說：『與那家公司聯繫，我們想要取得使用授權。』」芬德利說道。自那時以來，美國國土安全部已在Clearview上花費近200萬美元。

Clearview AI在與執法機構合作方面的成功，向投資者展示了它具有真實市場的潛力，並籌集到額外700萬美元。那年秋天，在荷蘭海牙舉辦的一個國際兒童犯罪調查員會議上，Clearview AI成為炙手可熱的話題。調查員稱其為「過去十年最重大的突破」[37]，許多國際機構，包括國際刑警組織[38]、澳洲聯邦警局和加拿大皇家騎警，要求進行免費試用以解決針對兒童的犯罪。它不僅是辨識犯罪嫌疑人的強大工具，還能幫助找到受害者，因為它是第一個具有數百萬兒童臉孔資料的人臉辨識資料庫。

　　全球警察部門的內部溝通網絡非常龐大。世界各地的警局開始要求獲得使用權限。在免費試用期間，最為頻繁使用的機構包括英國國家犯罪機關、澳大利亞昆士蘭警察局、巴西聯邦警局、瑞典警局[39]以及加拿大多倫多警局和安大略省的地區員警機構。

　　Clearview AI建立了一份名為「成功案例」的行銷檔案[40]，其中列出藉由軟體幫助解決的案件，並附有調查過程中的驚人照片。文件聲稱，該工具被用於辨識紐約一名在壓力鍋炸彈恐嚇案件而被通緝的紐約男子、亞特蘭大的郵件竊賊以及邁阿密的一名偽造者。其中一張犯罪現場的圖片展示一名已故黑人男子，他的頭部中彈，血流在他旁邊的人行道上，死者雙眼被紅色的長條遮蓋以維持其得體的外觀。旁邊是Clearview挖掘出來他生前的照片，以證明該應用程式可以辨識出死者身分。

　　這份報告最後以標題「快速國際擴張」的頁面作結。在一張灰色的世界地圖上，美國和其他二十二個國家被塗上

Clearview品牌特定的藍色，這令一些人瞠目結舌。從地方警察部門跨越到聯邦機構之後，Clearview正在進入某些人權狀況、治安紀錄有問題的國家，包括哥倫比亞、阿拉伯聯合大公國和卡達。

Clearview確實取得了發展動力，但仍然存在可能被阻饒的風險。由於另一家更知名的公司開始向警方銷售，美國公民自由聯盟（ACLU）再次開始關注人臉辨識技術。

在2017年末，美國公民自由聯盟（ACLU）舊金山分會的一位名為卡格爾（Matt Cagle）的隱私權倡議者注意到亞馬遜的一份新聞稿[41]，介紹了該公司電腦視覺軟體Rekognition的新功能：「現在，您可以對數百萬張臉部圖像進行近乎即時的人物辨識，從而實現及時和準確的犯罪預防等應用」。新聞稿還提到Rekognition已經被執法機構使用。

亞馬遜只是銷售了一個用於搜尋的演算法，而它的客戶必須提供臉部圖像。卡格爾擔心的是[42]，它可能會被整合到監控鏡頭中，這樣就可以即時追蹤警方感興趣的人。當他調查時，他發現佛羅里達州奧蘭多市[43]在一個為期兩天的「概念驗證」（proof of concept）試點專案中確實這樣做了。當ACLU公開這一消息時，引起強烈抗議，最終奧蘭多市放棄該系統[44]。

卡格爾的最大擔憂之一是有人被誤認為罪犯。為了證明這種情況可能發生，他和一位精通技術的同事進行了一個實驗[45]。他們向Rekognition提供二·五萬張照片，然後搜尋是否有與國會五百三十五位議員相匹配的人。他們使用亞馬遜的默認設置，即系統會顯示任何至少有80%把握匹配的臉部。（亞馬遜後來

批評這一選擇，稱已建議警方將此設定更改為高於90%。）

在ACLU的測試中[46]，Rekognition錯誤地暗示二十八位國會議員，包括隱私保護倡導者馬基（Edward Markey）和民權領袖路易斯（John Lewis），可能是已知的罪犯。這些錯誤的匹配結果中，有色人種占了很大比例。這個實驗引起議員們的關注，並引起媒體的大量報導，而ACLU只花費12.33美元。因此，ACLU呼籲亞馬遜退出監控業務。

沮喪的員警們認為民權活動人士的想法是錯誤的，人臉辨識技術會讓警務工作更加公平。他們相信，目擊證人比演算法更有可能辨識錯誤的人。但是，ACLU只是剛剛開始。美國各地的ACLU地方分會發起一場禁止人臉監控的運動[47]，向地方市議會施壓，要求禁止他們的警員使用這項技術。這場運動取得了些許成果。2019年夏天，三個城市頒布了此類禁令：加州的舊金山和奧克蘭，以及麻州波士頓郊外的薩默維爾（Somerville）。

對於史華茲和尊室歡來說，爭議是一個商業問題：他們不希望顧客害怕購買他們的產品。他們須要幫助執法部門，使其明白Clearview對執法工作有多大價值。為此，他們找到來自阿拉巴馬州的律師嘉莉森（Jessica Medeiros Garrison），她曾在華盛頓特區擔任共和黨檢察總長協會的領導人。

NYPD曾幫助Clearview向調查人員宣傳其效益，但他們在決策層面上的地位較低。檢察總長基本上是一個州的「最高執法官」，可以從高層傳播訊息。在嘉莉森入職幾個月後，她帶尊室歡參加一個民主黨檢察總長在滾石樂團演唱會上的私人

活動,地點是波士頓吉列體育場(Gillette Stadium)的私人包廂。

尊室歡對與會者進行簡報,其中包括企業支持者和競選捐款人。這引起人們的不安感。一位與會者表示:「他拍了照片,並當場調出所有人的個資,這讓人感到不舒服[48]。」

尊室歡對在場的康乃狄克(Connecticut)州檢察總長湯格(William Tong)進行Clearview搜尋。湯格說[49],這次簡報讓他感到很不舒服,他盡最大努力迅速離開。

當時公眾仍然不知道警方可以使用這一強大的工具。它的好處無庸置疑,可以幫助破獲滔天大罪,但它所蒙上的神祕面紗卻很成問題。公民有權瞭解和討論重新定義國家權力的新技術使用。富有的投資者知道Clearview的存在。高層級政府律師們也見過它。然而,在接下來一年多的時間裡,當全美各地數以千計的警察都在使用它時,尊室歡和史華茲卻對其他人隱瞞了這一超能力。

但這種狀況很快就要結束了。他們的隱瞞即將被揭發。

# 第14章

# 「什麼最令人毛骨悚然？」
# （2011-2019）

 

從喜劇演員轉型為政治人物的弗蘭肯（Al Franken）是華盛頓特區最知名的議員之一。他在《週六夜現場》演出使他的開懷笑容和雙下巴成了名人，他還將自己的臉出現在他撰寫的幾本暢銷書封面上。他在書裡痛罵政治保守派，包括這本（Lies and the Lying Liars Who Tell Them）《書名暫譯：謊言和說謊的騙子》。

在2008年僅以微弱優勢贏得明尼蘇達州參議員席位後，弗蘭肯將隱私問題作為自己的標誌性議題。弗蘭肯準備追究那些神祕科技公司的責任，限制他們對人們訊息的使用。為了幫助他確切地做到這一點，他找來一位名叫貝多亞（Alvaro Bedoya）的二十七歲律師[1]。

貝多亞在五歲時從祕魯移民到美國，當時他的人類學家父

親獲得福特基金會的獎學金,以完成在紐約的研究。和弗蘭肯一樣,貝多亞畢業於哈佛大學,並擁有耶魯大學的法學學位。他加入弗蘭肯的團隊,希望專注於移民權益。但是,當弗蘭肯團隊的律師們分配多個重大政策議題時,貝多亞最終負責涉及隱私和科技的職務,而他對此一無所知。

「真的沒人想要它[2],我是被迫接受這個工作的,」貝多亞說道。

為了更深入瞭解隱私議題,貝多亞列印《華爾街日報》屢獲殊榮的「他們知道的」(What They Know)系列文章[3],這是一項為期兩年的調查,揭示科技公司和網上電商如何開發、分享和出售個人看似私密的購買、活動和網路行為數據。當坐在地鐵車廂上或在酒吧等待他人時,貝多亞會拿出他的文章夾,閱讀關於數據商如何偷偷追蹤人們在網路上的行為,以及無數公司如何透過手機獲取人們的位置訊息。最讓他感到驚慌的是,大型科技公司如谷歌和臉書對於他們的用戶瞭解得如此之多,以及執法機構如何輕易地獲得對此瞭解的管道。

根據貝多亞的研究成果,在2011年5月,弗蘭肯召集蘋果和谷歌的高階主管們到參議院進行聽證會。他們回答的問題包括iPhone和安卓設備如何記錄人們詳細的歷史紀錄、位置數據保存多久,以及還有誰能夠獲得這些資料。聽證會非常熱門,以至於他們不得不拒絕一些參加者[4]。弗蘭肯坐在圓形議台的前排中央[5],而貝多亞作為顧問坐在他的背後,努力地記筆記。貝多亞戴著一副小巧的矩形眼鏡,他的臉部狹長,帶著一種擔憂的表情,就像一個正在籌備派對的籌備者。

「在我成長過程中[6]，當人們談論保護隱私時，他們談論的是如何保護自己不被政府侵犯，」弗蘭肯說道。他對私營部門變得強大和無所不知表示擔憂，市民無法保護自己，甚至無法理解他們的數據被如何使用。「第四修正案不適用於企業，而資訊自由法不適用於矽谷。」弗蘭肯嘆息道。

聽證會引起大量的媒體報導。「也許智慧型手機太聰明了一點。[7]」ABC新聞的一名記者嘲笑說道。弗蘭肯希望在這個引人注目的話題上深入探討，並向貝多亞尋求一個新的角度供另一次聽證會使用。然而，貝多亞提出的所有想法都未被採納。終於在一次與政策助理們的會議結束時，弗蘭肯提出自己的想法。就在他的律師團隊即將離開房間的時候，弗蘭肯突然停下來轉向貝多亞。

「嘿，阿爾瓦羅（Alvaro，即貝多亞的名字）[8]，你知道什麼最令人毛骨悚然嗎？」弗蘭肯說道。「人臉辨識。那個東西真的很可怕。」

「是的，這確實很可怕，阿爾（Al，即弗蘭肯的名字）。讓我去瞭解一下，」貝多亞回答道。弗蘭肯的臉幾乎在每個地方都會被辨識出來。他知道失去匿名的感覺，走在街上時每個人都認識他，無論你在公共場合做什麼都可能追蹤到你。「他會講一個有趣的故事[9]，說智慧型手機開始配備相機的那一天，每天他在街上走路都要失去三十分鐘，因為每個人都會停下來要和他合照，」貝多亞說道。

弗蘭肯對於人臉辨識的專注讓人興奮不已，貝多亞也熱切地加入其中。他閱讀了聯邦調查局計畫建立一個國家人臉辨識

資料庫、谷歌使用人臉辨識解鎖安卓手機、微軟提供人臉辨識作為登入Xbox的方式等資訊[10]。但真正吸引他注意的是臉書正在做的事情。

其他剛剛開始試驗人臉辨識技術的企業巨頭都將這項功能設定為「選擇加入」，這意味著消費者必須主動選擇啟用它；但很少有人這樣做。然而，2010年時，臉書作為當時最魯莽的科技巨頭，選擇了一條不同的路線。沒有什麼能像一封郵件寫著「某某朋友已在臉書上給你標記了十二張照片」那樣吸引人們登入，並有一個誘人的小藍色框框可以點擊，上面寫著「查看照片」。因此，當臉書添加了自動的「標記建議」（也就是人臉辨識技術）來辨識上傳照片中的朋友時，它聲稱這項功能對所有人都已開啟[11]。如果你不希望你的名字被建議給上傳你照片的朋友，你就必須進入隱私設定並關閉這項功能。

臉書對五億人實施的人臉辨識技術引起記者們的警覺；有人形容這種做法是「超級毛骨悚然」[12]和「可怕」。但臉書認為這種騷動是荒謬的；這並不是揭露什麼未知的東西——只是在顯示使用者已經認識的朋友名字。貝多亞不同意，他認為公司對這項技術的態度過於輕率。然而，臉書在美國至今面臨的反對聲音並不多，與此形成對比的是在歐洲[13]，其中的隱私監管機構對這一推廣進行激烈抵制，認為臉書在未經公民同意的情況下使用歐盟公民的臉部資料是違法的。（臉書最終在歐洲完全關閉了這一功能。）

貝多亞對臉書之前做出的另一個激進決定也感到擔憂。它強制要求[14]所有用戶將他們的主要個人照片公開，這一決定引

起隱私團體（包括美國公民自由聯盟）的批評[15]。臉書迫使數億人在公開網路上至少上傳一張自己的照片，現在又將人臉辨識技術視為常態。這正是國會聽證會所需要的資料。弗蘭肯在2012年7月安排了另一場聽證會，但貝多亞遇到一個問題：臉書起初拒絕派人出席作證[16]。

臉書剛剛收購幫助建立其人臉辨識的標記系統公司[17]——以色列的Face.com，並將這家新創公司的大部分員工從以色列的特拉維夫搬到加州門洛公園（Menlo Park）的臉書公司總部。但臉書不希望成為聽證會上唯一的產業代表，負責回答立法者關於技術領域私營部門計畫的所有問題。貝多亞向該公司保證[18]，在聽證會上不會有任何意外情況——問題將與眾所周知，與大家一直在問的問題相同。於是該公司默許了。「人們認為聽證會是為了獲得答案，[19]」貝多亞說道。「但其更多是關於臉書被國會傳喚回答有關這項可怕技術的難題。形象的問題更為重要。」

弗蘭肯在一個星期三下午以仔細斟酌的開場發言開始了聽證會。「我想明確指出[20]：人臉辨識技術本身沒有對錯之分。就像任何其他新興且強大的技術一樣，它是一種可以為大眾帶來巨大福祉的工具，」他說。「但如果我們不停下來仔細考慮如何使用這項技術，它也可能被濫用，從而威脅到我們隱私和公民自由的基本方面。」

在被要求作證的證人中，包括FTC的米塔爾、隱私經濟學家阿奎斯蒂，以及執法官員，其中包括聯邦調查局（FBI）的一位資訊主任以及一位來自阿拉巴馬州的警長，他正在向部門

推出一項人臉辨識工具。FBI的代表和警長表示，他們只搜尋已知罪犯的臉部，依賴犯罪嫌疑人的照片，而不是收集用於駕照或州證件的照片。「對於正常誠實人們的日常生活行為[21]，我們並不感興趣，」警長說。「我們關注的是犯罪分子，那些涉嫌犯罪的人。」

雖然在當時從政府官員那裡得到的證詞在技術上是正確的，但這些證詞是具有誤導性的。最終，FBI將開始搜查社群媒體照片，警察部門將獲得駕照照片的使用許可。他們只是從那些違法者的臉部開始著手。

在聽證會上，臉書派出的代表是一位名叫謝爾曼（Rob Sherman）的隱私經理。他向弗蘭肯和其他立法者保證，臉書的「標記建議」系統只會辨識用戶的朋友，而不是「任意的陌生人」[22]。他還表示，臉書絕不會與第三方分享其人臉辨識系統，例如，警方出現並帶著一張他們想要確認身分者的照片。

在幕後[23]，貝多亞向臉書的政策專家提出了一個不同的擔憂。現在，由於臉書讓五億人將他們的個人大頭照公開放在網上，並強調用戶必須提供真實姓名，是否有人可以過來下載所有這些照片，並建立一個龐大的人臉辨識資料庫來辨識陌生人呢？貝多亞後來回憶說：「毫無疑問地，我被明確告知[24]，沒有任何灰色地帶，『不，這是不可能發生的。』」他被告知這個社群媒體有技術保護措施來限制任何人可以下載的資訊。然而，後來他後悔相信這些聲明。

在聽證會上，弗蘭肯對於僅僅是使照片標記更容易這一點，表達了對臉書真正目標的懷疑。他說：「一旦你為某個人

生成了臉部特徵[25]，你可以在未來的無數方式中使用它。」他要求謝爾曼「在書面紀錄中，說明臉書在未來將如何使用（和不使用）臉部特徵。」

謝爾曼巧妙地避免給出明確的答案。在2012年7月的那個星期三下午，他表示自己不知道公司「五年或十年後會是什麼樣子[26]」。他說，很難回答一個假設性的問題。

不到五年後的一個下午，即2017年初，在位於加州門洛公園的臉書公司總部，一位名叫萊文德（Tommer Leyvand）的工程師坐在一把皮椅上[27]，頭上戴著一台智慧型手機。這部手機裡裝載著一個只有少數員工知道的全新工具。

萊文德是一位以色列工程師，在加入臉書之前曾在微軟工作十年。他穿著牛仔褲，搭配橄欖綠色的毛衣和一頂藍色的棒球帽。一部黑色的三星Galaxy智慧型手機放置在帽檐上，用橡皮筋固定住。萊文德那個看起來有些荒謬的帽子手機是未來的一個簡陋版本。但它所能做的事情令人驚歎。

房間裡的每個人都在興奮地笑著，互相交談，直到有人要求安靜。

「它會說出名字的，[28]」有人說道。「聽著。」

整個房間陷入沉默。萊文德轉向桌子對面的一個人。手機的相機鏡頭──圓形、黑色、毫不眨眼──像第三隻巨大的眼睛一樣懸浮在萊文德的額頭上，掃描著面前的人臉。兩秒鐘後，一個機器女聲宣布：「霍華德（Zach Howard）。」

「沒錯，就是我，[29]」機械工程師霍華德確認道。這就像

是谷歌的施密特所說的,谷歌公司曾經研發類似的技術,但卻維持保密。雖然這種能夠辨識人的帽子手機對於視力有問題或臉盲的人來說是一種福音,但它也存在風險,觸及將帶給公司名譽和財務損失的敏感隱私問題。

一位目睹技術簡報的員工認為這「本來是個笑話」[30]。但當手機開始準確地喊出名字時,他感到很恐怖。「它感覺就像是你在反烏托邦世界電影裡看到的東西,」他後來說道。

臉書創辦人兼執行長祖克柏(Mark Zuckerberg)對社群媒體的前景已經有所預見。當他的用戶厭倦發布度假照片、點讚IG貼文和閱讀長輩們的政治抱怨時,這個社群媒體的風險就像惠普(Hewlett-Packard)一樣,成為一隻陷入過去科技時代的恐龍。祖克柏希望能夠處於他認為是下一個重大技術轉變的前沿:具身網路(Embodied Internet),一個數位世界將圍繞著我們,而不僅僅是我們在螢幕上所見東西的未來。他已經投入大量公司資源來研究潛在的全新方案,包括一種可以將思想轉化為文字的「直接腦介面」[31],一種可以透過皮膚聽聲音的設備,以及只需一瞥就可以瀏覽網頁的智慧眼鏡[32]。祖克柏對物理和數位世界交匯處的技術,即被稱為「元宇宙」的領域非常專注,以至於他最終將他的公司改名為Meta。

藉助像萊文德頭上這樣的技術,臉書可以防止你忘記同事的名字,在雞尾酒會上提醒你熟人有個孩子可以問候,或者幫助你在擁擠的會議上找到你認識的人。

自從貝多亞組織的國會聽證會以來,臉書一直非常忙碌。當臉書收購Face.com時,搬到門洛公園的其中一位員工是該公

司核心的技術專家泰格曼（Yaniv Taigman），一個隨和又幽默的英俊工程師。泰格曼在特拉維夫的新創公司所研發的演算法，精確度可從三百多人選中辨識出一個人，他認為這已經足夠強大，因為當時普通的臉書用戶大約就有這麼多數量的朋友。但當與祖克柏會面時[33]，他瞭解到公司有著更大的野心。

「我們告訴他[34]，我們取得這些巨大的成果，」泰格曼說。「我們問他，『這樣好嗎？這是否是您期望的？』」

「讓我們提升到一百萬，[35]」祖克柏很肯定地回答道。

泰格曼驚愕地盯著他看。臉書執行長希望他將自動人臉辨識的規模從辨識三百張臉提升到一百萬張臉。「不可能，[36]」他結結巴巴地說道。「那就像是解決阿茲海默症。」他解釋道，他們當前擁有的演算法已經是領先技術，無法改進，尤其不可能達到那種規模。但祖克柏並不在意。他無視泰格曼的反對意見，甚至不屑回應就直接結束會議。

泰格曼感覺自己像是被國王命令將糠秕變成黃金的磨坊女兒。這是一個不可能的挑戰。他的壓力驟升。他進入會議時幾乎是欣喜若狂的，離開時卻陷入困惑。然而，他的「名字古怪小矮人兒」（Rumpelstiltskin）出現了。就在臉書辦公室五英里遠的史丹佛大學，一個名為「超級視覺」（SuperVision）的演算法，在一項年度電腦視覺挑戰中輕鬆擊敗對手[37]，以前所未有的速度正確辨識照片中的物體。「超級視覺」使用神經網絡技術。正是在那個時刻，神經網絡終於證明了自己的價值，泰格曼意識到[38]他可以嘗試使用這技術來辨識人臉＊。

由於他工作的地方，獲取訓練資料非常容易。他的團

隊選擇了四千零三十名用戶，這些用戶的臉部於臉書上被標記在一千多張照片中，為團隊提供一個包含四百四十萬張照片的資料庫[39]，這對於泰格曼新誕生的演算法「深度人臉」（DeepFace）來說，就是足夠的臉部閃示卡\*。當被問及團隊是否有關於可以使用哪些臉書照片的規定或隱私限制時，泰格曼只表示這些照片被「隨機選擇」[40]了。這個神經網絡透過多次對這些臉部分析評分來進行訓練——「數十億次、數萬億次」，泰格曼說道。當「深度人臉」做對了，它會給自己數學上的鼓勵；當它做錯了，錯誤會導致它重新計算，這個過程被AI研究人員稱為反向傳播（backpropagation）。

當「深度人臉」開始與人類人臉辨識達到相當水準，能夠將兩張不同照片中的同一個人匹配，並且準確率超過97%時，泰格曼認為肯定是哪裡出錯了，他們可能不小心用訓練集進行測試。「我確信那是個錯誤。[41]」他說。但事實並非如此：「深度人臉」比任何公開發布的人臉辨識演算法都要好，幾乎比人類更擅長辨識人臉。

泰格曼的團隊在2014年初公開他們的研究時震驚了全世界。他們並沒有使用無辜臉書用戶照片，而是使用名人的圖像來展示它的工作效果。在論文的主要示例中，泰格曼選擇史特龍（Sylvester Stallone），因為在他成長的過程中，洛基一直是

---

\* 神經網絡技術的一個關鍵組成是強大的硬體；對泰格曼來說，幸運的是，臉書有一些圖形處理器（GPU）閒置在那裡，這些GPU是由主要生產它們的公司輝達（Nvidia）免費提供給臉書的。這已經足夠讓他開始工作了。

\* 為什麼叫做「深度人臉」？神經網路的另一個術語是「深度學習」，其靈感並不來自電腦的深思熟慮，而是來自神經網路的「層」，這些層允許網路計算出對圖像的日益複雜的呈現。「深度人臉」是一個有九層、超過1.2億個參數的神經網路。

他的英雄。給定任意兩張史特龍的照片,「深度人臉」可以用97.35%的準確率判斷這是同一個人,即使這位演員的臉部並非正對相機,甚至當這些照片相隔幾十年的時間也是如此*。它可以辨識出史特龍既是1976年時年輕的洛基,也是《金牌拳手》(Creed)中的老洛基。

記者們再次將該公司的人臉辨識技術稱為「毛骨悚然的」[42]和「好可怕」[43],對其應用於臉書用戶的照片表示擔憂。臉書發言人迅速向記者們保證,「深度人臉」並沒有被積極地推廣到該網站上。「這是理論研究[44],我們目前並沒有在臉書上使用論文中討論的技術,」一位發言人告訴Slate雜誌。但不到一年後,臉書悄悄地在網站上推出一個類似「深度人臉」的深度學習演算法,大大提高其在照片中查找和準確標記人臉的能力。由於他們所取得的成就以及該公司對這一人工智慧新發展的興趣,泰格曼和他的團隊被調到臉書總部[46],坐得更靠近祖克柏。

「每一項新事物都會讓人感到害怕[47]。我的妻子也擔心我會為了某個機器人而離開她,」泰格曼說道。「如果你是一位科學家和創新者,你就不應該在意這些。」

這是對於「技術甜頭」的純粹表達,科學家和工程師在解決智力難題時會有這種感覺。泰格曼最關心的是技術進步,而對其引發的社會擔憂,他將交給其他人處理。當有一長串的人們在多年甚至幾十年的時間裡致力於解決一個問題,比如自動化人臉辨識,每一個環節中的人都認為一旦技術完善,其他人將會對技術的社會危險進行評估。陶醉於技術甜頭的時候,很

---

*  人類在這樣的比較中準確率為97.53%,所以人們仍然稍微領先一些,但這個優勢不會持續太久。還有更多的改進將會出現。

難想像自己正在從事一項也許本就不應該存在的事情。

　　在2012年對臉書等公司進行人臉辨識的聽證會審問之後，貝多亞開始構思一種聯邦法律來管理這項技術。弗蘭肯參議員舉行的隱私聽證會產生真正的立法動能[48]，他們決定以位置資訊為起點推動隱私保護，提出法律要求公司必須獲得明確同意才能記錄某人的活動軌跡或將其出售給協力廠商。該法案於2012年12月獲得司法委員會通過，這意味著全體參議員可以對其進行投票[49]。通過新的法律是一項挑戰，但貝多亞感到他們正在受到關注支持[50]。

　　然後，在2013年，一場風暴來襲。2013年6月的一個星期四晚上，貝多亞與朋友在Bertucci's餐廳吃披薩時，他的黑莓手機開始不斷發出新聞提示，內容是關於美國國家安全局（NSA）發動的一個祕密全面監控計畫。記者葛林華德（Glenn Greenwald）在《衛報》上發表一篇轟動的文章[51]，披露了一個特別的聯邦監控法庭祕密命令，要求美國最大的電話運營商Verizon向NSA提供其網路上每一通國內電話的資訊。貝多亞回到家後，整個晚上都在閱讀關於這個問題的所有資訊。第二天一早，他與弗蘭肯和他的立法主任會面，而立法主任看起來和貝多亞一樣疲憊。「阿爾，我們必須調查這件事[52]。這似乎影響很大。我們必須查明真相，」貝多亞說道。

　　弗蘭肯緩緩回答：「有些事情⋯⋯我知道⋯⋯可能不能告訴你。」由於貝多亞在國外出生，他的大部分家人都是外國公民或入籍公民，他從未申請過安全許可證。現在他感到自己與

老闆之間，存在著巨大的隔閡。

不久之後，葛林華德的消息來源被曝光是二十九歲的系統管理員史諾登（Edward Snowden）。透過在NSA外包的工作機會，史諾登得到對該機構成千上萬個檔案的存取權限，並將這些檔案交給了記者，引發關於NSA如何利用資訊時代之數位基礎建設的一系列報導，包括收集電子郵件中繼資料和從海底網路電纜中提取資料等。

「整個局面發生了變化，[53]」貝多亞說。弗蘭肯和他的參議員同事們將注意力重新轉向政府對隱私的侵犯，而不是公司所涉及的問題。當貝多亞在一年多之後重新拿出位置隱私法案並試圖恢復立法動能時，他發現了嚴重的障礙。沒有科技公司的遊說者當面告訴貝多亞他們討厭這個法案，但貝多亞在史諾登出現之前就有一種感覺，有強大的力量在對抗他。2014年3月，貝多亞把一份新的、改進後的位置隱私法案版本保密地傳送給一些人以徵詢意見，其中包括一位曾在非營利組織擔任隱私立法宣導者的律師，後來成為一家公司的遊說者和技術公司的顧問。貝多亞被介紹給這位律師時，稱其為一個他可信任的科技界人士。

幾天後，當貝多亞向包括那位律師在內的密件副本名單發布了一份關於該法案的新聞稿時，他收到一個奇怪的回覆。律師寫道：「這個法案注定一事無成[54]。本週稍早，我與去年在幕後工作以減緩／阻止該法案的團隊重新聯繫上。我相信每個人的看法都沒有改變。」

律師很快作出了補充解釋，他說他「感到非常尷尬」，他

的回覆完全是關於另一個法案的。貝多亞禮貌地回覆了他的郵件，但這封郵件強化了他對於科技產業聯合起來阻止該法案的擔憂[55]。

即使這封郵件只是一個無心之過，還有其他證據表明科技產業正在反對位置資訊的法律保護。位於華盛頓特區的一個名為「國家隱私與安全聯盟」（State Privacy and Security Coalition）非營利組織存在的目的，是確保任何新的州資料法律對其成員不構成成本負擔。該聯盟的企業會員包括臉書、谷歌、美國線上、雅虎（Yahoo）、Verizon和AT&T，每年支付3萬美元的「會費」。2012年，也是貝多亞和弗蘭肯首次嘗試通過聯邦位置隱私法案的同一年，該聯盟報告稱它「幫助阻止潛在有害的位置隱私法案在今年通過[56]，這些法案可能對我們的成員在基於位置的服務和應用方面造成重大風險。」

「他們當面對你很友善[57]，但在背後他們卻在摧毀你的事情，」貝多亞如此描述這些科技公司。這種策略更加令人憤怒，因為它起作用了。曾經有希望的位置隱私法案未能引起重視，貝多亞最終也沒有提出一項監管人臉辨識技術的法案。儘管自動化人臉辨識技術的能力和準確性呈指數級增長，但國會未能通過人臉辨識規定或任何其他隱私立法。儘管反覆被警告即將發生的事情，聯邦政府仍未採取行動。

沮喪的貝多亞離開弗蘭肯的團隊，在喬治城大學成立了一個專注於隱私和公民權利交叉領域的智囊團。幾年後，弗蘭肯本人也離開了參議院，儘管並不情願。在2017年的全球#MeToo運動期間，一系列女性指控弗蘭肯多年前對她們進行不當行

為。弗蘭肯否認了錯誤行為，但在來自民主黨同僚的壓力下辭去參議員職位，讓國會中一個堅決主張隱私保護需要的立法者離開了。

即使在聯邦層面沒有建立規則，臉書後來還是限制了其人臉辨識技術。其中一個重要原因是費卡迪瑪（James Ferg-Cadima）在2008年幫助制定的《生物特徵資訊隱私法案》（Biometric Information Privacy Act，簡稱BIPA）。這項法律多年來一直存在，直到集體訴訟律師注意到它，才開始受到矚目。2015年，首批七起[58]BIPA訴訟在伊利諾州提起，接下來還有數百起＊。其中一起訴訟針對臉書[59]，指控該公司於數年前在該州推出照片標記功能時，非法獲取一百六十萬名伊利諾州使用者的臉部特徵資料。每一次違規行為最高可罰款5,000美元，因此潛在的損害賠償金額高達驚人的80億美元。

起初，臉書辯稱其臉部特徵資料並未以任何方式對使用者造成傷害，希望藉此來擺脫訴訟。他們的身分沒有被盜用，他們沒有損失任何金錢。沒有生命或肢體的損失，只是一些臉部資料而已。然而，同樣的辯詞曾被六旗（Six Flags）遊樂園使用過。一個母親曾起訴六旗遊樂園，因為她的十幾歲兒子在學校郊遊期間的指紋被掃描用於入園。伊利諾州最高法院駁回六旗遊樂園的辯詞，認為法律規定，侵犯個人生物辨識隱私就構

---

＊ 科技公司開始小心謹慎，不收集伊利諾州的生物資料。當谷歌推出了一款名為Art Selfie的應用程式，允許使用者自拍並將其與名畫進行匹配時，伊利諾州的人們發現他們無法使用該應用。Alphabet（谷歌的母公司）旗下的智慧資安公司Nest銷售了一款門鈴攝影鏡頭，可以透過人臉辨識來辨識訪客並發送特殊警報，但該功能在伊利諾州不提供。索尼決定不在該州銷售售價2,900美元的機器狗Aibo，因為該機器狗被設計成能辨識人臉。

成了傷害。六旗遊樂園最終放棄抵抗[60]，以3,600萬美元和解了該案。

臉書嘗試了另一種策略。他們聘請著名的人臉辨識專家特爾克，他是麻省理工學院的畢業生，也是提出「特徵臉」方法的人之一，現在是一個電腦視覺教授，他建議禁止使用「臉部幾何」資訊的法律不應適用於臉書。在審查臉書的深度學習演算法程式碼後，特爾克提供專家意見[61]，稱臉書的系統是在查看圖像中的每個畫素，並建立臉部的數學描述進行匹配，而不是製作一個人臉部特徵的幾何地圖。法官對此區別是否有差別表示懷疑。為了避免在可能導致損失數十億美元的訴訟審判中冒險，臉書公司同意支付[62]6.5億美元的和解款項。

萊文德最終離開臉書，轉而在蘋果公司從事「機器感知」[63]工作。他曾幫助開發的人臉辨識帽子仍屬機密未被公開。在臉書的早期，該公司的座右銘是「快速行動，打破常規」，但在集體訴訟、政府審查以及與全球隱私監管機構的糾紛之後，祖克柏正式放棄了這個座右銘。臉書現在更加謹慎地行動。它不須要成為第一家推出具有全球影響力的人臉辨識產品的公司。它可以耐心等待，直到其他公司突破這個特定的禁忌。

## 第15章

## 身陷巨網

揭露Clearview AI真面目的人叫做馬丁尼茲（Freddy Martinez），他大多時間在一直揭發執法人員各種監視我們的方式。他有著深邃的黑眼睛、狹窄的臉龐和緊張的演說風格，這或許是作為一個職業偏執狂（professional paranoiac）的結果。他對員警可能濫用權力的警惕，源於當年在芝加哥一家高頻股票交易公司擔任技術支援工作時的一次抗議活動經歷[1]。作為墨西哥移民子女的馬丁尼茲，賺錢從來都不容易[2]，他雖然對這家公司的5萬美元薪水表示感激，但卻也讓他感到沮喪，因為他的工作是協助那些利用強大電腦軟體迅速買賣股票的交易員，讓他們能夠在市場其他人還未消化資訊之前行動。這加強了他對這個體系，對像他一樣一般薪資階層人士不公的感受。

在2012年[3]，一家因軟體錯誤而一天之內虧損數十億美元的交易公司很快得到同行的救助。馬丁尼茲知道，華爾街的貸款

人並不會向深陷債務危機的一般人伸出同樣援手。他本人有3.5萬美元的學生貸款，每月無盡的還款迫使他從事一份他討厭的工作。「當你有錢時[4]，你可以賺更多錢，」他說。「當你沒有錢時，他們會追討你欠的每一分錢。」

占領華爾街（Occupy Wall Street）的基層運動在他辦公室三個街區外搭起了帳篷。占領者們正在努力推動美國財富的重新分配，讓百分之一的人不再掌控大約四分之一的國家財富。雖然馬丁尼茲並不常走過占領芝加哥（Occupy Chicago）的營地，但這場運動在他的腦海中成為一種持續不斷的聲音。這個體系顯然是不公平的，彷彿社會的權力運作出了問題。

那年春天，北約（NATO）在芝加哥舉行峰會，討論如何應對美國主導已持續十年的阿富汗戰爭。占領芝加哥的反企業抗議者也強烈反對軍工複合體，當他們計畫進行大規模示威時[5]，憂心的市政府領導人派出大量警力作為回應。

馬丁尼茲決定加入抗議活動[6]。穿著黑色服裝的他搭乘火車前往市中心的格蘭特公園（Grant Park），那裡正聚集著人們，準備進行一場長達兩英里的遊行，抗議北約峰會。當馬丁尼茲離開火車站時，他經過一家Dunkin' Donuts甜甜圈店，就在這時，一大群身穿黑色的警察出現了，他們全副武裝，胸前和背後都有巨大的護墊。他們手持防暴盾牌和長木棍，頭戴有厚塑膠面罩的頭盔。馬丁尼茲覺得[7]他們看起來像《星際大戰》中的帝國風暴兵，但最引人注目的是，他們手中都拿著Dunkin' Donuts的咖啡，還有粉橘色的小袋子，裡面應該裝滿了甜甜圈。「這實在太有趣了，[8]」他說道。這些警察準備好迎戰，卻

停下來享受了一個典型的甜甜圈休息時間。

當馬丁尼茲舉起他的黑莓手機拍照時，兩名警察朝他跑來，大聲呼喊並揮舞著警棍。顯然，他們不希望自己被監視。他嚇得迅速轉身逃離，繼續前往格蘭特公園，那裡已經聚集了數千人。在反戰老兵演說之後，人群出發前往北約會議，沿途有防暴警察排列著。遊行在大部分時間都是和平的，直到最後，一些抗議者過於接近會議中心，警方拿出了長警棍；幾個人最終被送往醫院[9]，數十人被逮捕。

馬丁尼茲近距離目睹了這些衝突，甚至幫忙拉開一名示威者遠離警察。他自己沒有受傷，但他感到激勵，突然意識到社會不公與警察國家之間的連結；那些擁有財富和權力的人依賴執法機構打壓異議和維護現狀，因為他們喜歡現在的世界狀態。這一切讓他更加堅信社會的不公，以及貧富差距和權力的問題。

馬丁尼茲開始與更多占領運動中的人交朋友，尤其是那些對科技有興趣的活躍分子。其中一人有個猜想，認為警察使用一種被稱為「刺魟」（stingray）的監視設備來追蹤抗議者[10]，它可以讓手機誤以為它是一個訊號站。如果手機連接到這個設備，警察或許能記錄抗議活動中的人，並從他們的手機中提取數據。這些設備非常昂貴，可能價值超過10萬美元，據大家所知，只有聯邦機構使用，但馬丁尼茲決定深入研究一番。他向芝加哥警察局發出公開紀錄請求，但該部門無視他。他不斷跟進，但沒有得到任何回應。於是，他找到一位願意免費代理他的律師，並提起訴訟。整個過程花了六個月的時間，但最終警

察被迫交出文件，揭露芝加哥警察在三年期間一直在使用「刺魟」設備。

警方使用這些高科技設備的事成為國家新聞的頭條[11]，記者開始對馬丁尼茲進行採訪。儘管他有點不擅長社交，一位記者形容他是一個「坐立不安」的人[12]，但他為自己引起人們對政府監控問題的關注，感到非常高興。

馬丁尼茲最終搬到華盛頓特區，加入一家名為「打開政府」（Open the Government）的非營利組織工作，其中他的工作之一是提交公開紀錄請求。在2019年5月，他得知國會山莊上有一場關於人臉辨識技術「對公民權利和自由的影響」的聽證會。他透過C-SPAN的網路直播觀看這場聽證會。

在華盛頓特區，那是一個極度分裂的時期。開場發言者是一名民主黨人，他很快將領導對共和黨總統川普的調查。他與兩名總統親密盟友的共和黨人一起出席了聽證會。但是，人臉辨識技術的問題跨越派系分歧。一位後來成為川普幕僚長的北卡羅來納州議員表示，這項技術「觸碰到進步派和保守派的共同點，並促成聯合」[13]，即使是政治立場「截然相反」的人也是如此。他說：「我們對此非常認真，讓我們決定共同制定法律。現在就是時候，否則情況會失控。」

那場聽證會上，一個由專家組成的小組向國會議員彙報他們關注的問題，其中包括布蘭維尼（Joy Buolamwini）。她是一位加納血統的加拿大裔美國研究員，隸屬於麻省理工學院媒體實驗室，曾進行一項具有高知名度的研究，記錄了人臉分析

系統中的偏見。在她研發一個名為「Aspire Mirror」的產品時[14]，該產品在人注視時會反映出一個激勵人心的臉孔，比如網球明星小威廉斯的臉孔。但是，她使用的現成軟體無法辨識她的臉，直到她戴上一個白色的面具。當她調查包括微軟和IBM在內的四家公司聲稱能夠從人臉預測性別的產品時[15]，她發現這些產品在對淺膚色男性的預測效果最好，對深膚色女性的預測效果最差。她不僅對人臉分析技術的準確性表示擔憂，還擔心人們可能會受到這些技術的影響而失去自主的情況。

布蘭維尼在聽證會上表示：「我們的臉孔[16]可能是隱私的最後一道屏障。」她在書面證詞中指出，美國沒有訂出限制以防止「民間企業在未經同意的情況下收集人臉數據」[17]。她當時並不知道Clearview已經在大規模地進行這樣的活動。

另一位作證的律師名叫加爾薇（Clare Garvie），她在喬治城大學的貝多亞中心工作。加爾薇是貝多亞中心最早僱用的員工之一[18]，多年來一直研究執法機構如何使用人臉辨識技術。在2016年的一份名為《永久警戒：美國未受管制的警方人臉辨識》（*The Perpetual Line-up: Unregulated Police Face Recognition in America*）的報告中[19]，她的團隊揭發了有一・一七億美國成年人的臉孔受到執法機構人臉辨識搜尋的監視，並且有十六個州在刑事搜尋資料庫中還包含駕照的照片。

就在聽證會的前一週，加爾薇發布一份新報告[20]，詳細描述執法機構濫用人臉辨識技術的方式，其中包括一個特別令人不悅的例子：在一名隱約貌似演員哈里森（Woody Harrelson）的人在監控鏡頭下偷了啤酒後，紐約市警察局將嫌疑人的臉孔

放到他們的人臉辨識系統中，但沒有找到任何匹配的結果，於是他們又將哈里森的照片放入系統中進行搜尋，試圖找到匹配的結果。

「我的研究發現[21]，警方將只能被描述為垃圾的資料提交到人臉辨識系統中，期望得到有價值的線索，」加爾薇在聽證會上表示。「人臉辨識已經[22]比大多數人意識到的更普遍和先進，」她警告國會議員說：「我們應該預計未來它只會變得更加普遍使用。」

在觀看完聽證會後，馬丁尼茲立即開始調查人臉監控技術的普及程度。究竟有多少警察部門正在使用這種技術？他們是從哪裡購買的？他們花了多少錢？

他與自稱為「FOIA迷瘋狂女王」的利普頓（Beryl Lipton）合作[23]＊。利普頓在MuckRock工作，這是一個幫助人們使用自動化工具向政府機構申請公共文件的非營利組織，如果政府機構不回應，這些工具會持續發出請求訊息。馬丁尼茲和利普頓向數十個警察局傳送訊息，要求他們提供內部通訊、市場宣傳資料、培訓手冊以及與人臉辨識使用相關的合約或財務文件。這是一次漫無目標的撒網，但馬丁尼茲撈到了一條鯨魚。

2019年11月的一個星期五下午稍晚時間，馬丁尼茲坐在他位於華盛頓特區K街上的狹小辦公室中，準備放鬆週末時，收到了一封來自亞特蘭大警察局的郵件，回應馬丁尼茲四個月前提交的請求。在郵件中附有一個PDF文件[24]，當馬丁尼茲打開文件時，他看到的第一個詞讓他震驚不已：「特許機密，法律

---

＊ FOIA代表《資訊自由法案》（Freedom of Information Act），這是美國聯邦法律，賦予公民獲取公共紀錄的權利。該法案可以使公民向政府要求公開的文件和信息。

保密文件。」

這份備忘錄出現只有幾個月，日期是2019年8月14日，由小布希總統任內的訟務次長克萊門特撰寫，標題是「Clearview 科技的法律影響」。這是一封描述和辯護Clearview AI的信函。

「簡單來說，Clearview充當著一個公開可用圖像的搜尋引擎，」[25]克萊門特寫道，將其與谷歌相比。克萊門特表示，Clearview的資料庫中包含「數十億張公開可用圖像」，這是一個令人瞠目結舌的數字。馬丁尼茲從國會聽證會上知道，聯邦調查局的資料庫中僅有約三千六百萬張照片[26]。Clearview讓美國頂級執法機構看起來像一個不起眼的小角色。

根據克萊門特的說法，這個應用程式可以在社群媒體頁面、新聞文章照片、就業和教育網站以及其他「公共來源」中找到人物。這家公司不僅向警方出售人們的臉書照片，還已有超過二百個執法機構在使用這個應用程式。

克萊門特之所以寫這封備忘錄，是為了向潛在的警方客戶保證，他們使用這個應用程式不會犯罪。這家不知名的迷你公司聘請了全美最著名且費用昂貴的律師之一，解釋了為什麼這種特定版本的人臉辨識技術不是非法的。

但是馬丁尼茲是來自伊利諾州的，這是幾個對個資保護立法的州之一。感謝美國公民自由聯盟（ACLU）的律師費卡迪瑪（James Ferg-Cadima），伊利諾州要求公司在使用人們的生物特徵訊息之前必須獲得他們的許可。他對這項法律很熟悉，並確信Clearview的行為違反了這項法律。

他在網上找不到太多有關這家公司的資訊，只找到一個僅

有模糊口號的網站：「人工智慧，為了更美好的世界」。但是亞特蘭大警察局提供了其他三份關於Clearview的文件：一份標語是「世界上最好的人臉辨識技術結合世界上最大的人像資料庫。停止搜尋。開始解決」的宣傳手冊；一封包含公司價目表的電子郵件；以及一份來自2019年9月的購買訂單，顯示其價格非常便宜。根據訂單，亞特蘭大警察局同意支付Clearview僅6,000美元，以獲得三個年度使用許可。

Clearview AI已經突破了人臉辨識技術的界限，並將其銷售給執法機構，而其他人都不知道它的存在。

他再次查看文檔上的日期。它們是全新的。在馬丁尼茲提交公開紀錄請求後的幾個月內，法律備忘錄和亞特蘭大對Clearview技術的購買訂單都被找出來了。

馬丁尼茲列印出這些文件並放入背包。他家離辦公室大約有四十五分鐘的路程，通常會乘公車回家，但那天他步行回家，手機擺在面前，仔細閱讀Clearview的PDF文件。當他回到家時，他把這些頁面點開在床上，再次閱讀。這家不知名的迷你公司聲稱，它能做到的事情將意味著我們所知的隱私不復存在。

就在那個時候，馬丁尼茲聯繫了我。收到他的電子郵件時，我人正在瑞士，當時已經接近午夜。我立即打電話給他。

# 第16章

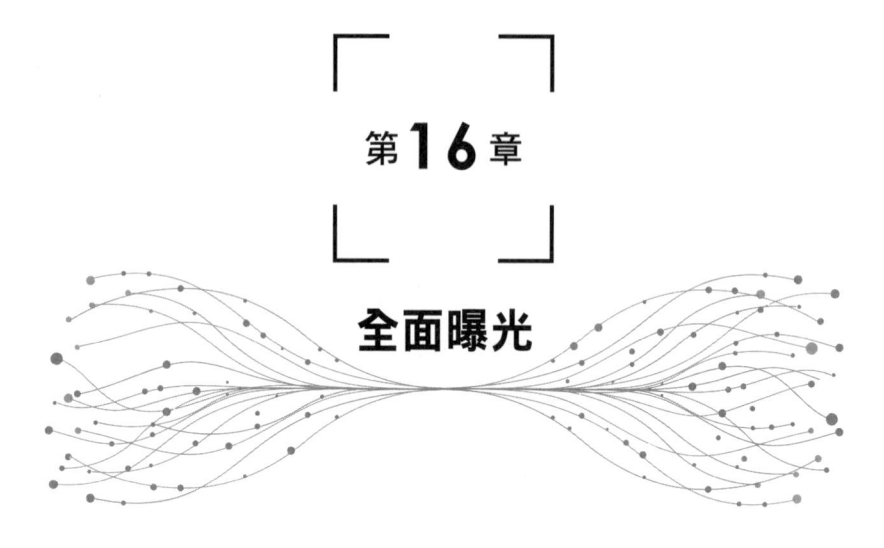

## 全面曝光

在與馬丁尼茲的通話一週後,我聯繫了嘉莉森,她似乎是Clearview的首席銷售人員。她的聯繫方式留在那份給予亞特蘭大警察局的宣傳手冊上。

「我是《紐約時報》的科技記者,」我在感恩節前兩天寫信給她。我還給她留了一條語音留言,但她沒有回應。

我試圖與接觸克萊門特,是他撰寫Clearview的法律備忘錄。我寫電子郵件給列在商業文件中的史華茲。我還聯繫了兩位潛在的投資者,彼得·提爾(Peter Thiel)和Kirenaga Partners。我給在領英網站上,由尊室歡虛構的Clearview員工留了一條語音留言。我說:「我在尋找一個名叫約翰·古德(John Good)的人。」

Clearview小團隊不確定該怎麼辦。後來我得知[1],他們決定採取硬拖的策略,希望我會失去興趣。只有史華茲態度冷淡

地打發：「我不得不大幅度減少我的參與[2]。一旦有機會，我會看看是否有人可以回覆你。」

尊室歡從臉書上看到我們有個共同的朋友[3]，一個與他一起踢足球，名叫基斯・杜曼斯基（Keith Dumanski）的人。杜曼斯基為一家房地產公司做公關，並曾在政界工作過。尊室歡希望也許我只是在做關於人臉辨識領域公司的基本概述[4]，而不是一個揭露Clearview的報導。杜曼斯基告訴尊室歡，他幾乎不認識我，但同意試著收集情報。

耶誕節前兩週，杜曼斯基發了一條臉書訊息給我，那是尊室歡起草的[5]。

當我向杜曼斯基要求他的電話號碼時，他沒有回應，因為他不知道如何回答我的問題。Clearview意識到他們需要一個專業人士的說明。

史華茲在1990年代與朱利安尼市長的市政廳共事期間[6]，他曾遇到琳登（Lisa Linden），一位專門從事危機公關的公關顧問，是在公關緊急情況下聯繫的適當人選。當紐約州州長史必哲（Eliot Spitzer）因涉嫌嫖娼醜聞而辭職時，他聘請琳登作為他的發言人。琳登是一個道地的曼哈頓人，曾在郊外別墅處的灌木叢中發現一個鳥巢，覺得十分新奇，於是她打電話給當地報紙讓他們拍照。

在杜曼斯基試圖獲取有關我的目標資訊失敗後的星期一，史華茲和尊室歡前往洛克菲勒中心的琳登辦公室尋求建議[7]。他們告訴她，一位《紐約時報》的記者找上門，但他們還沒有準備好公開，所以想知道如何讓我知難而退。當他們描述了我的

聯繫方式並展示一些資訊時，琳登向他們透露一個訊息[8]：這篇報導是無法阻止的。但她願意幫助他們度過這場風暴。

在一月初，經過一段回到澳大利亞的假期後，尊室歡與琳登花了數小時準備我可能會提出的問題[9]。他將成為公司的代表，而史華茲則留在幕後。在一個星期五的早晨，他和琳登去了一家在切爾西區（Chelsea）預訂的WeWork辦公空間進行我們的會面。尊室歡穿著一套藍色西裝和眼鏡；琳登帶來Tate's牌子的餅乾，有巧克力豆和燕麥葡萄乾口味。

尊室歡向我介紹了他自己、公司以及他們所擁有的非凡工具。他拒絕透露史華茲之外的參與者，他說他們最初是在曼哈頓研究所（一個保守派智庫）的一次書籍活動上相識的，儘管他在我問起時無法記起那本書的名字。這聽起來有些奇怪，當然，我後來才瞭解到實際上是由強森將他們介紹給對方的。我找到了一些業務紀錄，顯示該公司最初被稱為Smartcheckr，並且與一個親白人政治候選人有某種關聯。尊室歡說，他們將名稱改為Clearview並不是因為對Smartcheckr聲譽的擔憂，而是因為這更有助於塑造品牌形象。「當你在進行人臉辨識等活動時[10]，擁有漂亮顏色並且不怪異非常重要，」他說道。

他為公司所做的事情感到自豪，並表示他和史華茲已經做出了道德決定，只收集任何人都可以找到的公共圖像，當時已達到了三十億張人臉照片。他在描述公司的敘述時掠過了一些細節，表示他們決定僅將產品用於安全目的，因為那是人臉辨識的最佳應用場景：捕捉兒童犯罪者，而不是被他們利用。

「每一項技術都必須有存在的理由,[11]」他說。「不能只是推出去看看會發生什麼。」

　　Clearview在其行銷資料中聲稱擁有全球最準確的人臉辨識演算法之一。我問他們是否接受過協力廠商的審計,或者是否計畫將其演算法交給NIST進行測試。尊室歡表示,公司已經召集一個三人小組來測試該軟體;成員包括一位技術專家、一位前法官和一位城市政策專家。他們進行了一項類似美國公民自由聯盟(ACLU)與亞馬遜Rekognition合作進行的測試,對國會五百三十五名成員以及德克薩斯州和加利福尼亞州的立法者照片進行了測試。該小組確定Clearview的辨識率是「100%準確」,因為它為所有八百三十四名立法者「迅速且準確地」匹配了照片。儘管這並不是一項嚴格的測試,但它有助於宣傳Clearview優於亞馬遜的Rekognition。

　　我問他關於專門針對我的防備,以及為什麼搜尋我臉孔的警官沒有得到任何結果?「那一定是個漏洞(bug),[12]」尊室歡狡猾地暗示並否認對此事有其他瞭解。在德州幫助我搜尋的警官在搜尋我的臉之後不久接到了一位「來自Clearview的馬爾科」的電話。這不是軟體的「漏洞」。但是,由於我不希望我的消息來源,因未經警察部門官方批准就與我合作而陷入麻煩,所以我無法在當下問尊室歡有關該電話的問題。

　　「當時我們有一個系統[13],如果有人不當使用我們的產品,會給予警告,」尊室歡後來告訴另一位記者。幾個月後,一位國會工作人員[14]詢問該公司的安全部門負責人關於Clearview是否有能力查看警務人員的搜尋紀錄,得到的答覆是

該公司只對查詢數量較多的帳戶進行官方監控,而該公司的執行長尊室歡個人注意到了對我臉部的搜尋。強森後來表示曾嘲笑尊室歡在Clearview資料庫裡遮蔽我的臉,告訴他這樣做顯得「可疑」[15]。

然後,尊室歡向我示範了Clearview[16],以我和陪同攝影師的臉做試驗。Clearview找到了我們兩人的許多照片。即使我用手遮住我的下半臉,它仍然有效。它找到我幾乎十年前一次在舊金山的活動照片,那時我正在與一個採訪對象交談。我以前從未見過這張照片,更沒有想過它會在網路上。這讓我考慮到未來在公共場所與敏感消息來源見面時,我可能須要更加小心,我們可能被看到一起出現而輕易被認出來。

尊室歡打開了一個名為「此人不存在」(This Person Does Not Exist)的網站,該網站展示了由人工智慧生成看起來非常真實的虛假照片。他拍攝了其中一張臉部照片,並透過Clearview搜尋了一下。沒有任何匹配結果。

Clearview所做的事情令人震驚,但不是出於技術原因。像谷歌和臉書這樣的公司有能力構建像Clearview一樣的技術,但他們認為將其公諸於世是觸犯禁忌的。Clearview所做的重要之處不是科學上的突破,而是道德的套利。其他科技公司有充分的理由害怕越界,但尊室歡的團隊願意跨越那條界限。

「你們創造了一個可以找到我在網上所有照片的工具,那些我自己不知道的照片,」我說道。「你們決定將其僅限於警方使用,但這肯定無法持久。這將為盜竊者敞開大門,他們可能會更廣泛地提供這種工具。這是否會導致普遍的人臉辨

識,讓任何人在任何時候都會被辨識出來,無論情況有多麼敏感?」

他說:「我必須好好思考這個問題。[17]」

在採訪結束後,琳登和尊室歡走到外面等待車子來接他們。攝影師和我一起聚在對街,談論著採訪的情況。

「他們說這太瘋狂了,[18] 尊室歡後來在他們回顧這次會面時告訴琳登。「確實很瘋狂。這是人類史上第一次,能夠僅憑一張照片就辨識出一個人。」

「從今天開始,你的生活將會永遠改變。」琳登警告他。

尊室歡決定訂閱《紐約時報》[19],這樣他就可以在採訪一週後讀到出版的報導了。這個報導登在星期日版的頭版上[20],標題為「可能終結隱私的神祕公司」。

文章披露了Clearview的存在,其擁有數十億張臉部的資料庫,以及其被六百家聯邦和地方執法機構以及少數民間企業使用的情況,還有該公司為保持低調而進行的努力。該文章還透露了該公司可能會面臨的未來發展的一個提示。我們獲得了該應用程式的原始碼,我的同事兼技術專家克羅里克(Aaron Krolik),做出了一個出人意表的發現:程式語言表明Clearview的人臉辨識軟體可以運作在擴增實境(augmented reality)眼鏡上,特別是從未聽說過的兩家公司的產品,RealWear和Vuzix。尊室歡對這一發現輕描淡寫;他承認在他們的實驗室中設計了這樣的原型[21],但表示Clearview沒有計畫發布該產品。

在報導中,《紐約時報》特別強調了尊室歡的照片。從此,他和Clearview不再匿名。這與尊室歡十年前發生的事情類似,當時「高客媒體」網站曝光了他是ViddyHo背後的人。人們在派對上認出他[22]。他收到仇恨郵件。但他仍然對自己所建立的東西感到自豪,也因此引起了廣泛的關注。他說:「我就是點擊誘餌。」[23] 他對成名的渴望超過對聲名狼藉的恐懼。

其他後果則更為嚴重。美國參議院的隱私保護者——奧勒岡州的懷登(Ron Wyden)參議員和麻薩諸塞州的馬基參議員——要求尊室歡提供回覆。馬基在給尊室歡的信中寫道:「您的技術廣泛使用可能促成危險行為[24],並有效地摧毀個人匿名生活的能力。」

紐澤西州檢察總長格瑞渥(Gurbir Grewal)禁止該州員警使用Clearview AI,這是一個具有諷刺意味的情況,因為Clearview剛剛在它的網站上放了一段宣傳影片,講述它在紐澤西州「開門行動」(Operation Open Door)中所扮演的角色,該行動是針對兒童性侵犯者的誘捕行動。影片中還包含了格瑞渥在新聞發布會上談論逮捕十九人的片段。格瑞渥表示他不知道Clearview在調查中被使用,並對該公司「分享有關正在進行的刑事訴訟資訊」感到「困擾」[25]。Clearview隨即將該影片下架了。

蘋果公司撤銷Clearview的企業帳戶[26],該帳戶使Clearview能夠在App Store之外分發其應用程式,因為企業帳戶旨在將工作場所內部的應用程式私下分發給員工,而不是作為向警方和潛在投資者提供祕密超能力的途徑。

臉書、Venmo、推特、領英和谷歌傳送了禁止令函給Clearview，要求這家人臉辨識公司停止從它們那裡收集資料，並刪除已經擁有的任何照片。但它們並沒有進一步採取行動，可能是因為領英剛剛在與資料抓取者的高調爭鬥中失敗，而聯邦法院宣布在網路上收集公共資訊是合法的[27]。

全美各方對Clearview提起多起訴訟，並且該公司在媒體上備受指責。地方記者提出公開紀錄請求，以查看他們當地的警方是否在使用該應用程式。HuffPost的一位記者深入挖掘該公司與極右翼的關聯[28]。我聽說強森與Clearview有關，並與他聯繫，這通電話最終揭露了一個祕密，而Clearview為了保密竟然放棄了其10%的股權。

一位匿名消息人士向BuzzFeed News洩露Clearview的內部紀錄，其中包括超過二千二百個組織使用了該公司的應用程式，以及它們總共進行了近五十萬次的搜尋。

Clearview的做法代表了一個轉捩點。我們正處於一個世界的邊緣，在這個世界中，我們的臉孔將與我們的網路檔案永久連結在一起，這種連結將使我們永遠無法逃脫過去。這讓人們感到恐懼，以至於這家違反常規的公司似乎瀕臨毀滅，它對隱私的侵害太過劇烈，無法被忽視。

然而，一個更大的威脅出現了，再次將潮流從隱私轉向其他方向：一場大流行爆發。

PART 3
未來衝擊

# 第 17 章

# 「我他媽的為什麼在這裡？」（2020）

2020年1月的一個星期四下午，在我和尊室歡約定於WeWork進行採訪的前一天，梅莉莎‧威廉斯（Melissa Williams）接到一通來自底特律警察局的電話[1]。電話是關於她的丈夫羅伯特‧威廉斯（Robert Julian-Borchak Williams）。

「他需要自首。[2]」警官說道，似乎以為她和羅伯特已經分手了，視她為一個「孩子的媽」。梅莉莎認為這是種族偏見的表現；羅伯特是黑人，而梅莉莎是白人。事實上，他們是一對幸福的夫妻，育有兩個年幼的女兒，居住在底特律一個名為法明頓山（Farmington Hills）的富裕郊區。

「這是怎麼回事？」梅莉莎生氣地問道。

「我們不能告訴你，但他需要自首。」警官回答道。

「那你為什麼不給他打電話？」梅莉莎說道。

「嗯,你不能把訊息轉告給他嗎?」警官回答。

梅莉莎不知道該怎麼想。她正準備接送她五歲的孩子從幼稚園回家,沒有時間處理這種廢話。她告訴警官應該直接打電話給她丈夫,並提供了他的手機號碼。然後,梅莉莎掛斷電話,打電話給在汽車零件供應公司辦公室的羅伯特。梅莉莎自己從事房地產,並在兼職美食部落客。

「剛才我接到一個非常奇怪的電話,[3]」她對他說道。「你做了什麼?這是怎麼回事?」

她描述了那通電話的內容。羅伯特的四十二歲生日就在兩天後,所以他起初以為是他朋友在惡作劇。但當他和梅莉莎談話時,他聽到另一通來電的嗶嗶聲。他掛斷梅莉莎的電話,接起了另一通電話,是一個警官。這不是惡作劇。

「你須要自首。[4]」警官說道。

「為什麼?」羅伯特問道。

「我不能用電話告訴你。」

「那好吧,那我就不能自首。」

警官對此表示不滿。「你須要在我們到你的工作場所之前過來,免得引起騷動。你不想這樣吧,」他說。

「這到底是為什麼?」羅伯特堅持問道。

「我現在不能告訴你。只須要知道這是一個嚴重的問題,如果你自願投案的話,會比較容易處理。」羅伯特後來回想當時對話的內容,警官如此回覆。

「嗯,既然我不知道你在說什麼,也不認為我做了錯事,我不會自願投案的。」羅伯特說。他或許還對警官說了「去吃

屎吧」。然後他掛斷電話。

與此同時,梅莉莎帶著他們的大女兒茱莉婭(Julia)回到家裡。威廉斯一家住在一棟分層式住宅中,前面有一個漂亮的草坪,後面有高大的樹木。不久,梅莉莎的媽媽也到了,她把他們兩歲的女兒羅茜(Rosie)從托兒所接回來。

當梅莉莎和她媽媽交談,安頓好茱莉婭和羅茜時,她望出前窗,看到一輛巡邏警車駛進來,一輛黑色的道奇戰馬(Dodge Charger),側面刻有淺灰色的底特律警察字樣。直到此時,她才完全意識到事情的嚴重性。

兩名警察下了車,走向門口。「把羅伯特叫出來。」[5]其中一位警察說道。這兩位警察一定看到了車道上的兩輛車,並假設第二輛是屬於羅伯特的。

梅莉莎說羅伯特還沒回家,並再次詢問他們為什麼要找他;她愈來愈慌張了。就在這時,羅伯特恰好打電話給她。他正在開車回家,想知道晚餐應該買什麼。他完全不知道情況已經變得多麼嚴重。「這裡有訪客,」[6]梅莉莎說,慌亂但試圖保持冷靜,以免她的兩個小女兒感到不安。「有兩名底特律的警察在這裡。」

「他們在哪裡?」羅伯特回答道。

「他們在門口。」

「把他們趕出我們的房子,」他說。他能聽到背景中警察們問梅莉莎他在哪裡,什麼時候回家。「告訴他們等我到了就到了。」

梅莉莎掛斷電話後,再次問警察們到底發生什麼事。他們

回答說不能告訴她，然後重新坐上警車，從車道開出，開了幾個房子的距離停下來等待。梅莉莎的媽媽也離開了，她確信這只是一個誤會，很容易解決的。

十分鐘後，羅伯特將他的白色休旅車開進車道。警車快速地停在他後面[7]，將他封堵住。兩名警官，都戴著能記錄這一事件的密錄隨身攝影機，他們跳下車，在羅伯特還沒完全下車之前就衝上前去。他關上車門，警察們貼近他，把羅伯特困在他們和車子之間。

「你是羅伯特‧威廉斯嗎？」一個名叫塞勒姆（Mohammed Salem）的年輕警察問道，他站在靠近羅伯特的地方。

「是的，」羅伯特回答。

「你被逮捕了。我們有一份一級零售欺詐的逮捕令，」塞勒姆警官說。「你可以先──」

「零售欺詐？」羅伯特困惑地打斷道。

另一名警官，更高大、魯莽的阿里（Alaa Ali），向羅伯特走去，抓住了他的左手臂。

「──把手放在背後，」塞勒姆警官繼續說。「我可不想從底特律開車過來……」

「冷靜點，」羅伯特打斷道，以一種令人印象深刻的冷靜看著這兩個陌生人，彷彿保持局勢不惡化是他的職責，而不是警官的工作。

「不，不，不，不，不，不，」抓住羅伯特左手臂的阿里警官說道。「我們是警察。不要告訴我們要冷靜。這不是遊戲。不要在你的妻子和孩子面前表演。」

「你為什麼抓住我，兄弟？」羅伯特轉過頭問他。

「因為你被逮捕了，根據逮捕令。」

「我可以看看逮捕令嗎？」羅伯特問道。

「我們會在警車裡給你看逮捕令，」阿里警官說道，迫使羅伯特的手臂彎到背後以戴上手銬。

羅伯特怒氣沖沖[8]。他沒做錯任何事。他不是罪犯。「這是一個嚴重的誤會，」他說。

當羅伯特站在前院苦惱的時候，他不可能知道他的案件將成為美國首例因人臉辨識出現錯誤而錯逮的案例。他的妻子和女兒從屋子裡看著他。

阿里警官站在羅伯特的身後，試圖把他戴上手銬，但並不容易。羅伯特·威廉斯是一個高大的男人，超過六英尺高，體重超過三百磅。「看來，我得準備三銬了。」阿里警官對他的同伴說道，意思是他需要三副手銬來困住羅伯特的雙手。

「拿去。」塞勒姆警官說道，把自己的一副手銬交給他。

當羅伯特被戴上手銬後，警員的態度明顯平和許多。阿里警官走向警車拿取逮捕令，回來時拿著一張白紙，但他再三強調在他們坐上警車之前不會給羅伯特看逮捕令。

梅莉莎光腳站在房子前，看起來垂頭喪氣、悲傷。塞勒姆警官向她招手，告訴她應該拿走羅伯特的手機、錢包和錢，特別是錢，因為拘留中心會將他的現金放到一張儲值卡上，並收取一定比例的手續費。梅莉莎小心翼翼地避開車道上的雪。「你們要把他帶到哪裡？」她問道。

「底特律拘留中心（Detroit Detention Center），」塞勒姆

警官回答，然後他告訴了梅莉莎地址，「我會為你寫下來。」

「如果你想穿鞋子，我們還有時間，」阿里警官說，終於顯得有點同情心。梅莉莎默默轉身回到屋內。

羅伯特繼續詢問自己為什麼被逮捕。他指著阿里警官手中的所謂逮捕令說道：「我能看看這是什麼嗎？」

阿里警官將逮捕令遞給塞勒姆警官，後者確認了羅伯特的全名和出生日期，然後將文件遞給羅伯特閱讀。「店內行竊重罪，」羅伯特讀著聲音迷茫。「零售欺詐，一級。」

「還記得嗎？發生在兩年前，」塞勒姆警官說，彷彿這樣就解釋清楚了一切。

「不，」羅伯特搖著頭說道。

「我們不負責立案，」塞勒姆警官自顧自地解釋道，「文件只是送到我們的辦公桌上，然後我們來找你們，」阿里警官接著說道。塞勒姆警官繼續說：「無論你是殺人犯還是強姦犯，都與我們沒有關係。」

梅莉莎穿著鞋子，抱著兩歲的羅茜從房子裡走了出來，她聽到這番對話。

「嗨，羅茜寶貝，」羅伯特說，試圖讓自己的聲音充滿愉快。梅莉莎伸手進羅伯特的口袋拿他的東西。五歲的茱莉婭也走出房子，站在母親的身後。

「嘿，茱茱豆，你的外套在哪裡？」羅伯特問道，然後他看到她臉上的表情。她看起來很害怕。「他們弄錯了。沒關係。我馬上回來。進屋去，做你的功課。」

羅伯特感到恍惚，無法相信這種事情發生了。他試圖保持

儘可能冷靜。他知道錯誤的逮捕可能很快變成致命的情況。非武裝的人常常被警方射殺、電擊或掐死。羅伯特不希望成為執法過當辯論中的一個統計數據。

警官們帶著羅伯特走向警車，他們將座椅往前調以便將他塞進後座。梅莉莎再次問他們要把羅伯特帶去哪裡。

「搜尋底特律拘留中心。」阿里警官說。

「你們正把我丈夫當著我孩子們的面帶走，而事情只是……」梅莉莎說著，被阿里警官打斷了。

「我瞭解，」他說道。「但你看到了逮捕令。」

「我沒看到逮捕令。」她不悅地說道。

阿里警官走到警車前，坐進了助手座位。

「祝你們晚上愉快，」塞勒姆警官坐在駕駛座對梅莉莎說道。

隨後，警官們開車帶著羅伯特離去了。

在發生這一切的時候，沒有鄰居出來看[9]，但那時已經是下午六點。人們下班回到家，他們肯定在窗前看著，好奇羅伯特到底做了什麼。

梅莉莎帶著女兒們進了屋，她們開始哭泣。「爸爸去哪兒了？」[10]茉莉婭問。

拘留中心是一個由紅磚建築物圍成的校區，周圍有著帶刺鐵絲網的圍欄，位於底特律的東部。在前往那裡的四十分鐘車程中，警官們在車上閒聊著。

「你的車很不錯，」[11]他們說。「你的房子也很不錯。這是個寧靜的社區。」

對，對，對[12]，羅伯特想著。他唯一希望聽到的就是他被指控的罪名。

羅伯特抵達拘留中心時的記憶有些模糊不清。那裡的人拿走了他的皮帶、鞋帶和夾克上的束帶，以防他用來自殺。他接受搜身和體檢。他被拍下照片，取了指紋，然後被關進一個有十幾人的拘留室。

「你為什麼被抓？[13]」其中一個人問道。

「我不知道，」羅伯特回答。「顯然是店內行竊。」

「你偷了什麼？」

「我沒有偷任何東西。」

大約晚上九點半，羅伯特被允許打電話給梅莉莎。

「發生了什麼事？」她問。

他還是不知道。他們兩個都在努力回憶著。這到底是關於什麼事呢？

羅伯特不知道他會被困在那裡多久。如果他早上還沒回家，他請梅莉莎寄電子郵件給他的老闆，說他家裡有急事。這次缺席會打破他完美的出勤紀錄。

大約凌晨兩點，警官們來到牢房，喊著羅伯特的名字。他開心地拿起夾克，以為他要被釋放了。但他們來的目的是要採集他的口腔樣本，進行DNA測試。

羅伯特在牢房的混凝土長椅上度過漫長且失眠的夜晚。他在腦海中回想著他的所有朋友，是否有人陷入麻煩，並將羅伯特的名字提供給警察？他到底是怎麼落到這裡的？他希望能回家，睡在有妻子在旁的床上。或睡在沙發上。甚至是睡在餐桌

椅上。不論哪個地方都比這裡好。

第二天早上，他再次被戴上手銬，被帶到一個訊問室。裡面有一張桌子和三把椅子[14]。羅伯特坐下來，兩名白人刑警坐在他對面。其中一人遞給他一張紙，解釋他的權利，要求羅伯特大聲讀出來。當羅伯特讀著時，另一名刑警從文件夾中拿出一疊文件。

第一位刑警問羅伯特是否瞭解他的權利，然後問他是否想要作證供。「我甚至都不知道為什麼我在這裡，」[15]羅伯特回答道。刑警們說，除非羅伯特在面前的紙上簽字，放棄他的米蘭達權利（Miranda rights）並同意在律師不在場的情況下接受審問，否則他們無法告訴他更多訊息。其實這並不是真的[16]。他們可以告訴他發生了什麼，但這是一種有效的方法，使他同意接受審問。這就像警察局把卡夫卡（Franz Kafka）的《審判》（The Trial）當作培訓手冊一樣，旨在讓羅伯特長時間保持困惑狀態。這太荒謬了：警察怎麼能逮捕他，讓他在居留所過夜，然後一直拒絕告訴他原因？

在羅伯特簽字後，刑警問他在開始之前是否有問題想問。「是的，」他說。「我為什麼在這裡？」

他們解釋說，他們正在調查底特律市中心零售店的多起盜竊案。然後開始審問。

其中一名刑警從文件堆中拿出一張紙，放在羅伯特面前。上面是一個來自監視攝影機的靜止影像，顯示一個身材魁梧的黑人男子。

「幫個忙，」刑警說道。「那是你嗎？」

「不是的，」羅伯特說，幾乎笑了出來。他將該圖片舉到他的臉旁邊，讓刑警自己看。「一點也不像。」

他拍了一下紙，將其放回桌上。「我很生氣，」他說。「繼續啊。」

刑警又從文件堆中拿出一張紙。上面是另一個來自監視攝影機的靜止影像，看起來像同一個人，但穿著不同的衣服，戴著一頂紅色的聖路易斯紅雀隊帽子。他站在一家店裡。「這是你嗎？」刑警問道。

羅伯特覺得他和那個人看起來完全不像。他們只有體型健碩和皮膚黑這兩點相似之處。羅伯特甚至不是一個紅雀隊的球迷。

「不是，」羅伯特斷然回答。

「這不是你嗎？」刑警再次問道。

「完全不是，」羅伯特搖了搖頭回答。

刑警把第三張紙放在他面前，是那個男子的臉部特寫。

「那張也不是我，」羅伯特說道。「你們看不出來嗎？」

刑警們盯著他，然後尷尬地整理著他們的文件，一片沉默。

「其實，我們對其中一張照片進行了人臉辨識，」刑警說道。羅伯特點了點頭表示理解。

刑警拿起第四張紙，一份「調查線索報告」，並向羅伯特展示。上面有那個戴著紅雀隊帽子男人的圖像，旁邊則是羅伯特的駕照照片，他脖子上戴著一條灰色圍巾，寬闊的額頭稍微傾斜，鬍鬚修整得很整齊，眉毛揚起，臉上帶著一絲傻氣。

「那不是我，」他指著戴帽子的男子說道。然後他指著自己傾斜著頭的照片說道：「這是我。」

羅伯特並不知道申請駕照意味著，他的照片會被放進一個永久性的人臉辨識系統中。

刑警問他是否曾經去過辛諾拉（Shinola）精品店，這是一家位於底特律時尚區中城（Midtown）的高檔精品店，出售手錶、自行車和皮革製品。

「2014年的夏天，他們剛開業的時候，」羅伯特回憶道。他記得是那一年，因為他和妻子帶著他們的嬰兒茱莉婭去過那裡。「但我們之後再也沒有去過了。」

其中一名刑警臉上露出無奈的表情，但他們繼續質問羅伯特，問他是否去過瓦維托斯（John Varvatos）高端男裝店。羅伯特表示他從未去過那裡。對話的語氣有些變化。至少其中一位刑警似乎確信他不是他們要找的人。

羅伯特戴著百年靈（Breitling）手錶。「我手錶的價值是辛諾拉的八倍，」他說。其中一名刑警問他是否曾經典當過手錶。羅伯特說他曾經典當過一只百年靈手錶，而且是幾年前的事了。刑警隨即承認他們已經知道這個事實。但原本似乎可以當作證據的東西，現在看起來只是一個不想要他之前所買的手錶之人。那位似乎確信羅伯特無罪的刑警用悲觀的表情看著他的搭檔，然後轉回面對羅伯特。「你有什麼問題嗎？」他問道。

羅伯特回答道：「是的，我他媽的為什麼在這裡？」

兩天前，羅伯特‧威廉斯因為另一名男子在2018年10月闖入一家辛諾拉精品店偷了一些手錶而被捕。

這位身材魁梧的男子戴著紅雀隊的帽子，在星期二下午五點多進入辛諾拉精品店。根據警方報告[17]，一位辛諾拉員工向這位不是羅伯特的人表示問候，該人穿著一件黑色夾克，手提一個粉紅色的T-Mobile購物袋。這名不是羅伯特的人將粉紅色袋子放在入口附近的一個桌子上，然後走到門市後面的男士區域。

一個陳列架使這名男子不被員工看到，但一台由中國公司海康威視（Hikvision）製造的監視攝影機捕捉到接下來發生的情景。這個不是羅伯特的人四處張望，確定沒人注意他後，從陳列架上拿起價值3,800美元的五只手錶，塞進他的夾克裡。然後，他走到桌子那裡拿起他的粉紅色袋子，走出門市。他只在店裡停留了幾分鐘。

不久之後，一位員工注意到遺失的商品並向辛諾拉簽約的保全公司報告情況。一週後，該公司的一名調查人員回顧當天的監控影片，找到竊盜畫面，並將一份副本送給了底特律警方。

五個月過去，這個案件似乎毫無進展。監視攝影機位於商店的天花板附近，從上方捕捉到這名竊賊的身影，但他的前額被帽子遮住了。這並不是一個完美的臉部照片，但卻是唯一的線索。

密西根州擁有一個包含近五千萬張照片的人臉辨識資料庫，其中包括警方為嫌犯拍的照片、密西根州駕照和身分證照

片等。密西根州使用了兩種不同的人臉辨識演算法來搜尋這些照片[18]，這兩種演算法都在NIST的人臉辨識供應商測試中表現出色。

在此前一年[19]，如NIST在其報告中所述，該機構曾經對演算法偏見，或者所謂的「人口統計效應」進行了研究。然而該測試存在一些限制：它是使用相對高品質的政府圖像進行的，例如警察照片和簽證申請的正面照。這些演算法尚未使用最有可能由警察在調查中使用的那種圖像進行測試，比如辛諾拉精品店監視攝影機的截圖。即使如此，NIST發現了明顯的問題；在他們測試的近二百個演算法中，性能在多個因素（包括種族）上存在明顯差異。媒體普遍認為人臉辨識技術存在偏見[20]，但實際研究結果比這更複雜；正如專家加爾維（Clare Garvie）所說，有好的演算法也有壞的演算法[21]。

NIST在人臉辨識方面進行了兩種測試：一對一（1:1）搜尋，比較兩個臉孔以確定它們是否是同一個人，以及一對多（1:n）搜尋，從一個包含眾多人的大型資料庫中尋找一個臉孔。最嚴重的偏見問題發生在用於解鎖智慧型手機的人臉辨識上。如果被檢測的人是女性、黑人或亞洲人，使用這些演算法的智慧型手機更有可能將其鎖住，或者讓看起來像他們的其他人解鎖。

這通常是因為設計該演算法的公司，在訓練其神經網絡時不夠充分：例如，它只提供了中年白人男性的照片。由此產生的演算法可能在區分白人男性方面表現出色，但在辨識女性、黑人、亞洲人或老年人方面可能不那麼準確。這在過去是電腦

視覺面臨的問題,但經過多年令人尷尬和冒犯的錯誤後,如無法檢測黑人臉部的網路攝影機[22](2009年),將黑人視為大猩猩的圖像辨識[23](2015年),只能為白人的手提供肥皂的肥皂分配器[24](2017年),大多數人工智慧產品背後的工程師終於開始意識到問題所在。他們需要用多樣化的資料庫來訓練他們的軟體,以便能在不同的人身上有效運作*。不僅僅是誰被包含進去的問題,攝影本身的物理性質也可能是一個問題。

一些專家對攝影機的基礎技術提出了質疑,認為這些技術可能是為了更好捕捉顏色較淡的皮膚色調而設計的。在數位相機之前,這種現象早有前例;在1950年代,柯達公司向照片沖洗店發放了一張「雪莉卡」(Shirley Card)[25],用以校準印刷機器,以便沖洗出卡片上女性照片的最佳版本。最初,雪莉的模特兒是白人女性。無論是膠卷還是印刷機器,它們都是為了較淡膚色的人進行優化,使其他人在照片中曝光不足或過度曝光。直到1970年代,柯達公司才意識到存在問題,更改膠卷配方,以便捕捉更廣泛的深色調顏色,並使雪莉卡上的女性多樣化。但問題直到21世紀仍然存在[26];在昏暗環境中,攝影師和電影導演仍然需要更有意識地打亮黑人主體,以確保他們的臉孔能很好地被相機捕捉到。

根據NIST對大型資料庫搜尋的測試,糟糕的演算法存在偏見問題,特別是在涉及到黑人女性的情況下。但最準確的演算法在測試中幾乎沒有偏見。它們對所有人口統計數據同樣有效,整體準確率在良好條件下接近100%,在更具挑戰性的情境中超過90%。

---

* 儘管如此,這些錯誤並沒有立即停止。就在2021年,一位用戶在臉書網站上觀看關於一群黑人男子的新聞時,卻收到一個由人工智慧驅動的提示,建議「繼續觀看有關靈長類動物的影片」。臉書公司對此道歉並禁用該推薦功能。

這些演算法本身並不具有天生的偏見；它們的性能是基於它們被輸入的數據。意識到這一點後，公司們不惜代價獲取更多樣化的資料庫。中國公司在與非洲國家達成協議並安裝人臉辨識系統時表示[27]，他們需要多樣化的臉孔來改進他們的技術。在2019年，谷歌要求一名承包商從皮膚較深的族群中收集現實世界的人臉掃描數據[28]。據報導，這名承包商將目標對準無家可歸的人和大學生，並給予他們價值5美元的禮券作為補償。谷歌的高層主管後來表示對該承包商的策略感到不安，因為公司只是試圖確保其安卓系統的臉部解鎖功能「能夠在不同膚色和臉型之間運作正常」。

這些類型的實驗所得到的演算法成果在NIST的排行榜上名列前茅。密西根州使用的兩種高評價演算法——一種來自日本科技巨頭NEC，是1970年大阪世界博覽會上明星臉性格占卜的創造者，另一種來自科羅拉多州的一家名為「頂流計算」（Rank One Computing）的新公司，據稱無論嫌疑人的種族、年齡或性別如何，這兩種演算法都能良好運作。但即使是一個非常準確的演算法，在一個存在不平等和結構性種族歧視的社會中使用，也會產生種族歧視的結果。

密西根州警察局的一名數位圖像分析員庫兒申（Jennifer Coulson）[29]對辛諾拉精品店內扒手嫌疑人的臉部進行搜尋。庫兒申是一名前假釋官，接受過特殊的人臉辨識搜尋培訓[30]。FBI提供的課程以及人臉辨識供應商都介紹了技術的局限性，強調搜尋圖像的高品質以及在確認可能是同一個人的潛在匹配時應

考慮的線索。然而，批評者認為，所謂的培訓往往過於關注如何使用軟體，而缺乏實際進行人臉比對這一極為困難的人工任務——面對由電腦提供的許多相似臉孔，其中可能根本沒有所要尋找的人。

在庫兒申提交辛諾拉精品店內扒手的截圖（探測圖像）後，人臉辨識系統生成其最佳猜測：按照可能是同一個人的順序，排列了二百四十三張照片[31]。威廉斯傻氣的駕照照片在名單上排名第九，庫兒申決定這是最佳選擇。

在2019年3月，庫兒申為底特律警察局生成了這份調查線索報告。報告中包括了探測圖像和羅伯特的駕照照片，以及他的姓名、出生日期和駕照號碼。在照片上方的是所有人臉辨識報告被要求至頂的訊息：「**本文件不是確定身分的依據，僅為調查線索，不能成為逮捕的合理理由。須進一步調查以作為逮捕的合理理由。**」

這正是技術提供商和執法人員在為使用人臉辨識技術辯護時經常強調的內容：它僅僅是案件中的一個線索，一個調查線索，而不是確鑿的證據。但這忽視了已知的確認偏見（confirmation bias）現象。通常情況下，一旦執法人員有了嫌疑人，他們就會開始假設該人有罪，並對任何證據持肯定態度，即使這些證據很薄弱，例如一個被指控偷盜手錶的人曾經典當過一只手錶。

一旦庫兒申和演算法指向了威廉斯，調查人員應該開始尋找獨立的證據，例如他手機的定位數據，或者證明他擁有嫌疑人當天穿著的衣物，但他們似乎沒有進行這樣的深入調查。

相反地，他們只是找了另一位認為那天走進辛諾拉精品店的男子，長得像羅伯特・威廉斯的人。

在盜竊事件發生至少五個月後，員警與辛諾拉精品店取得聯繫，稱他們希望一位在場目擊犯罪發生的員工去查看一組照片。當天在現場的員工拒絕了這個請求，因為已經過去了幾個月，他們記不清那個人的長相了。

於是調查人員去找了辛諾拉精品店保全公司的那位女士，她曾經審查過監視錄影，並向警方提供那次店內偷竊事件的片段。他們向她展示六個黑人男子的照片，包括羅伯特。然而，她當天並不在場，她從未與戴著紅雀隊帽子的那個人見過面或看過他本人。她只是在電腦螢幕上觀看偷竊過程。她手機上保存了一張從監視錄影中截取的影像；她比對著這張影像，再看了照片，然後同意庫兒申和電腦的說法，認為羅伯特・威廉斯最像影像中的那個人。這位女士和庫兒申一樣是白人，這一點很重要，因為研究人員發現人們在辨識與自身不同種族的人臉時表現較差。然而，執法人員決定這已足夠作為起訴羅伯特的證據。

正因此羅伯特被逮捕，這不僅僅是演算法犯了錯的簡單問題，而是一連串人類做出錯誤決策的結果，並且在這過程中使用了有缺陷的技術。

在警察完成審問後，他們拿水給羅伯特[32]，然後再次戴上手銬，帶他回到拘留室。事實上，他們並不是發出逮捕令的人，他們只是在調查嫌疑人的相關盜竊案件。他們表示無法

干涉他的案子。他當天必須在法庭上出庭，正式以不認罪為辯護。只有在這之後，他才以1,000美元的保釋金獲釋，這個金額相對較低，因為他沒有犯罪紀錄。

羅伯特在生日前一天晚上約十點左右離開了拘留中心。他在雨中等待著梅莉莎來接他。

然而，噩夢還沒有結束。他被指控犯有重罪。威廉斯一家聯繫了辯護律師，他們報價至少需要5,000美元來代表他。

「我是無辜的[33]，他們根本沒有任何證據。」羅伯特說道。

「你被指控犯有重罪，所以我必須收取重罪的價格。」一位律師回答道。

梅莉莎在推特上向密西根州美國公民自由聯盟（ACLU）的某個人發了條推文，內容是：「我想和你談談底特律的人臉辨識技術以及我們的家庭。」

ACLU的員工回覆說：「寄封郵件給我。」不久，該組織開始幫助這對夫婦找到了一位律師。

透過IG，羅伯特能夠弄清楚在2018年10月那個星期二晚上發生竊案時他在做什麼。他當時正在從工作回家的路上，並在他的私人帳號上發布了一段影片，當時播放著他喜歡的一首歌：1983年的〈迷宮〉（Maze）和貝弗利（Frankie Beverly）的〈我們一家〉（We Are One），這是一首爵士曲風，關於彼此更加人性待人的歌曲。如果底特律警方有用心調查的話，這就是他的不在場證明。

在他被逮捕的兩週後，羅伯特請了一天假去韋恩郡

（Wayne County）法院出庭。由於對他的證據薄弱，檢察官要求法官撤銷此案，但是「不影響實體權利」，意味著羅伯特以後仍有可能被指控同一罪行。

幾個月後，美國公民自由聯盟（ACLU）介紹我認識羅伯特和梅莉莎。我對他們進行了訪問，調查發生的事情，並在《紐約時報》的頭版上發表一篇標題為「被演算法錯誤指控」的報導。

檢察官辦公室發表了一份遲到的道歉作為回應，並承諾清除羅伯特的指紋資料。「這絲毫無法彌補威廉斯先生在監獄中度過的時間，[34]」檢察官辦公室表示。

底特律警察局長承認在羅伯特案件中的警察工作是「馬虎的」[35]，但表示他仍然認為人臉辨識技術是一種有價值的調查工具。該城市已決定不在較輕微的犯罪，如竊案中使用人臉辨識技術。他們只會在暴力犯罪和家庭入侵等嚴重犯罪中使用，這些犯罪理論上需要調查人員更加努力地收集證據。

然而[36]，沒有人打電話給羅伯特和梅莉莎表示道歉。這件事帶給他們巨大的壓力[37]。到了2020年底，羅伯特發生多次中風。有段時間，他的半邊臉癱瘓了。在2021年初，羅伯特和梅莉莎對該城市提出不當逮捕的訴訟，這個案件在本書撰寫時仍在進行中。

羅伯特的故事公開後不久，底特律又出現了第二起誤認案件[38]。一個小偷被記錄在盜取一部智慧型手機，而人臉辨識技術導致一名探員（同樣是負責羅伯特案的那位）將一個名叫奧利佛（Michael Oliver）的男子指控並逮捕。但是奧利佛明顯不

是同一個人,他的手臂上有大量紋身,而偷手機的人膚色較黑且沒有紋身。

在第三起案件中[39],紐澤西州的一名男子因為一次糟糕的人臉辨識比對而在監獄中待了一個多星期。馬里蘭州也有第四名男子[40]。接著是第五起案件[41]:一個名為里德(Randal Reid)的二十八歲男子被喬治亞州警方逮捕,因在路易斯安那州的二手店用盜刷信用卡購買設計師手提包而被關押了一星期。但是里德從未去過路易斯安那州,犯罪發生時他正在五百英里外工作。一名探員使用人臉辨識技術,根據一張監控攝影機的照片辨識出一個看起來很像里德的男子。這位探員所屬的機構與人臉辨識供應商Clearview AI簽訂了一年價值2.5萬美元的合約[42]。

在上述每一起案件中,被錯誤逮捕的都是黑人。

在羅伯特被逮捕的一年多之後[43],這件事仍然困擾著他們的長女茱莉婭。她會在最奇怪的時候提起這件事情。有一個夏天的午後,當羅伯特和梅莉莎正在除草時,茱莉婭把每個人都招進屋子裡開了個家庭會議。她關上窗簾,說找到那個在辛諾拉精品店偷走手錶的人很重要。茱莉婭畫下了她心目中的竊賊形象。

「我不知道什麼時候這件事才能結束。[44]」羅伯特說。

# 第18章

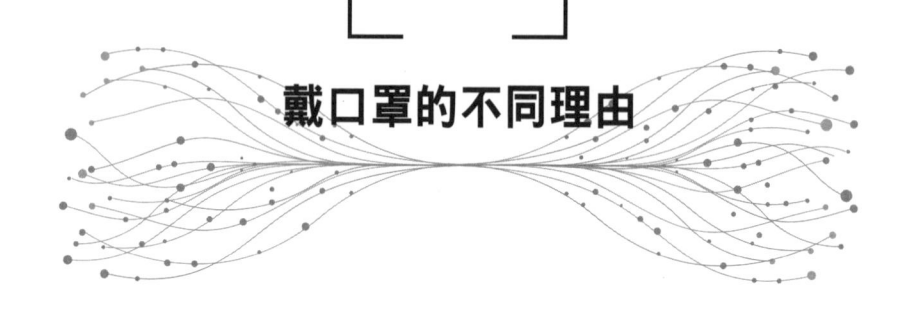

# 戴口罩的不同理由

在2020年1月初,正是Clearview被公開的同一個月,世界衛生組織(WHO)報告中國武漢出現一個「肺炎病例群」。到了1月中旬,科學家已經確定元兇,一種他們從未見過的病毒,命名為SARS-CoV-2。它引起類似肺炎的疾病被稱為Covid-19。一天之內,泰國報告了第一宗中國境外的Covid-19病例。到1月底,全球幾乎有八千個病例,世衛組織宣布進入緊急狀態,這是一次大流行病爆發。

在接下來的幾個月裡,這個病毒以驚人的速度在全球蔓延。病例數量不斷攀升。許多感染者失去了嗅覺和味覺。一些人無法呼吸,需要使用呼吸器。醫院床位滿了。看似健康的人感染了病毒,在一個月內去世。許多人倖存下來,但出現了長期症狀:持續的咳嗽、心臟雜音、神經系統問題。

那是一個可怕的時期,部分原因是因為世界對這種疾病的

瞭解非常有限。起初，人們戴手套、消毒食品，深信病毒是透過接觸傳播的。但事實上，它是存在於我們周圍的空氣中，從某個肺部呼出，再被另一個人吸入。

政府下令封城，要求每個人待在家中，試圖停止這疫情無情的蔓延。全球經濟陷入驚人的停滯。數億人感染了這種病毒，數百萬人因此而死亡。人們的臉被口罩遮蔽，連同對於如何追蹤他們的爭議也隨之消失。疫情優先於隱私。

Clearview AI似乎對於從新聞頭條中消失感到失望，並試圖從這場危機中獲利。2020年3月[1]，《華爾街日報》報導稱，該公司與未具名的州機構進行「討論」，「探討使用其技術來追蹤新冠病毒感染的患者」。這個未經證實的聲稱聽起來像是新創公司的炒作，但該公司的軟體確實在理論上可以用於追蹤患有Covid-19的人以及他們接觸過的任何人。

有報導指出，韓國[2]、中國[3]和俄羅斯[4]正在追蹤人臉，以試圖控制病毒的傳播。在出國旅行後[5]，一位莫斯科居民被命令在家隔離兩週；幾天沒有出現症狀後，他決定出去放風一下，把垃圾帶到大樓外面。三十分鐘後，警察出現在他的門口。新聞報導暗示他被人臉辨識攝影機拍到了。

美國的政策制定者是否也在考慮對美國人進行如此程度的監控？他們是否真的在考慮聘請Clearview來執行這一點？

「我們不能讓像Clearview這樣的公司，利用對於Covid-19接觸追蹤的需求來建立暗中監控網絡，」參議員馬基在2020年4月底對《華爾街日報》報導作出回應時在推特上寫道。「我擔心，如果Clearview參與我們對於Covid-19的應對工作，他們

侵犯隱私的技術將變得正常化,這可能意味著我們在公共場所的匿名活動能力將結束。」

加州的民主黨州議員周本立(Ed Chau)曾試圖通過一項法案[6],為民營公司和政府機構使用人臉辨識技術對抗Covid-19鋪平道路。但是,該法案並未獲得支持[7]。並沒有出現任何公共合約表明Clearview參與與疫情有關的工作。在那段時間,Clearview AI和許多其他人臉辨識技術公司所做的是調整他們的人臉辨識系統,使其能夠辨識佩戴醫療口罩和N95口罩的人。他們使用這些人戴口罩的圖像來訓練他們的軟體,以確保它們仍然能夠辨識那些採取Covid-19預防措施的人。

這對Clearview的壓力有所減輕。所有媒體的關注引起了爭議,但也讓更多執法機構意識到這家公司的存在,從而帶來新的試驗和新的客戶。Clearview試圖向公眾保證,他們的工具只會在司法服務中使用,關閉那些非執法人員使用的帳戶,並在其網站上發布了一份「行為準則」:「Clearview AI的搜尋引擎僅供執法機構和選定的安全專業人士作為調查工具使用,其結果僅包含公共訊息。」

在這個報導公開之後的幾個月裡,當Clearview試圖從投資者那裡籌集另外2,000萬美元時,史華茲私下傳播了一個簡報[8],暗示Clearview仍然試圖向企業銷售其產品。根據該簡報,Clearview在2019年的收入達到100萬美元,並且正在成長。自從第一篇《紐約時報》的報導刊出以來,每天的新註冊用戶數量增加了一倍,每天的搜尋次數從1,384增加到了2,408次。根據這份簡報,房地產公司和零售商正在使用Clearview的洞見攝影

（Insight Camera）產品，該產品可以辨識進入建築物的人。Clearview計畫將其軟體提供給「共享經濟和其他商業用戶」，作為一種背景檢查工具。

這份簡報中引用我在《紐約時報》的揭露報導，儘管我的原意並不是出於讚揚：「Clearview的技術遠遠超越美國政府或矽谷巨頭建立的任何系統。」

麥迪遜廣場花園（Madison Square Garden）是紐約市的一個標誌性場館[9]，既是尼克（Knicks）籃球隊和遊騎兵（Rangers）曲棍球隊的主場所在，也是著名音樂家和喜劇演員的表演場地。該場館最初曾嘗試使用Clearview的工具，但最終在2018年轉而採用來自其他供應商的人臉辨識技術，表面上是為了拒絕已知的擾亂秩序者和安全威脅進入場館。然而，最終該場館將這項技術用作懲罰措施。

在2022年，麥迪遜廣場花園將數千名律師列入其人臉監控名單中[10]，原因是他們所在的律師事務所曾經起訴該娛樂巨頭或其旗下眾多餐廳和活動場所之一。當這些被列入名單的律師試圖進入該場所的音樂會、節目和比賽時，他們會通過金屬探測器，攝影機會掃描他們的臉部，並將其與所在律師事務所網站收集的照片進行比對。一旦他們的身分被確認匹配，安全人員會將他們攔下，核實身分並告知他們在相關案件解決之前不受歡迎。這種情況發生在與案件無關的律師身上，只因他們剛好受僱於相關的律師事務所。

如果沒有人臉辨識技術，這種禁令無法有效執行。我們大部分的反歧視法律都基於那些一眼就能看到的類別，比如種

族、性別和身體障礙等。Clearview等技術將使新一輪歧視成為可能，讓企業可以根據藉由人臉辨識得到的網路資料，判斷是否要拒絕一名顧客。企業可能利用這項技術，拒絕為留下負評或不同政治理念的人提供服務。有些商店可能會拒絕反疫苗者，而另一些商店可能會拒絕激進的左翼分子。

對於Clearview所面臨的反彈，潛在投資者感到恐慌，這使得該公司難以籌集新的資金。與此同時，現有的投資者史卡佐對公司過於謹慎的公開訊息，感到沮喪[11]。他之所以投資於Clearview，是因為他相信該公司將改變世界，像谷歌一樣普遍存在，這種普及性將使他等早期投資者獲得巨大回報。但現在Clearview卻將自己局限於只與警方合作。史卡佐表示：「他們在限制視野[12]，這不是一種商業模式。」他不願意成為一個僅僅是政府承包商的投資者，無法獲得他所期望的回報。

尊室歡和史華茲告訴他[13]，這是有策略性的。明確將其定位為專門用於警方的工具，將有助於該公司在訴訟中取勝，因為考慮到在全美對打擊犯罪的尊崇地位。但這並未使史卡佐感到安心。Clearview之所以領先於其他競爭對手，僅僅是因為潛在競爭對手感到害怕。如果贏得訴訟，將為更大的科技巨頭打開道路[14]，他們會迅速進入並接管市場。史卡佐表示：「他們現在所走的道路和他們本可以走的道路之間的差距有1兆美元，讓它自由發展！而他們卻在人為地限制它。如果這個工具直接面對消費者，它可能在四天內就會擁有五千萬用戶。」

他曾以為尊室歡和史華茲像Uber執行長卡蘭尼克（Travis Kalanick）那樣有勇氣。卡蘭尼克在全球推出他的叫車應用程

式,無視訴訟和監管機構對他的顧慮,並警告他這種商業模式並不合法。史卡佐表示,Clearview已從一艘火箭飛船變成「律師們的搖錢樹」。

這還不是全部,它還成為了全球隱私監管機構的出氣筒。

## 第19章

## 我要投訴

2020年1月,三十一歲的馬克斯(Matthias Marx)讀完《紐約時報》關於Clearview AI的報導後感到非常困擾[1]。他是一名非常關心網路隱私的科技人員。作為漢堡大學的博士生,他建立了一些工具,幫助人們避免無意中在網路上洩露自己的資料。同時,他還是混沌電腦俱樂部(Chaos Computer Club,一個專注於保護數位權利的駭客集團)的成員。

儘管馬克斯認為自己對人們數位軌跡被追蹤的不同方式有相當瞭解,但他對其中之一的人臉辨識也不甚清楚。當他閱讀關於Clearview AI的報導後,他想知道這家聲稱已經集結數十億臉部資料庫的美國公司是否擁有他的照片。

於是,他傳送了一封電子郵件給該公司。他寫道:「親愛的先生或女士[2],請提供我個人資料的使用許可。」他附上一張數位大頭照。照片中,他站在外面穿著一件黑色T恤,與他

蒼白而布滿雀斑的皮膚形成鮮明對比。他有一雙的藍色的眯眯眼，一個挺拔的鼻子和粗壯的脖子。照片拍攝時，他露出狡猾的笑容，金色略長的頭髮在風中飄舞。

這可能看似是一個奇怪的要求，公司可能會忽視或刪除這樣的郵件。畢竟，總部位於紐約的Clearview AI擁有數百萬人的資料。它怎麼可能花時間回應某個來自德國研究生對自己訊息的要求呢？

其實，Clearview沒有選擇。根據歐洲法律的規定[3]，該公司必須在三十天內回應馬克斯的請求。如果Clearview希望在歐洲推銷其人臉辨識工具（當時正試圖這麼做），它必須尊重歐盟公民的一項基本權利：「訪問關於他或她的已被收集資料，以及有權糾正該資料」。這項權利於2018年得到加強和鞏固，當時歐盟實施了世界上最嚴格的隱私法，名為《一般資料保護規則》（General Data Protection Regulation，縮寫GDPR）。馬克斯不僅有權要求Clearview AI提供他的任何照片，他還有權要求該公司刪除這些照片。

但馬克斯並不認為會這樣發展下去[4]。事實上，這個請求有點像是一種玩笑。他是一個喜歡隱私的人，不喜歡在公開的網路上放自己的照片，所以這家美國公司資料庫中看起來不太可能會有他的資訊，但是值得一試。

一週後，馬克斯收到了Clearview的回覆，誤稱他為「克里斯蒂安」（Christian），要求他提供政府核發的身分證明。電子郵件來自privacy-requests@clearview.ai，它說「我們需要確認您的身分，以防止虛假登入請求」。Clearview須要確保馬克斯

確實是馬克斯，而不是試圖獲取他資料的冒名頂替者。

Clearview還希望藉由提供身分證件來瞭解馬克斯的居住地。「這些權利不是絕對的」，電子郵件中提到，並指出它們「根據司法管轄區而有所不同」。如果馬克斯真的居住在歐盟，他可以獲得他的資訊；但如果他居住在一個沒有「登入權」法規的地區，Clearview將不會配合他的請求。公司通常不會提供立法者未保證的權利。

馬克斯忽略了這封電子郵件。但是，一個月後，Clearview又傳送另一封郵件，主題為「資料登入請求完成」[5]。

馬克斯打開附帶的PDF文件，驚訝地盯著螢幕。報告中包括了馬克斯之前傳送給Clearview的大頭照，也就是那張黑色T恤的照片，這是該公司用來進行搜尋的照片。在大頭照旁邊是結果：兩張馬克斯八年前的照片，當時他還在上大學，臉稍微瘦一些，頭髮稍微短一些。他當時穿著一件上面寫著「當然是火箭科學」的襯衫。

報告中還包含照片出現的網站連結，這個網站是一個名為Alamy的英國圖庫。馬克斯對這個網站不太熟悉，但他認出了那些照片。這些照片是為報紙的一篇關於他和其他一些學生提交給2,000萬美元的Google Lunar XPRIZE（在月球上著陸器的瘋狂競賽）專案而拍攝的。最終沒有人贏得這場競賽。報社或者攝影記者可能在某個時候，將這些照片賣給了Clearview的圖庫。

「哦，哇，我沒想到這個。」馬克斯在推特上發表了一篇帶有報告截圖的推文。

馬克斯向當地的隱私機構漢堡數據保護機構（DPA）寫了一封投訴信[6]。他表示Clearview未經他的同意處理他的個資，並且該公司未完全遵守他的登入請求。他們只給他傳送了照片，而沒有傳送他的人臉辨識範本。這可能在美國可以行得通，因為隱私法幾乎不存在，但對馬克斯來說，Clearview做的這些在德國明顯是違法的。

幾個月後，Clearview突然又向馬克斯傳送另一份報告[7]。報告中包含相同的兩張圖像以及其他八張圖像，這些圖像看起來與馬克斯相似。它們都是來自VK（俄羅斯版的臉書），只有一張圖像來自IG的一個仿冒站點。馬克斯想知道Clearview是擴大了它的資料庫，還是改變搜尋以得到更廣泛的結果？無論如何，他並不在乎。馬克斯相信這款廣受警方歡迎的調查工具在歐洲的行為是非法的。他將郵件轉發給漢堡個資保護機構，該機構裁定[8]Clearview違反法律並命令其刪除馬克斯的生物特徵個人資料。

但這樣的命令是無效的。最終，由於Clearview不斷進行資料收集，他的臉將再次被記錄下來。馬克斯無法讓資料庫刪除自己的個資，他只能讓自己的臉在搜尋結果中不出現，而這就必須給予Clearview使用他的臉的許可。他不認為這是一個可接受的結果，但他無能為力。

---

Clearview AI的法律團隊忙得不亦樂乎。Clearview AI已經在全球取得一些知名度與業務進展，這也意味著來自世界各地的法律調查接踵而來。

該應用程式已在數十個國家的安全機構中進行試點測試，其中包括比利時、巴西、丹麥、芬蘭、印度、愛爾蘭、拉脫維亞、立陶宛、馬爾他、荷蘭、挪威、葡萄牙、沙烏地阿拉伯、塞爾維亞、斯洛文尼亞、西班牙、瑞典、瑞士和阿拉伯聯合大公國等等，這使得這家新創公司不得不應對澳大利亞、加拿大、法國、希臘、義大利和英國等國隱私監管機構的調查。這種國際反彈迫使該公司收縮了業務。尊室歡開始告訴記者，Clearview AI已決定「暫時」只將產品銷售給美國的執法機構。

　　在調查持續一年或以上時間之後，國際隱私監管機構[9]的成員都得出相同的結論：Clearview AI已違反它們的個資保護法。加拿大隱私主管特里安（Daniel Therrien）是第一個告訴Clearview在該國無法合法營運的監管機構之一，他表示：「Clearview所做的是大規模監視[10]，這是非法的。」

　　在監管機構的調查結束時，Clearview已被至少六個國家宣告為非法，並面臨約7,000萬美元的罰款，這超過該公司從投資者籌集的資金和營收總和。所有國家都宣布Clearview須要徵得其公民的同意才能進行其所做的事情。每個國家都下令Clearview AI停止收集其公民的人臉資料並刪除已有的資料。每次，尊室歡都發表一份公開聲明，提到這些裁決對他的情感造成了傷害，尤其是來自他的祖國澳大利亞的裁決。

　　他在聲明中表示：「我在澳大利亞長大[11]，十九歲時搬到舊金山追求事業，並創造了全球聞名有重要影響力的犯罪打擊人臉辨識技術。」「我尊重澳大利亞官員評估我所建立技術各個方面所花費的時間和精力。但對於這項技術對社會價值的錯

誤解讀，我感到沮喪。」

　　義大利是對Clearview罰款並宣告該公司行為非法的國家之一。因此，大約一年後，當義大利當局宣布他們如何逮捕了一名逃亡十六年、涉嫌謀殺的黑幫分子時[12]，這是出乎意料的。警方將他的照片輸入一個未具名的人臉搜尋引擎，該引擎發現了一個年老版的他，在一篇關於法國一家披薩店的文章中，照片中的他拿著一條麵包，他在該店的夜班工作。可以確定的是，這個黑幫分子沒有同意任何使用他照片搜尋的做法。

　　尊室歡對監管機構的裁決不以為意[13]。他對公司對這些決定提出上訴後，將推翻裁決保持樂觀態度。他不斷將Clearview與谷歌進行比較；他說，它們都是搜尋引擎，可以取得已公開的資料並使其更容易尋找。

　　但Clearview所做的是使用一個極其新穎的搜尋條件：個人臉部的數學映射。它之所以能夠這樣做，是因為臉部很容易獲得；人們總是隨意在網上發布自己的照片。但如果Clearview的邏輯占上風，這將為其他依賴於人們在網上放置的生物辨識搜尋引擎鋪平道路，而人們可能沒有意識到這些資料將來會被挖掘。可能會有一個語音搜尋引擎：上傳某人的講話錄音，聲紋可以引導您找到該人在網上的任何其他影片或音頻。確實，還可能有一個步態搜尋引擎：上傳一個人行走的照片，步態分析可以將您引導至他們在網上的任何活動影片。迪士尼樂園已經探索了這方面的原始形式。他們擁有一項關於「足部辨識」的專利[14]，可以透過針對客人獨特鞋子的攝影機，追蹤遊客在樂園中的活動。

在沒有對於生物辨識資訊使用的基本權利提供保護的情況下，未來追蹤我們的方式將沒有止境。

三十二歲的瑞士科技記者格羅森巴赫（Timo Grossenbacher）對於《紐約時報》關於Clearview的報導有完全不同的反應，他對此毫不驚訝[15]。

他認為任何人都可以這樣做[16]。所以他和一個同事試了試。他們選擇一個名為Instaloader的免費軟體程式來下載照片；這需要一些對Python程式語言的瞭解，而他們有這方面的知識。他們可以給它一個標籤（hashtag）——他們選擇與瑞士大型活動相關聯的標籤——然後它就會在IG上找到相關的照片並下載。僅僅花了十天左右的時間，他們就建立一個包含超過二十三萬張照片的資料庫，其中包括伯恩（Bern）的一場十英里賽跑和奧爾馬（Olma）的一個農業展覽會。兩人只使用一台位於同一位置的電腦，對IG上所有照片進行下載。這意味著一個唯一的IP地址向臉書旗下的IG發出數十萬次的照片請求，而IG幾乎沒有任何反應[17]，只會偶爾暫停該電腦對IG的登入，並持續大約一小時，在之後又允許其繼續獲取資料。

他們還到臉書這個最重要的社群平台之一運作Instaloader免費程式，雖然更加繁瑣。他們的下載工具需要登入到社群媒體才能瀏覽照片，所以他們設了十個假帳戶，使用網站「此人不存在」上的大頭照。然後，他們讓這些存在主義的噩夢在臉書上遊蕩，下載他們朋友的照片，然後是他們朋友的朋友，源源不斷。這些帳戶會暫時被封鎖，但最終會恢復正常使用。在

幾個星期內,他們成功下載七萬張臉書照片。

他們也轉向了一個名為dlib的免費人臉辨識工具,這是劉和尊室歡在Clearview建立明星臉圖庫早期使用過的工具。格羅森巴赫使用這個軟體來搜尋二千五百位瑞士政治家的事件照中的人臉,他們認為這是道德的,因為這些人是公眾人物。

軟體辨識出數百張照片中的政治候選人,其中包括一名年輕律師,四年前她還是一名十幾歲的少女,在一次街頭遊行中半裸出現。格羅森巴赫感到不寒而慄。「天哪,[18]」他暗自想道。「我們做了什麼?」(瑞士數位官員[19]告訴他們這是一個有趣的實驗,但他們不應該再做類似的事情。)

這是一次令人震驚的示範。人臉搜尋引擎的基本程式太容易取得:每天都有愈來愈多的網路照片,只待被抓取。用於處理這些照片的人臉辨識運算也愈來愈像隨插即用的技術。這意味著即使Clearview被打壓,複製者也很容易出現。格羅森巴赫嘲笑Clearview的那些人「不是火箭科學家」[20]。

顯然,其他人也可以設計這樣的人臉搜尋系統,而且有人已經這樣做了。他們向任何有需求的人提供這樣的服務,無論其意圖多麼正當或卑劣。

# 第20章

## 最黑暗的衝動

大衛有著某種上癮的問題[1]*。自從孩提時代起,他就花了無數個小時在網上尋找女性裸照和性愛影片。他對於自己花這麼多時間在尋找網路色情內容並不開心,但他無法停止。

在某個時候,他開始渴望更多。他想知道這些女性真正是誰,想挖掘她們假名之外的資訊,找出她們的真實姓名,看看她們在現實生活中是什麼樣子。他在一個名為FreeOnes的色情討論版上聽說了一個工具。有人在該討論版上分享了一張色情演員穿著衣服並微笑的生活照,並非演出時的角色照片。當有人問他如何找到這張照片時,他貼出一個PimEyes的連結,這是一個免費的人臉辨識網站。

三十多歲的大衛使用了PimEyes。這是一個相當簡單的工具。網站首頁以醒目的白色字體寫著「人臉搜尋」,並邀請使

---

* 這裡使用化名大衛。在閱讀了我在《紐約時報》上關於人臉辨識技術的報導後,他主動聯絡了我。他表示這是他第一次向人坦承這件事。他認為讓人們瞭解這項技術的可能性很重要,但他也對自己的行為感到不安,不希望他的真實姓名曝光。

用者「上傳一個人的照片」。PimEyes聲稱擁有來自一·五億個網站的數億人臉資料。他只須要上傳一張女性的截圖，網站就會回傳那些被認為與她最相似者的照片。「我們不會保存您的搜尋圖片，」網站承諾道，帶著讓人痛苦的諷刺意味補充道：「網路隱私對我們非常重要。」

PimEyes的人臉搜尋工具有效。大衛能夠上傳那些他曾觀看過的色情片中女性截圖，然後在網路上找到她們的照片，有時還能找到她們的真實姓名。從那裡，他可以知道她們住在哪裡，並在現實世界中找到她們，如果他有意對她們進行傷害或攻擊，這是一個可怕的可能性。但這並不是他的目的所在，他只是想滿足好奇心。

「你在臉書上找到她們[2]，看到她們的個人照片或其他內容，這讓一切變得更加刺激，」大衛說。「就像蝙蝠俠或超人的祕密身分一樣。你本不應該知道這個人是誰，她們不想讓你知道，但你不知怎地卻找了出來。」

這些女性之所以保持身分的祕密，是有原因的。上流社會往往不贊同她們的職業。2014年，杜克大學的一名新生[3]被同學揭露為名叫諾可絲（Belle Knox）的色情演員。當人們發現這位學生靠拍攝性愛影片來繳付6萬美元的學費時，她在校園內受到排擠並在網路上受到騷擾。「當時，有人稱我為[4]『須要學習行為後果的蕩婦』、『被操爛的婊子』，還有最冒犯人的『不知道在幹麼的小女孩』。」她當時寫道。

還有達爾伶（Ela Darling）。她曾是一位圖書館員，後來成為成人影片的女星。她進入這個產業是因為一個前男友威脅

要在網上公開她的不雅照片和影片。她決定自己主動公開這些內容，並從中賺錢。達爾伶有兩個臉書帳戶，一個是用她在成人影片中的藝名「達爾伶」，另一個是她的真實姓名和記錄「普通生活」的帳戶。在她用普通帳戶加某個人為好友之後，她會登入她的色情帳戶並封鎖該人，以防止他們看到或瀏覽她的另一個身分＊。她這樣做是為了保護自己、家人和朋友免受騷擾，並避免承受社會汙名的懲罰。她說：「我們並不是受到保護的階級。」[5] 換句話說，人們可以對成人影片演員進行歧視。人們可以拒絕僱用她們、拒絕租公寓給她們，或者拒絕向她們提供服務。

當前房東發現了達爾伶的成人影片工作後，她拒絕延續達爾伶的租約，讓她不得不匆忙尋找新的住所。幾年前，房屋出租網站Airbnb將達爾伶從其平台封鎖，當時該平台似乎在清除從事性產業的人。達爾伶表示，她從未在Airbnb上的房屋物件發生過性行為。但人臉辨識技術將更快地引入的世界，人們會根據別人過去的選擇先入為主地判斷，而不是根據他們現在的行為。

大衛說他對於揭露這些女性，或給她們造成任何麻煩都沒有興趣。他將自己視為數位版的偷窺癖者[6]，他不以任何方式干涉，只是窺探著色情演員真實生活的一扇窗戶。他會將搜尋的結果截圖並保存在加密的硬碟上，因為他絕對不希望其他人找

---

＊ 達爾伶之所以這樣做，也受到臉書的一項功能「你可能認識的人」驅使。這個功能能夠幫助社群媒體使用者找到新的連結。性工作者抱怨說，他們使用真實姓名的帳戶有時會被建議與使用化名的客戶聯繫。臉書之所以能夠建立這種令人驚訝的連結，是因為很多使用者將他們的電話和電子郵件通訊錄交給了臉書，使得臉書能夠像星空中的星座一樣，在人與人之間建立起連線。

到這些資料。

對他來說,這是一種孤獨的遊戲,一種具有挑戰性的侵入性癖好。有一次,他在一個「沙發試鏡」(casting couch)的影片中遇到了一個他喜歡的女性,這是一種色情片的類型,在這種片中,一位準女演員被面試,然後在沙發上與面試官發生性行為以「試鏡」。他用這位年輕女子的臉部照片進行PimEyes搜尋。其中一個匹配結果是她在一所高中網站上的照片。她的名字沒有包含在內,但大衛繼續搜尋並發現該學校有一個擁有成千上萬照片的Flickr帳戶。他找到了他認為她可能畢業的那一年「春季舞會」照片,並開始瀏覽它們,不到二十分鐘,他找到了一張包含她名字的照片。大衛是一位科技專家,但他覺得自己可以轉行成為一名私家偵探。

一旦大衛知道一位演員的身分,他往往對她失去興趣。最終,他厭倦揭露色情專業人士的行為,並轉向他認為真正可恥的行為:他清查了他整個臉書的朋友名單[7]。但其實不是全部清單,只是女性的部分。

在十五年的時間裡,他在臉書上交了數百名女性朋友。他第一個搜尋到的人是一個他度假時在俱樂部遇見過一次的陌生人。他們成為臉書上的朋友,但後來再也沒有互動。「結果她在生活中的某個時刻拍攝了色情片,[8]」他說。「她現在是棕髮,但在色情片中,她是金髮。」

然後他發現更多:一個朋友在Reddit社區「失控」上發布了裸照,那是一個匿名收集對身體讚美的地方。一位熟人的裸胸照片,她曾參加過世界裸體騎行活動。曾經申請租房的女

士，在一個報復性色情網站上有裸體自拍照。這些女性的名字沒有出現在照片上。在這些整理網路照片的搜尋工具出現之前，她們一直相對安全、不被人知曉。

要從網上刪除自己的裸照是非常困難的。像谷歌這樣的搜尋引擎提供了免費的請求表格，可以刪除與姓名搜尋相關的網頁，但對於臉部搜尋呢？這是PimEyes提供的一項收費服務。PimEyes的「PROtect計畫」[9]每月起價約為80美元。它被宣傳為一種可以找到自己不知道存在的照片方法，同時提供「專屬支援」，幫助將這些照片從出現的網站上刪除。但一位試圖從該服務中刪除後悔照片的女性稱之為：職業性敲詐[10]。

PimEyes最初由一對「駭客」類型的人在波蘭建立[11]，但在2021年以一個未透露金額的價格被一位居住在喬治亞（Georgia）首都第比利斯（Tbilisi）的資安研究教授收購。這位教授告訴我，他認為既然人臉辨識技術已經存在且不會消失，那麼應該讓每個人都能夠使用這項技術。他說，對該技術的禁止將和1920年代美國的禁酒令一樣無效。那些在進行搜尋之前必須點擊一個框的人會注意到，你只該搜尋自己的臉。教授表示，未經他人同意查找他人是違反歐洲隱私法的行為。然而，該網站沒有設置控制技術措施，來確保一個人只能上傳自己的照片進行搜尋。

太多人目前在網上沒有意識到可能發生的事情。在OnlyFans、Ashley Madison、Seeking和其他號稱匿名的網站上，人們隱藏了自己的姓名，但卻暴露了自己的臉孔，沒有意識到這樣做的風險。大衛對於是否匿名地告訴他的朋友們，這

些照片已經存在並且可以透過新技術找到,感到困惑。但他擔心她們會因此感到不安,並且這樣做可能會帶來更多傷害而不是好處。

他從未將自己的臉孔上傳到PimEyes,雖然這本該是服務的本意,但他不想知道這樣搜尋會找到哪些照片。他說:「無知是福。」[12]

# 第21章

## 紅色代碼

當韋斯勒（Nathan Wessler）和艾德嫚（Vera Eidelman）在2020年初得知Clearview AI的存在時，他們立即開始思考如何阻止該公司的發展[1]。

韋斯勒和艾德嫚是美國公民自由聯盟（ACLU）紐約總部的律師，ACLU長期以來一直是人臉辨識技術的敵人。從技術初露頭角的那一刻起，ACLU就準備好與之抗爭，從「偷窺超級盃」到伊利諾州，再到禁止警方使用人臉辨識技術的運動。在幾十年來，人臉辨識技術一直在煮沸，等待著沸騰，而ACLU一直在關注它。現在，鍋終於變得滾燙，其中的內容已經溢出了邊緣。

人臉辨識技術是一個更大議題的一部分。美國公民自由聯盟的「言論、隱私和技術專案小組」最近發表一份讓人毛骨悚然的報告，標題為：「機器監控的黎明[2]：人工智慧、影片分析

和隱私」。報告描述了全球廣泛存在的攝影機網絡，旨在進行持續捕捉，以及網上積累的大量照片和影片。這種生動的紀錄目前尚未被大幅利用，對人類來說視覺圖像太多，無法進行手動審查，但人工智慧的進步正在改變這一情況。演算法正在變得能夠即時評估影片素材中正在發生的事情，並關聯所有湧入的資料。沉睡的監控基礎設施正在甦醒。Clearview只是從龐大的持續資料收集與神經網絡超強分析能力的碰撞中，出現的第一個類似哥吉拉的生物。還有更多的隱私怪物即將出現。

「人們通常很少考慮的一件事[3]，但它實際上對我們在自由社會中的正常運轉至關重要，」韋斯勒說道，「就是我們能夠過著自己的生活，無論是平凡的還是非常尷尬的、敏感的或私人的事情，而不期望會被完全陌生的人即刻辨識出來，無論是員警、一位試玩新鮮工具的億萬富翁，還是介於兩者之間的任何普通人。」

911事件發生時韋斯勒還在上大學，他對之後執法機構針對穆斯林社區的監控感到不安。當他剛加入美國公民自由聯盟時，他曾從事國家安全案件；他代表一名被拘留在關達那摩灣的囚犯，並起訴美國政府在葉門無人機襲擊中殺死了包括一個十六歲少年在內的三名美國公民。最近，他轉向了監控問題；他幫助說服最高法院同意人們的位置歷史紀錄、從電話運營商那裡獲得的資訊，值得法律保護；他也是美國公民自由聯盟法律團隊的一員，在底特律的案件中代表羅伯特・威廉斯。

韋斯勒和艾德嫚對Clearview所建立的系統，以及它可能允許政府追蹤任何被攝影機捕捉到的人臉感到不安，包括反政府

抗議者。艾德嫚，三十二歲，在俄羅斯出生，她還是個蹣跚學步的幼兒時移民到美國。大學畢業後，她曾短暫在谷歌工作，之後進入耶魯法學院，學習言論自由和第一修正案。最近，她幫助阻止南達科他州一項可能會限制活動人士抗議新設石油管道權利的法律。她擔心政府可能將人臉辨識作為一種威懾工具。

儘管警方使用嫌疑人照片和駕照照片一直令ACLU感到擔憂，但至少對於這些資料庫的使用存在一些規定和民主控制。然而，Clearview是完全不同的情況。「這是矽谷新創企業對待這項科技的方式，[4]」韋斯勒說。「『讓我們來建立一種沒有其他人想建立的技術，因為它似乎令人不安，然後將其推出去，看看它會被接受到什麼程度，我們能從中賺錢。』」

一旦Clearview的存在為公眾所知，ACLU內部就開始討論關於Clearview的問題。通常情況下，該組織會起訴政府以保護公民的權利，但Clearview是該組織觀察到的一部分趨勢：民間供應商向執法機構出售監控手段的成果，如果是由政府自己部署，這些手段很可能是違憲的。還有一家名為持續監視系統（Persistent Surveillance Systems）的公司，利用盤旋城市上空的飛行器，拍攝詳細的航拍照片，以便警方可以從鳥瞰角度重建事件。守護方案（Vigilant Solutions）是一家在全美拍攝車牌照片的供應商，他們銷售快速定位汽車的能力。資料經紀商從智慧型手機應用中獲取位置資訊，並將人們的移動歷史出售給聯邦官員。警方並不需要搜查令，他們只須要支付費用就可以獲取情報。幾個世紀以來，保護美國公民免受政府濫權的權利

正在變得愈來愈無關緊要，因為民間公司正在接管對國內居民的監視工作。

「我們面臨的問題是[5]『我們能提起訴訟嗎？如果提起訴訟會是什麼情況？』」艾德嫚說道。這個問題比表面上看起來要複雜得多：Clearview AI代表了言論自由和隱私之間的衝突。該公司利用了自由獲取的資訊，即公開照片，而這種使用在某種程度上被認為受到憲法保護，但他們構建了一種前所未有的監控工具，又潛在地違反憲法對不合理搜查的保護。ACLU是否應該起訴Clearview AI？

在組織內部就該採取何種行動展開討論時，普通公民已經對Clearview提起訴訟。第一起集體訴訟於2020年1月底在伊利諾州的聯邦法院提起，這恰好是在該公司的存在登上《紐約時報》頭版的四天後。Clearview被指控違反伊利諾州公民的憲法權利，以及由ACLU幫助制定的至關重要的州法——《生物特徵資訊隱私法案》（Biometric Information Privacy Act，簡稱BIPA），這條法律曾讓全美最具資源的科技公司屈服，讓臉書支付6.5億美元的罰款。

「將近一個世紀前[6]，布蘭迪斯大法官認識到『對自由最大的威脅潛伏於熱忱的人，他們帶著善意但不明事理』。」集體訴訟中的投訴開始引用這位備受人們稱頌的最高法院法官在1890年勾勒出「隱私權」需求的觀點。訴訟指稱Clearview「典型體現布蘭迪斯大法官對個人自由隱蔽侵犯的警告」，而其創造者「出於純粹的貪婪而行動」。

伊利諾州有一千二百萬人口。即使Clearview的資料庫中只

存有其中的十分之一，非自願獲取的每一張臉部資訊的成本也將達到60億美元（若以每張臉部資訊成本5,000美元計算）。如果敗訴，很可能會導致公司破產並終止營運。

更多的集體訴訟在其他州提起，指控Clearview侵犯隱私。2020年3月，佛蒙特州的檢察總長以違反消費者保護法為由起訴該公司，稱Clearview的網路抓取和臉部匹配行為「無底線」和「不道德」。然後，在2020年5月，ACLU決定脫離旁觀的立場參與進來。

韋斯勒和艾德嫚與當地的律師以及伊德森（Edelson）律師事務所一起，在伊利諾州州法院對Clearview提起訴訟，將該公司的技術稱為「噩夢般的情景」[7]。這是一起代表家暴受害者、性工作者和無證移民的訴訟，他們對自己的臉部被追蹤的危險比大多數人更加敏感。ACLU並不尋求賠償金。其主要目標是維護BIPA[8]，希望這能激勵其他州通過類似的法律來保護他們的公民免受Clearview等公司的侵害。

Clearview正面臨著一場法律攻勢。預料到會有集體訴訟，但被美國領先的民權組織起訴帶給公司特別負面的形象。面對嚴峻發展，Clearview決定自己也需要一位重量級選手來應對。

在2020年7月[9]，亞伯拉罕（Floyd Abrams）接到史華茲突如其來的電話。八十四歲高齡的亞伯拉罕是卡西爾·戈登和雷德爾（Cahill Gordon & Reindel）律師事務所的高階顧問；他曾是該公司的合夥人，但由於年齡的原因，現在擁有高階顧問的頭銜。這個頭銜通常給那些不再須要在辦公室長時間工作的資

深法律界傳奇人物使用。不過他並不在辦公室,由於新冠病毒疫情大流行的緣故,他在接到史華茲的電話時是在家工作。

亞伯拉罕對Clearview公司並不瞭解,所以史華茲大致解釋了該公司的產品以及其面臨的法律麻煩。該公司已經停止在伊利諾州和佛蒙特州銷售其應用,並試圖阻止伊利諾居民在搜尋結果中出現,這幾乎是一項不可能完成的任務*。

Clearview擁有一支強大的律師團隊,但該公司需要一個專家就第一修正案發表意見,認為言論自由賦予它組織、分析和展示已公開資訊的權利。如果是這樣的話,那麼任何干擾Clearview這樣做的法律,比如BIPA(伊利諾州《生物特徵資訊隱私法案》),都是違憲的。

這個觀點並不一定直觀。大規模自動抓取照片並重新呈現它們算是一種言論嗎?但實際上,這個觀點並不是那麼牽強。法官認為第一修正案保護的表達形式很廣泛,包括電腦程式碼[10]、政治支出費用[11]、電子遊戲[12]和網路搜尋結果[13]等。「我覺得這真的很有趣,[14]」亞伯拉罕說道。「在這裡,我們有二十一世紀的法官面對二十一世紀的科技,看它們是否與一份十八世紀的文件檔案保持一致。」

史華茲詢問亞伯拉罕是否對加入Clearview的辯護團隊感興趣,並向他傳送已提交的投訴文件。「我花了幾天的時間來理解[15]『臉部生物特徵演算法』這幾個詞,」亞伯拉罕承認說。儘管他長期以來在新技術領域的工作並不多,但他決定接受這個案件。

---

* Clearview聲稱他們已經辨識出所有帶有地理位置資料的照片,這些訊息表明那些照片是在伊利諾州內拍攝的。並且還過濾了所有提及伊利諾州、芝加哥或其他林肯故鄉城市的照片,並將它們從搜尋結果中篩選掉。

CH 21 紅色代碼　　279

亞伯拉罕在1970年代首次出名，當時他代表《紐約時報》與尼克森總統的白宮當局進行了一場法律對決，爭取該報有權發布五角大廈檔案——揭露政府在越南戰爭方面的謊言機密文件*。這個備受關注的案件最終上訴至最高法院，法院支持新聞界的出版權。這一事件幫助確立當時三十多歲的亞伯拉罕作為第一修正案專家的地位。

自那時以來，亞伯拉罕已經在最高法院出庭辯論了十幾次。他已經撰寫三本關於第一修正案的書籍。耶魯法學院還為他設立了一個研究所，艾德嫚曾參與該研究所的臨床實習，這對她決定從事同樣領域產生重要影響。

亞伯拉罕是一位法律界的獅子，儘管年事已高，但Clearview AI卻將他納入了自己的馬戲團。主場上，是傳奇的第一修正案律師對抗全球頂尖的第一修正案組織。

ACLU成立的目的是為了捍衛言論自由的權利，無論其內容有多麼冒犯，該組織已經保護這一權利超過一百年，甚至比亞伯拉罕還多次將案件上訴至最高法院。在網路的早期階段，ACLU推翻了一項旨在保護兒童的法律，該法律本意是使在網上發布淫穢的資訊和色情圖片成為犯罪。這就是為什麼Clearview案對該組織而言如此棘手的原因。如果尊室歡設計的人臉辨識應用程式是用於監督員警，而政府不喜歡這個應用，ACLU可能會捍衛他的第一修正案權利，即創造和分發這樣的應用程式。

在同一時間，類似的情況在奧勒岡州發生了。像美國許多其他城市一樣，波特蘭市在那個夏天也發生頻繁的抗議活動，

---

* 《紐約時報》從一位名叫埃爾斯伯格（Daniel Ellsberg）的吹哨人那裡獲得高度機密檔案，揭示美國政府在越戰的真實性和代價方面，對美國公眾進行系統性的謊言宣傳。

抗議活動是為了反對員警暴力殺害一名名叫佛洛伊德（George Floyd）的黑人男子。負責巡邏抗議活動的員警在自身就是抗議對象的情況下，容易釀成騷亂的局面，有時還會變得暴力。一些員警開始藏匿自己的警員編號，表面上是為了自己的安全。

在一次抗議活動中被催淚瓦斯攻擊後[16]，一位自學成才的程式設計師霍威爾（Christopher Howell）決定使用谷歌的TensorFlow工具設計一個人臉辨識資料庫來辨識這些員警＊。但隨後，波特蘭市議會通過一項法律，禁止員警、企業和私人機構使用人臉辨識技術來辨識未知人員，這讓霍威爾開始擔心他的行為是否違法。他參加了一次市議會會議，詢問他的專案是否違反該市的禁令。波特蘭市市長告訴霍威爾他的專案有點「詭異」，但該市的一名律師澄清說，新規定不適用於個人。

如果霍威爾選擇尋求奧勒岡州ACLU的說明，該組織將面臨一個艱難的決定。

當法學院學生艾德嫚在耶魯大學聽到亞伯拉罕演說時，他已經是一個偶像了。她當時的年齡與他接手五角大廈檔案時的年齡相仿。但他的參與並不是完全出乎意料的事情。

儘管亞伯拉罕曾為記者而在第一修正案方面展現了自己的能力，但他在職業生涯的大部分時間裡都在捍衛企業的言論權利。在2008年金融危機之後，他爭辯稱，標準普爾給垃圾債券頒發的金牌AAA評級只是公司的「意見」[17]，並不應對此承擔

---

＊ 除了臉書之外，OpenOversight 也是警員照片的來源之一。這是一個公眾來源資料庫，可以透過姓名或徽章編號查找執法人員的資訊。該資料庫由芝加哥的一家非營利組織設立，而馬丁尼茲是該組織的創建人之一。該非營利組織支援霍威爾使用這些照片。有趣的是，反對警方使用人臉辨識技術的人，也贊成對警方使用人臉辨識技術，目的是用以追究警方的責任。

責任。2009年[18]，他代表一家大型煙草公司挑戰一項要求在香菸包裝上使用「令人震驚的彩色圖形」作為警示標籤的法律，稱此舉侵犯了煙草製造商的表達權利。他還在2010年的「公民聯合」（Citizens United）案中站在了勝利的一方，主張限制企業的政治支出違反了其言論自由權利＊。

儘管艾德嫚須要提出一個細緻入微的論點，但她並沒有感到受到威脅。ACLU並不反對Clearview獲取公共照片的做法，它通常支持人們能夠從網路蒐集公共資訊。ACLU反對的是Clearview在未經同意的情況下，從這些照片中提取生物特徵辨識資訊。如果第一修正案成為企業實體合理化對個人進行任何形式的分析，無論其多麼具有侵犯性或威脅性，人們的隱私將受到嚴重損害。

在2020年9月，尊室歡和亞伯拉罕會面討論法律策略，並進行了該應用程式的簡報。他們允許我在場觀察，當時我正在為撰寫《紐約時報雜誌》一篇文章尋找資料[19]，這對我來說是個驚喜。參與高風險訴訟的人通常不會讓記者參與他們的法律策略會議。這樣做可能會危及律師與客戶之間的特權保密關係。

儘管Clearview還沒有真正的辦公室可以用來開會，但它正在逐漸變成一個更為專業的營運機構。它聘請了來自知名企業的高階律師，不僅有亞伯拉罕，還包括前國家安全顧問沃洛斯基（Lee Wolosky），並正在招募有政府承包經驗的員工。Clearview只有幾十名全職員工，他們仍然可以自由選擇工作地

---

＊ 在「公民聯合」案中，ACLU與亞伯拉罕站在同一立場上。

點。雖然一個沒有實際公司總部的政府承包商有些奇怪，但在疫情大流行期間，這種情況也變得不那麼異常；封城和社交距離規定，已經導致大多數企業辦公室空無一人。

會議在亞伯拉罕位於曼哈頓第五大道的豪華公寓中舉行，其門廳裝飾著亞伯拉罕與歐巴馬、柯林頓和小布希前總統們的照片。亞伯拉罕在那裡有一個家庭辦公室，但並不大，這使我們在新冠疫情時期難以保持政府建議的六英尺距離。Clearview的女發言人琳登早早地戴著一副花紋口罩抵達，尊室歡稍晚幾分鐘後到達，他身穿全白服裝，外面穿著一件印花夾克，一塊紅色的印花頭巾充當口罩。尊室歡將自己的灰色手提電腦包放在地上，斜倚在一把似乎對他高瘦身體來說有些小的椅子上。

房間中央是亞伯拉罕的書桌和電腦，一盞環形燈在上方懸浮，像一輪空洞的月亮。亞伯拉罕正在為解除ACLU的訴訟而起草一項動議，並詢問尊室歡關於如何準確描述公司演算法的一些問題。「難道我們要說這個應用程式做出判斷嗎？」亞伯拉罕問道。尊室歡隨意地表示，該應用程式只是提供資訊，免除了他的公司對使用該應用程式的執法人員，可能犯錯誤的責任。

在法律討論結束後，尊室歡向亞伯拉罕展示Clearview應用程式的簡報，表面上是為了亞伯拉罕而做。但是亞伯拉罕已經看過這個應用程式的運作方式，所以這個場景似乎是為了我而做的。尊室歡移動到亞伯拉罕的電腦椅上登入Clearview AI，他谷歌搜尋了亞伯拉罕的名字，選擇了其中一張照片，並將其上傳到Clearview。通常情況下，結果會立即顯示，但這次卻出現

了延遲,可能是某種技術故障。尊室歡緊張地笑了笑。「也許這比人們想像得要無害一些,」亞伯拉罕開玩笑說道。

尊室歡決定嘗試使用另一張照片。他谷歌搜尋了亞伯拉罕的兒子丹・亞伯拉罕,他是ABC新聞的法律記者,並使用了一張他的截圖。這一次,該應用程式表現得非常出色:螢幕上充滿了來自網路上的年輕亞伯拉罕的照片網格,每張照片下方以微小的字體標明來源。尊室歡點擊了其中一張照片,照片中丹・亞伯拉罕和一名女性站在一起,然後點擊了這名女性,這樣就顯示出了她的許多照片。

他們討論了這個理論上可以透過手動完成的方法,即一家公司可以僱成千上萬的人,讓他們瀏覽照片,找出某個特定人物的所有照片。

「沒有人會說政府可以來限制這樣做,」亞伯拉罕說道,他指出Clearview只是以「比僱用五千人更快速和更準確的方式」進行這些匹配,並且不應該因為使用電腦更高效完成工作而受到懲罰。尊室歡表示他儘量不去考慮失敗,而是需要「專注於發展業務以克服法律成本」。他似乎認識到這就是事物的本質:作為一個激進的新創企業,將會面臨法律問題。

Uber確實面臨了數十起聯邦訴訟,以及數百起州級訴訟。「它們只是不斷地積累這些訴訟,」他說。「但是他們不斷籌集資金。」同樣的情況也發生在PayPal上,這是由他的投資者提爾共同創立的貨幣轉帳公司,他說它曾被二十八個州的檢察總長起訴。「他們最終做的是堵住所有這些案件,」他說,「儘可能地拖延它們的進展,同時讓公司繼續成長。」

尊室歡表現得好像這都是計畫的一部分。在訴訟進展的同時，Clearview將繼續努力從投資者那裡籌集資金。它將向新客戶銷售產品。並且它將把其資料庫從三十億張人臉擴大到超過三百億張，並不斷增長。

許多個月後的2021年4月，由於疫情預防措施，亞伯拉罕透過Zoom向伊利諾州的法官提出同樣的論點。Clearview的一名律師在聽證會上首先辯稱該案應被駁回，因為伊利諾州法律不應該適用於一個位於德拉瓦州登記且不再在該州開展業務的公司*。

接下來輪到亞伯拉罕發言。他稱這是一個「無可爭議的命題，即網上的照片不僅是公開的，而且那些將照片上傳至網路的人對於隱私的索賠通常會被拒絕。」如果禁止Clearview使用技術來分析公開照片，Clearview仍然可以繼續業務，但只能透過僱用成千上萬的人來篩選照片，他說這是合法的但「不切實際」，而且對於數十億張照片來說，「不可能」實現。

法官表示懷疑。對於Clearview使用這些照片並沒有問題。「我們真正討論[20]的是從這些照片中提取的臉部特徵資訊的使用，」她說道。亞伯拉罕繼續辯稱Clearview有權根據其選擇對照片進行分析，包括從中提取臉部生物辨識資訊。

當美國公民自由聯盟（ACLU）發言時，艾德嫚抓住了這一點。儘管她的網路連接存在一些問題，她在Zoom會議中不停斷線，最終改用電話方式進行發言，但她還是堅定地向法庭展示她的陳述。

---

* 在伊利諾州，已有105個員警部門和公司進行了成千上萬次的Clearview搜尋。

她說：「我們並不是在爭論[21]Clearview能不能從網上蒐集照片，也不是在爭論Clearview能不能進行照片匹配，或對出現在照片中的人發表意見。我們爭論的僅僅是Clearview不能非自願地獲取人臉特徵資訊來進行這些操作。它不能獲取我們的客戶，即性侵受害者、性工作者、無證移民以及經常尋求行使其第一修正案權利之人的人臉特徵資訊。」

艾德嫚辯稱，保護伊利諾州人的臉部特徵資訊，有助於保護他們的第一修正案權利。例如，如果使用Clearview來追蹤抗議活動中的人臉，人們可能不再感到舒適地聚集，這將抑制他們的言論自由。據艾德爾曼稱，Clearview的論點是危險的，並且將使美國人無法保護其他關於自己的敏感生物特徵資訊。「從網上照片中提取生物特徵資訊的論點，與在任何公共場所灰塵中提取指紋，或從公共場所遺留的衛生紙或水瓶中提取DNA的論點，實際上沒有區別，」她說。「這不是第一修正案的宗旨。第一修正案並不要求我們能夠接觸所有存在的資訊。」

幾個月後，法官做出了裁決。她表示，第一修正案不是一張免罪牌。一個州仍然可以禁止某些類型的資料收集，包括收集人們的臉部特徵資訊，因為其使用可能會對他們造成傷害。「事實上[22]，某些東西已經被公開並不意味著任何人都可以任意使用它，」她寫道。「這些照片可能是公開的，但從中提取人臉特徵資訊可能會受到監管。」

Clearview聲稱不可能得到每位伊利諾州人的許可，來使其臉部得以在其應用程式中進行搜尋。法官對此辯解法嗤之以

鼻。她表示，該公司應該找到一種方法，而不是僅僅因為它「不顧所有州法律的合法性而盲目地建立了數十億個人臉特徵資訊」卻期望豁免責任。

艾德嫚的論點比亞伯拉罕更具說服力。法官表示，ACLU應該有權在法庭上對抗Clearview。Clearview在其他訴訟中試圖運用第一修正案來護身的嘗試同樣被駁回。Clearview並不能輕易地擺脫訴訟。

但顯然，ACLU也不急於追求最終判決。在2022年5月[23]，Clearview和ACLU同意和解。Clearview除了支付ACLU的法律費用外，沒有必要支付任何其他費用；它只須同意不將其人臉資料庫銷售給美國的個人和公司。它可以繼續與執法部門合作，甚至在伊利諾州。儘管Clearview聲稱作為政府承包商，它免除了《BIPA》的管轄，但它同意在未來五年內不向伊利諾員警銷售其產品。Clearview自豪地宣稱這是一次勝利，因為它使該公司能夠繼續做已經在做的事情：向政府銷售人臉辨識技術。

接下來的一個月，尊室歡在曼哈頓中城的一家名為麥可（Michael's）餐廳的私人包廂舉辦了一場感恩活動[24]。他把它稱為律師感恩日，並邀請了該公司來自世界各地的法律團隊參加。「請不要向我計費，」他在邀請函中寫道。Clearview有一些新的市場行銷和銷售主管，他們是從「守護方案」挖來的，還有兩名公司內部律師和一名投資者。（並不是史卡佐，他對所有這些律師們完全不感興趣。）

琳登邀請了一位攝影師，尊室歡戲謔地穿著一套淺藍色的

西裝擺好姿勢拍照。我也在那裡，希望首次親自見到史華茲，但他卻不見蹤影，似乎一如既往地想待在幕後。

在場只有Clearview的美國和加拿大律師出現，一起品嘗該活動的招牌「傳票可樂」（subpoena coladas）飲料，顏色與Clearview的標誌藍色相似。

# 第22章

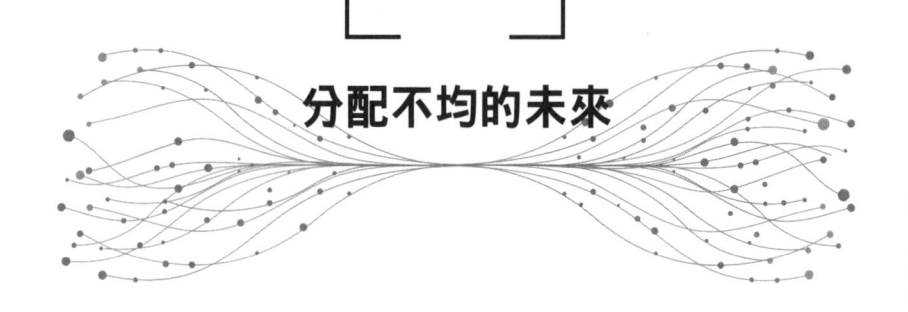

## 分配不均的未來

疫情何時結束？對於英國來說，那是在2022年1月27日。在那個星期四[1]，許多針對新冠疫情的預防措施被正式取消。英國人不再須要戴口罩，他們可以放下謹慎，拋開顧慮和病毒。

次日中午，當城市重新恢復了一些正常的繁忙氛圍時，倫敦的大都會員警駕駛一輛白色威凱（Iveco）貨車，前往一個適合行人的購物區，名為牛津街廣場（Oxford Circus）。貨車車頂上安裝了兩台高解析度相機，車內還裝有包括兩台電競筆記型電腦在內的電腦設備，旨在進行快速的視覺處理。

員警將車停在牛津街地鐵站的一個入口附近[2]，那裡的地鐵乘客來來往往。他們選擇的位置正好在一家關門的Topshop悠閒時裝品牌對面。這家服裝零售商在疫情期間倒閉，正等待新的進駐商家，它的大型店面窗戶上用鮮豔的綠色紙覆蓋，上面反覆列印著「成為未來」（be the future），以黑白交錯的渦旋形

式,形成一種催眠般的視覺效果。

員警在離貨車約十五英尺的人行道上放置一個紅色A字看板。上面用白色大寫字母寫著「警方現場人臉辨識正在進行中」,並解釋員警正在尋找「被警方或法庭通緝的人」。

倫敦大都會警察局(Metropolitan Police Service,簡稱Met)已經編制一個名單[3],上面列出超過九千人的姓名,他們有理由相信這些人可能會在那一天經過那個特定的地點。員警如何建立這個名單,以及具體有哪些人在名單上,只有他們自己知道。但他們後來在一份備忘錄中寫道,他們有合法權利這樣做,因為現場人臉辨識技術「說明大都會警察局追蹤那些涉嫌嚴重犯罪的危險人物[4]。它幫助我們確保倫敦市民的安全。」

這是自2016年8月,大都會警方首次在諾丁丘(Nothing Hill)嘉年華活動中試用即時人臉掃描以來,大都會員警隊第十四次啟動移動人臉辨識裝置[5]。他們選擇在嘉年華活動中試用人臉辨識技術的決定,讓人感到困惑和擔憂。由於嘉年華活動是一個非裔加勒比海地區的慶祝活動,因此看起來警方似乎有意選擇了一個黑人群體密集參與的事件。

牛津街地鐵站是一個相對中立的地點,幾乎與嘉年華節一樣擁擠,只不過參與的是購物者和穿著冬季外套的行人。大都會警察局有責任根據該國的民主原則,向公眾通報他們對這項有爭議技術的使用情況。因此,在部署前一個小時的上午十一點,警方[6]透過推特宣布他們當天將在「西敏寺的重要地點」使用人臉辨識技術。在他們看來,這與紅色看板一起已足夠作為對公眾的通知了。

對於卡洛（Silkie Carlo）來說，這些推特就像火災警報拉響了一樣[7]。一旦她看到大都會警察局關於人臉辨識部署的公告，她會立即放下手頭的工作。現年三十二歲的卡洛是一家位於倫敦以保護隱私為重點的非營利組織「老大哥在看著你」（Big Brother Watch）的負責人。她的父親是「齊柏林飛船」（Led Zeppelin）樂團的巡迴經理，卡洛有著長長的金髮，頭髮分在中間，手腕上還有一隻藍鳥紋身。作為優雅而上鏡的公民自由鬥士，她經常受邀參加新聞節目，反對過度的政府監控措施，而在以閉路電視聞名的英國，民意調查經常發現公眾更支持安全措施[8]，而不是關注隱私問題，這有時令她感到沮喪。

當卡洛看到大都會警察局的推特時，她正在與英國生物特徵和監控攝影機主管通電話，這監管機構負責確保當局妥善使用這些技術。討論的主題是監控供應商海康威視，這是一家中國的攝影機和影片分析公司。該公司的產品以高品質和低成本的完美結合，非常受歡迎。但它們曾被用於監控中國的維吾爾族和其他穆斯林少數民族。該公司被列入美國政府的制裁名單。卡洛認為，透過使用這些攝影機，英國在實質上默許並為海外的侵犯人權行為提供資金支持。

在討論過程中，她中斷了對話，說她必須離開。她並通知團隊的同事們（他們是四個人，還有一隻名叫阿爾菲（Alfie）的辦公室狗），又到了聚集他們的抗議標語和宣傳資料的時候了。然後他們去查明員警車輛正在西敏寺的哪個地方掃描人臉，以便能夠對此大聲抗議。

他們首先去了倫敦最繁忙的步行區牛津街。他們大約在下

午二點到達,並像往常一樣看到幾十名穿著制服和便衣的員警站在那裡,所有人都盯著iPad,等待匹配結果出現。員警應該等待他們在車中的同事確認匹配結果,因為這款來自日本科技巨頭NEC的人臉辨識軟體並不是百分之百準確,他們也沒有宣稱自己是如此。演算法可能會顯示,行人的臉部與觀察名單上的某個人相似度得分為85%,但如果行人是女性,而被追蹤人是男性,車上的員警會否決匹配結果。

然而,等待時間過長也存在風險:一個人可能會在人群中消失,很難再找到。因此,車外的員警們渴望攔截任何在螢幕上亮起的人,或者任何過於明顯地試圖迴避攝影機的人。

卡洛站在牛津街地鐵站外,手持一個標有大白箭頭的牌子,上面寫著「向這邊,接受警方生物辨識掃描」。她在人臉辨識的部署中是一個熟悉而令人厭煩的存在。她向經過的人發放傳單,並回答關於正在發生的事情以及她為什麼感到困擾的問題。倫敦已經是世界上監控最嚴密的城市之一,自20世紀90年代末至21世紀初,在對城市發生的爆炸和恐怖活動做出反應後,政府廣泛部署閉路電視攝影機。城市景觀中遍布著攝影機和警示標誌,告誡人們攝影機正在監視著他們。卡洛最擔心的是這些試點會被認為是成功的[9],倫敦,甚至整個英國,可能會決定追蹤居住在那裡的超過五千萬人口的臉孔,以及任何訪客的臉孔,而這會被認為是國家必需的一種安心感。

在那個寒冷的一月天,她希望來到牛津街能夠減少歐威爾式未來的發生。她說:「我們發現的事實會製造阻力[10],我們的存在意味著他們得到的匹配數量減少。」她希望目睹員警或

技術方面的任何錯誤,以便能夠公開宣傳並影響辯論。她達到了自己來這裡的目的。

在某一時刻,一群員警包圍了一名黑人青少年[11],並質詢他二十分鐘。人臉辨識系統將他標記為一個潛在的與通緝犯相匹配的人。這名受驚的少年年紀太小,沒有攜帶政府核發的身分證明來證明自己的身分。最終,員警對他進行指紋採集,確認他並不是人臉辨識系統所建議之通緝名單上的那個人。

卡洛看到另一個人被人臉辨識系統正確辨識後被攔下。但事實上,他不應該被攔下。他是保釋出來等待審判,並不是「通緝」對象。這是名單監控經常存在的問題之一:一旦你被列入其中,就很難擺脫。

根據Met警方的官方報告[12],那個星期五下午有超過一‧二萬人的臉部被掃描。人臉辨識系統的警報響了十一次。這個黑人青少年的遭遇成為報告中的一個統計資料:一次已確認的錯誤警報。

Met警方表示其他十次警報都是「真實的警報」,有七人被攔下,其中四人被逮捕。他們認為這是他們「持續打擊嚴重和暴力犯罪工作」[13]的一次成功。在那個隨機的街區,那個隨機的一天,他們透過數千人的名單,在幾個小時內成功找到並確認其中幾個人的身分。

他們發布了一份關於被逮捕的危險男子的新聞稿:一名三十二歲的男子因涉嫌襲擊和毒品被引渡、一名因發出死亡威脅而被通緝的男子、一名三十一歲的男子因涉嫌毒品犯罪被發出逮捕令,以及一名因與交通違規有關而被通緝的四十歲男

子。

　　是的，倫敦警方辯稱需要使用人臉辨識技術來找到強姦犯和殺人犯，但在這裡，它被用來追蹤交通違規者。這名男子是超速行駛或酒後駕駛嗎？還是他只是有大量未繳的停車罰單？Met警方不願透露[14]。

　　在2022年5月，我去了倫敦，想要一窺這個關鍵時刻的城市風貌。卡洛能否說服她的國家，認為人臉辨識技術過於冷酷或存在嚴重缺陷，不適合經常使用？或者Met警方是否會獲得許可，將即時人臉辨識技術從移動車輛轉移到城市中無處不在的攝影機上？

　　幾乎在我剛抵達倫敦希斯洛（Heathrow）機場那一刻，我就不得不接受這種技術的一個版本——通常被認為是最無害的那個，即一對一的比對，以驗證我是否真的是我自己。週日晚上約十點鐘，飛機降落後，我在電子護照通道排隊等候。輪到我時，我將護照放在一個亮紅燈的數位機器平台上，然後對著攝影機看[15]。幾秒鐘內，一個自動化系統掃描了我的臉部，將其與嵌入在護照晶片中的生物辨識資料進行匹配。閘門打開，我輕鬆進入英國，潛在地留下了我的面容。（英國政府拒絕告訴我，他們是否保存通過閘門的旅客圖像。）

　　第二天早上，我與艾塞克斯大學（University of Essex）的社會學教授福西（Pete Fussey）會面。他專注於監控領域的研究。他說服Met警方讓他加入他們的移動人臉辨識單位，在2018年和2019年的六次部署中，他可以對他們的政策和程式進行坦誠的人權評估[16]。

CH 22　分配不均的未來　　295

福西和我[17]在斯特拉福（Stratford）某社區購物中心外的一間咖啡店見面。那裡有一座通往購物中心入口的人行天橋，為掃描人臉提供了一個完美的漏斗。根據Met警方的判斷，這座橋連接著一個多樣化的社區，增加了想逃避追捕者出現的可能性，因而警方將其描述為犯罪率高的街區。

　　在這些部署期間，福西得到與警方獨一無二的接觸機會。他坐在警官電腦的旁邊，審查著進來的匹配結果。他目睹他們決定要攔截、詢問或逮捕誰的過程。然而，我並沒有獲得相同的許可權。Met警方和南威爾斯警方，後者也在嘗試即時人臉辨識技術，但都拒絕與我會面或展示他們的技術。Met警方的一位發言人指出他們的網站上有「大量的資訊」[18]，南威爾斯警方表示他們正處於「試點和評估階段」[19]，期間不與媒體接觸。

　　在某種程度上福西可能應對此負有責任。他與一位人權法教授合作撰寫的百餘頁報告，關於Met警方的人臉辨識試驗，引發了無數關切，包括警方是如何確定觀察名單、對待可能的匹配對象、對待試圖迴避攝影機的人，以及這是否合法等問題。為了遵守人權法，一種新的侵入式監控技術需要「合法、合理和符合比例原則」，而該報告得出結論，為了抓住可能的一人而做出如此大規模的臉孔掃描[20]，並不值得。

　　「我認為即時人臉辨識使我們變得更不安全，[21]」福西說道。觀察名單註定會不斷增長。誤報是不可避免的。警官們會將注意力集中在追蹤通緝犯上，而不是將資源投入到更緊迫的問題上。他認為，讓數以萬計的攝影機不斷追蹤輕微違法者會

分散警官們的注意力,使其無法從事更重要和基礎的工作。

在英國,不僅警方在使用人臉辨識技術,還有其他機構也在使用。一家名為利陞(Les Ambassadeurs)的高端賭場[22],位於倫敦白金漢宮附近一座華麗的四層狩獵旅館內,擁有四百個攝影機,其中十個配備了來自以色列的Oosto公司人臉辨識技術。這套臉部掃描系統在幾年前安裝,當時賭場的保全負責人認為該技術足夠準確且值得投資,與警方測試該技術的時間大致相同。這些攝影機僅用於辨識賭場的頂級會員,以便向他們提供「豪華服務」[23]。

該系統還用於阻止不受歡迎的訪客進入。賭場有一個觀察名單,裡面近一千四百人如果試圖進入,將被拒之門外。其中包括一小部分過去在利陞賭場引發問題的客人;超過三百人在該國的賭場中被指控作弊、虐待或使用暴力;以及約一千名自述為賭博成癮者,他們要求讓自己不得進入可能會輸錢的地方。

「主要的使用場景是客戶服務,[24]」賭場保全負責人說道。「並不是所有技術都必須是壞的或有害的。關鍵在於如何使用它。」

在過去幾年裡,人臉辨識技術也被用於英國各地的超市、加油站和便利店,以防止潛在的小偷,這要得益於一家名為「臉孔觀察」(Facewatch)的保全公司[25]。這家總部位於倫敦的公司,允許其網路中的零售商掃描他們客戶的臉孔,並在系統發現被其他商家標記為入店行竊或對員工施暴者時發出警報,類似於商業領域的鄰里監視。「臉孔觀察」聲稱可以將盜

CH 22 分配不均的未來　297

竊率降低35%。

當我在2022年5月見到卡洛時,她最近在一家被揭露使用「臉孔觀察」的南區合作社(Southern Co-op)超市購物。她特意去[26]那裡是為了向英國的隱私監管機構投訴,該系統使用她的生物特徵資訊。她是一個試圖阻止該技術在自己國家普及的人。

在規劃成為Clearview AI公司的最早階段,尊室歡得知一款在莫斯科引發關注的人臉辨識應用。他將一篇關於此應用的文章傳送給史華茲和強森,並評論道:「這將是未來。」

使用「尋找臉孔」(FindFace),您可以隨意拍攝任何人的照片,該應用將會從VKontakte(俄羅斯版的臉書,簡稱VK)中提供與被拍攝者相似外貌的公開個人資料。該應用使用了NtechLab開發的人臉辨識演算法,NtechLab是一家知名度不高、只有四名員工的俄羅斯公司。「尋找臉孔」本質上就是臉書所創造的,但卻不敢發布的內容。

「尋找臉孔」[27]在2016年3月爆紅,當時一位業餘攝影師在VK上發布一則貼文,稱他使用「尋找臉孔」追蹤到六年前在散步時拍攝的兩名女性照片。他表示自己已經聯繫這兩位女性,並向她們傳送照片,她們感到非常高興。在一篇看起來像廣告的VK貼文中,他將「尋找臉孔」形容為一個「特別酷的演算法」[28],就像「人臉辨識界的超級英雄沙贊(Shazam)」,還附上這項服務的連結。

幾週後[29],另一位名叫茨維科夫(Egor Tsvetkov)的攝影師

在地鐵上使用「尋找臉孔」對那些坐在他對面的人進行搜尋：一個光頭戴著耳機聽著音樂的男子；一位留著捲髮的深色頭髮的女士，披著毛皮大衣盯著手機看；一位金髮女子，髮型緊貼頭皮，濃妝豔抹，目光低垂。他將他們的地鐵肖像與「尋找臉孔」找到的照片一起發布在自己的網站上。

這種對比令人震驚[30]：通勤者們在地鐵中顯得封閉和疏離，他們只關注著從A點到B點的目標。然而，在社群媒體上，他們凝視著相機，渴望與他人建立連結，提供有關他們生活的誘人細節。現在那個光頭男子戴著毛線帽，牽著一隻帶著嘴套的熊。那位捲髮的深色頭髮女士的驚豔藍眼被揭示出來，她臉上帶著微笑，周圍是點燃的蠟燭和甜點。那位嚴厲的金髮女子變得親切友善，穿著低胸上衣，頭髮編成寬鬆的馬尾辮，手裡拿著一瓶香檳。茨維科夫將這個專案稱為「你的臉是大資料」[31]，它也迅速走紅起來。

三天後，「尋找臉孔」走向了一個更加黑暗的地方[32]。俄羅斯的一個名為Dvach的留言板上開始一則名為「尋找在色情片中演出或從事街頭工作的妓女」的貼文。他們使用這個應用程式來辨識在名為親密（Intimcity）網站上出現的色情演員和性工作者的照片，然後在找到他們在VK上的個人資料後，向他們的丈夫、伴侶、家人和朋友傳送有關他們涉及性工作的指責資訊。

這項技術繼續在俄羅斯公眾間未受控制地使用，有時用於正義之事，比如透過閉路電視攝影機追蹤並抓獲兩名縱火犯[33]。但往往更具爭議性。在Dvach留言板上揭露性工作者後的一年，

一支親政府的志願組織Je Suis Maidan使用它來辨認反腐敗的抗議者。根據新聞報導中的照片[34]，Je Suis Maidan在其網站上公布數千名參與抗議活動者中約七十五人的姓名和照片（至少一人表示Je Suis Maidan認錯了，他並未參加抗議活動）。在提供給公眾使用的一年內，這個用於辨識陌生人的人臉辨識應用程式被用於各種可想而知的最糟糕情況，正如隱私權倡議者長期以來所警告的那樣。

最終，在2018年秋天，NtechLab關閉了「尋找臉孔」，決定只將其演算法出售給政府和企業[35]。當莫斯科開始在大約二十萬個攝影機上推出人臉辨識技術作為「安全城市」[36]倡議的一部分時，NtechLab被披露收到320萬美元的款項，以幫助執法部門更容易地尋找失蹤兒童，並逮捕暴力犯罪分子。

「尋找臉孔」首次發布時，庫茲涅佐娃（Anna Kuznetsova）還在上高中。有一天，在地鐵上，一些年輕人拍了她的照片，然後嘲笑她，向她展示他們找到的東西，包括她十歲時的照片，給她帶來了不愉快的經歷[37]。到了2020年夏天，現在二十歲、正在上大學的庫茲涅佐娃，在社群通訊軟體Telegram上看到有關莫斯科全市人臉辨識系統的臉部搜尋功能廣告。只需以16,000盧布（相當於200美元）的價格，她可以傳送某人的照片，並獲得該人在攝影機中被發現任何地方的報告。她決定試一試[38]。當系統推出時，公眾被告知只有政府機構才能訪問在街上、公共建築和地鐵車上捕獲的臉部圖像。但不知何故，出現了一個用於交易這些個資的黑市[39]。

庫茲涅佐娃並不是一個嫉妒的女友想追蹤另一半的行蹤，

而是一個名為Roskomsvoboda公民自由組織的志願者。他們正在調查莫斯科人臉監控系統的濫用情況。庫茲涅佐娃告訴匿名賣家,她正在尋找一個曾經認識的人,但她傳送的是自己的幾張照片。她以加密貨幣比特幣支付16,000盧布,並等待結果。兩週後,她的手機收到一個長達三十五頁的報告,顯示每一次系統認為在監控攝影機上看到她臉的時間,以及每個攝影機的位置、她被發現的日期和時間,以及系統判定比對的確定程度。這份報告包含了上個月超過三百次的發現紀錄[40];確實在莫斯科有幾個長得像她的人,但將近三分之一的發現紀錄都是她本人。其中一些匹配結果令她震驚;系統在她戴著太陽眼鏡和口罩的情況下依然能夠辨識出她。系統還準確找到她的住址和工作地點。她感到恐懼不已。這對於一個跟蹤者來說是一個夢想,對於一個公民自由主義者而言則是一個噩夢。

　　Roskomsvoboda公開了發生的事情[41],並要求對人臉辨識系統實行停用期,理由是該系統違反俄羅斯的隱私法,該法律要求使用生物辨識技術必須得到同意。當地當局進行了調查,但對於整個人臉辨識系統並沒有任何後果,只是對被認定參與非法銷售個資的警官進行處理。洩露關於庫茲涅佐娃資料的警官甚至本不應該有許可權登入該系統。他從別人那裡得到了登入名和密碼,這顯示資料控制的不嚴謹。

　　該系統仍然存在,雖然存在著錯誤[42]。Roskomsvoboda聽說過有人的外貌與罪犯非常相似,這些人經常被員警攔下[43],不得不出示護照證明自己的無辜。但大眾似乎對隱私侵犯並不太關注。莫斯科警方的犯罪破案率非常高,許多人都讚賞城市

的安全性。到了2021年，該系統被用於辨識反政府抗議者[44]，他們可能因為參與未經批准的公眾集會而被捕，這成為了一種「犯罪」。

庫茲涅佐娃希望俄羅斯仍然可以在科技領域找到一個「黃金平衡點」，充分利用其來解決嚴重犯罪問題，但不讓其完全滲透到日常生活中。「每個社會都須要自己決定哪個更重要，」[45]她說，「是安全還是人權。」

---

中國已經選擇了安全。莫祖爾（Paul Mozur）於2005年首次移居中國。他在達特茅斯學院攻讀東亞研究學位，並在北京學習六個月中文。他喜歡這個地方充沛的活力[46]，並決定儘快再來。

「我住在一個帶著一群蚊子和公用坐式廁所的宿舍裡[47]，對於一個大學生來說非常划算，」他說，「那時啤酒比水還便宜，真是太棒了。」

僅僅過了十多年，這座城市在升級洗手間硬體方面有了相當的進步，但同時也拋棄了隱私。2017年，在著名的天壇公共洗手間裡安裝了具有人臉辨識技術的衛生紙分配器，旨在阻止那些把圓筒衛生紙藏在自己包裡的紙巾小偷[48]。這些機器每張面紙只供應兩英尺長，並在九分鐘內不會再次給予同一人使用。

莫祖爾是《紐約時報》的記者，自2007年以來，他一直報導中國蓬勃發展的科技產業，並親眼目睹這個地區驚人的轉變，成為全球最具技術先進和嚴密控制的國家之一。

在21世紀初的時候，由於廉價勞動力市場，中國被譽為「世界工廠」。在中國國內生產、組裝和運送的眾多產品中，包括電腦、智慧型手機、電子閱讀器和遊戲主機的零組件。中國在許多人眼中被視為世界經濟的主力，負責動手而不是動腦，但莫祖爾在記錄中國自己的巨頭公司和應用程式的崛起時，如小米、微信和抖音，卻看到不同的一面。

作為全球科技產業的中心，中國在技術方面領先於其他所有國家，將其推向了未來。莫祖爾開始看到攝影機無處不在。在上海，他不得不搭電扶梯才能到達當地的超市，而在底部有一台攝影機直接對準他的臉，「就像一支火箭筒[49]。它一點也不含蓄，」他說。「這些攝影機就像巴洛克式的雕塑，幾乎是在嘲笑監視。你會看到一個攝影機懸掛在另一個攝影機上，而又懸掛在另一個攝影機上。它們無處不在，直接對著你，低垂著，就在眼睛的高度，凝視著你的眼睛。」

在21世紀之交，美國和英國安裝了監視攝影機，高高地放置以便鳥瞰人們的行動。但是這個角度並不能很好地捕捉到臉部，使得很難將其用於人臉辨識技術的再利用。與此不同的是，正當人臉辨識技術變得足夠準確以進行廣泛部署時，中國正在建設其攝影機監控系統，並相應地安裝攝影機。

在中國的主要城市，當局能夠建立即時警報系統，以定位感興趣的人。而這些人不僅僅是殺人犯和強姦犯。在廈門這個海濱城市[50]，當局標記了無牌導遊的臉孔，以便將他們趕出城市。「其中一些用途似乎有點傻[51]，但在中國，秩序和政府掌控的優先順序如此高，」莫祖爾說。「所以騙子導遊是一個討

厭的問題。」

人臉辨識攝影機被用於威懾輕微的違法行為和「不文明行為」。在蘇州[52]這個被譽為「東方威尼斯」的湖畔城市，攝影機被用來點名批評在公共場所穿著睡衣的人。這個擁有六百萬人口城市的城管部門將穿著休閒服裝之人的臉孔、姓名和有爭議的睡衣，發布到社群媒體上。

在寧波[53]，這些攝影機會拍攝違規穿越馬路的行人，並透過簡訊傳送罰款通知，同時將他們的臉孔投影到數位看板上，以便羞辱他們。（一個從未去過該城市的中國高階主管被指違規穿越馬路，因為攝影機在公車的一側廣告中拍攝到了她的臉孔。）

在中國，只有非常重要人物[54]才能進入政府當局建立的「紅名單」，並從人臉辨識系統之中獲得豁免。在中國，不被看見是一種特權。

莫祖爾報導中國的監控產業，參加了銷售會議，供應商們樂於描述他們能做到的事情，包括「少數民族辨識」[55]。在中國，這主要指的是穆斯林，他們的人口集中在西部的新疆地區。尤其是維吾爾族穆斯林長期以來一直提倡與中國分離獨立。在2009年，新疆發生騷亂，接著發生一系列維吾爾恐怖分子的暴力攻擊事件，其中最嚴重的是2014年3月在一個地鐵站發生的一起週六夜晚刺殺事件，導致一百多人受傷。自那以後，中國對維吾爾人進行了密切監視[56]，用監視攝影機籠罩街道和清真寺，並建立一個龐大的集中營，用以隔離和「再教育」被視為「宗教極端分子」的成千上萬人。他們的行蹤被無

情地追蹤著。

人臉辨識，僅僅是一個龐大且不斷增長的監控技術集合中的一項工具。中國政府還開始收集DNA和追蹤手機，透過多層系統的疊加，試圖建立一個對十四億人口的全視之眼。政府利用這個全視之眼系統來進行威脅和監控，實現18世紀英國哲學家邊沁（Jeremy Bentham）所設想的全景監獄（Panopticon）的高科技版本。全景監獄是一個囚犯始終可見但不知道看守是否在觀察他們的監獄。邊沁的理論認為，即使是持續監視的幻覺也會迫使他們遵守規則。

對於中國來說，所有這些可能看起來像是恐怖小說中的情節，但莫祖爾表示，監控系統中融入了一個烏托邦式的願景，即建立一個更安全、更有秩序的社會。「科技在文化上與中國經濟發展的想法緊密相連[57]，以至於沒有人真正害怕這些東西。與西方對技術發展所帶來的恐懼不同，」他說。「這只是『天啊，看看我們現在能做什麼！看看我們有多富有！我們正在變得像美國一樣！我們在迎頭趕上！』」

但中國在這方面進展遠超其他國家，其攝影機和影像分析公司，如商湯科技、海康威視、華為、曠視科技、依圖科技和大華等，由於在人口稠密的中國大規模部署，成為全球最大、最先進的公司。然而，這並非一個龐大的、有機的網路；監控系統在地區上進行分布，並由地方員警進行控制。

在2019年，上海的一位女士在網上抱怨警方在她的公寓電梯安裝了人臉辨識攝影機。她感到不滿的一件事是，這些攝影機是由一家廣告公司資助的，還附帶了一個顯示廣告的螢幕。

該公寓的房屋委員會對此事沒有發表意見，而這位女士正試圖發動住戶們來移除該系統。

在《紐約時報》聯繫該女士進行採訪的一小時內，地方當局就與該報辦公室聯繫，表示他們知道記者們對其「智慧城市」計畫感興趣。顯然，他們攔截了這些資訊。

莫祖爾表示：「我們嚇壞了[58]。我們意識到沒有太多時間來採訪這個女人。他們會干涉我們的採訪。」

為了確保自己不被追蹤，莫祖爾關閉手機並放入一個法拉第袋（Faraday bag），這是一個屏蔽罩，可以防止設備內部傳送或接收信號。他坐計程車到一個隨機的地點下車，用現金付款，然後再坐另一輛計程車去那位女士的公寓進行採訪。

他第二次去找她時沒有採取同樣的預防措施。她計畫去警察局與當局討論攝影機的問題，而莫祖爾則陪伴她去觀察。但當他們走進警察局時，警方表示他們不接受媒體的請求。顯然警方知道他們即將到來，而且準確地知道他們的身分。

這種令人震驚的權威審查不僅妨礙了調查記者的工作，也給美國的情報機構帶來了問題。在2021年[59]，曾在1960年代資助那種早期臉部匹配技術的中央情報局，警告其在全球的特工們，由於使用駭客工具、人工智慧、生物特徵掃描和辨識技術，包括人臉辨識技術，線人被頻繁逮捕和殺害的情況愈來愈多。

# 第23章

## 搖搖晃晃的監控國家

在2020年美國總統選舉結果宣布拜登當選後不久，社群媒體上流傳了一個謠言，聲稱可以透過干擾2021年1月6日國會舉行的議會儀式，阻止「被偷走的選舉」，使川普繼續擔任總統。那個星期三，成千上萬個川普最狂熱的支持者聚集在白宮外進行抗議活動，其中包括著名的共和黨議員發表演說，聲稱選舉是非法的，並敦促人群採取行動。

「我們永遠不會放棄[1]，我們永遠不會認輸。這是不可能的，對於竊盜你不能讓步。」川普站在擺滿美國國旗的講臺上說道。「我們要戰鬥到底。如果你不戰鬥到底，你不會再有一個國家。」

然後，總統告訴激動的人群走上賓夕法尼亞大道前往國會大廈，向那裡聚集的議員展示「人們要奪回我們國家所需的自豪感和勇氣。」

人群繼續前進，抵達國會大廈後，他們制服了員警，打破窗戶，強行打開門，湧入建築內部。議員和他們的工作人員驚恐地躲在一起，等待疏散。在暴動期間，五名暴徒喪生，其中一名女子在衝破被封鎖門旁的破碎玻璃面板時，被一名員警開槍擊中。許多警員受傷，其中一人後來因中風而去世。經過令人心驚膽顫的三小時後，國民警衛隊趕到，清理了大樓。華盛頓特區的市長宣布晚上六點的宵禁，以使民眾不上街，以便議員們可以在深夜時分重新聚集在國會大廈，對選舉結果進行確認。

這是一個令人震驚的事件，直接衝擊了民主制度本身。為了找出參與者，一些調查人員轉向使用一項在四年前的共和黨全國代表大會上推出的工具：Clearview AI。

Clearview AI是一家開發人臉辨識技術的公司，它能夠透過比對照片資料庫來辨識人物身分。這種技術的使用引發了一些爭議，因為它涉及到隱私保護和個人資料的使用。在這次事件中，調查人員可能使用Clearview AI來分析參與者的照片，以便確認他們的身分。然而，這種技術的使用也引發對隱私權的擔憂和辯論。

在川普對戴口罩不屑的影響下，襲擊中很少有暴徒戴口罩，儘管當時正值新冠病毒疫情大流行期間。他們中的許多人留下了大量的影片和圖像，在社群媒體上詳細記錄他們對聯邦立法機構前所未有的占領，而這些紀錄幫助聯邦調查局（FBI）找出了最嚴重的罪犯。在FBI發布了欲尋找的人員照片後，根據尊室歡的說法，Clearview AI的搜尋量激增[2]，全美各

地的地方員警部門加入了協助的行列＊。

尊室歡稱1月6日發生在國會大廈的占領為「悲慘和令人震驚」[3]。這位曾經的川普支持者表示，他很高興看到自己的工具被用來對那些不希望川普離開白宮的人進行懲罰。他承認自己以前曾經「困惑」，並將其歸咎於網路的影響，但現在他自稱非政治人士。「在2017年，我就像是說[4]『我不想和這個有任何關係。我只想去創造點東西』，」他說。「現在我從來沒有閒暇時間。」

想到尊室歡之所以退出圍繞川普形成的威權主義運動，是因為他忙於開發一款潛在對公民自由構成強大威脅的應用程式，這讓人感到不太放心。尊室歡表示，Clearview在起訴襲擊國會大廈者方面的幫助，會讓公司的批評者改變態度。「你會看到很多批評者為了稍微不同的用途而改變他們的想法，[5]」他說。「我們正在逐漸贏得人們的支持。」

至少可以說，圍繞國會大廈襲擊所進行的工作有助於贏得金融支持者的青睞。在2021年7月，Clearview從投資者那裡獲得3,000萬美元的投資，使得公司估值達到1.3億美元。儘管該公司繼續無視歐洲隱私監管機構所處以的嚴厲罰款，並且仍面臨著需要向伊利諾州居民每人支付5,000美元的可能罰款，但該公司仍在繼續努力前行。

執法機構對於Clearview和人臉辨識技術周圍的所有爭議都有所瞭解，一些調查人員擔心他們可能失去對這個他們愈來愈認為不可或缺工具的使用權。為了證明警方可以負責任地使用這項技術，邁阿密警察局的副局長阿吉拉爾（Armando

---

＊ FBI在那時並沒有正式獲得Clearview的存取權限，直到2021年12月才與該公司簽訂一份價值1.8萬美元的合約。

Aguilar），作為在追捕暴亂分子行動中協助FBI的地方員警之一，邀請我花時間在他的即時犯罪中心（Real Time Crime Center，簡稱RTCC）觀察他的警探們如何使用Clearview和其他監視工具。這是一個有啟發性的經歷，但不是出於他預期的原因。

阿吉拉爾看起來並不像《邁阿密風雲》（Miami Vice）中的角色。他沒有設計師般的鬍鬚，沒有整天在海灘上曬成古銅色，也沒有白色西裝外套。他有著一名辦公室工作人員的蒼白膚色；修剪整齊的黑色短髮，在太陽穴處逐漸變灰；且通常更喜歡穿著標準的黑色員警制服。

然而，這位前刑事案警探確實在一段時間內擔任過電視節目的主角，該節目名為《犯罪現場之四十八小時》（The First 48），是A&E頻道在2000年代初播出的系列節目，追蹤真實的謀殺案調查，重點關注發現受害者後的關鍵頭兩天。邁阿密警方最終退出了該製作，因為它所創造的紀錄片資料可能會干擾到對涉嫌謀殺者進行較為緩慢、不那麼引人注目的起訴工作，並且給人一種佛羅里達海灘城市是一個危險居住和旅遊地的暗示。阿吉拉爾轉而從事他所稱之為「書呆子工作」的職位，進入警察局長辦公室工作，然後穩步晉升，直到2020年初被任命為刑事調查負責人。

大約在那個時候[6]，阿吉拉爾看到我在《紐約時報》上關於Clearview AI的文章。他告訴同事們：「我們須要獲取這個技術，並制定使用的負責任政策。」他們告訴阿吉拉爾好消息和

CH 23 搖搖晃晃的監控國家　**311**

壞消息：他們當時已經使用Clearview數個月了，但他們還沒有建立任何官方標準作業流程指引。因此，他制定了人臉辨識使用的限制措施：所有員警將接受培訓，其中包括討論該技術已知的偏見，並且其使用將限於一組核心警員，他們必須在定期稽查的日誌中，詳細記錄每次搜尋及原因。

邁阿密警探們隨後使用[7]Clearview AI追捕一名冒充公車司機的連環竊賊，一位在IG上自拍將垃圾袋扔進海洋的亂丟垃圾者，以及向員警投擲石塊的抗議者，還有謀殺犯。阿吉拉爾表示：「人們指出這項技術可能非常危險是正確的，[8]」他拿槍支和警車來比喻，「如果沒有健全的政策和培訓，我們的任何工具都有可能造成危險。」

2022年3月我在邁阿密採訪三天，恰好碰上超世代音樂節（Ultra Music Festival），這是一個吸引了十六·五萬名粉絲聚集在邁阿密市中心的電子音樂盛會。阿吉拉爾表示，RTCC（警局即時監控技術的中央指揮所）將是最繁忙的，因為音樂節支付加班費以增加更多警員在現場執勤，無論是在街道上還是網路上，以確保活動的安全。

星期五，我抵達位於邁阿密市中心的一座四層樓高的警察局，古鐵雷斯（Alejandro Gutierrez）警長在前台迎接我並帶我參觀。建築物的某些部分有著濃重的黴味，這種氣味很難從佛羅里達潮濕的空氣中散去；其中一個走廊散發著尿味，而證物收集室裡則有濃濃的大麻味。後面停著警用廂型車（SWAT vans），但是像坦克一樣的BearCat裝甲車不見了。被同事們暱稱為Gooty的古鐵雷斯警長說它已經被移走，以騰出空間給

其他警車。因為最近停車場一塊天花板脫落而被判定為危險，隨著部門經費被轉移到資訊網路，實體的基礎設施似乎正在崩潰。

我們坐電梯來到了即時犯罪中心，這是一個沒有窗戶的黑暗房間，只有電腦顯示器和覆蓋牆壁的螢幕所發出的光芒照亮著。中心的標誌在我們進入時顯眼地展示著：一隻鷹，眼睛是攝影機，站在一面帶著一條細細藍線的美國國旗前*。裡面有三名警探，其中兩人坐在房間中央的一個大型共用工作站，另一人坐在角落的桌子前，他的工作空間擺滿蜘蛛人和超級英雄「死侍」（Deadpool）的玩偶模型。他們所有人都佩戴著手槍，即使整天都盯著電腦，輪流檢查郵件和點擊全城五百八十三個監控攝影機的影片。偶爾，戶外的警員需要他們的鳥瞰視角時，會透過無線電與他們聯繫。

基本上，覆蓋在每面牆上的巨大螢幕只是為了裝飾。古鐵雷斯警長承認，這些巨大螢幕更多是為了警方高層和來訪的訪客，而不是即時犯罪中心的警探們。警探們主要依靠自己的電腦。

其中一個螢幕顯示的是Snap地圖，這是社群影片公司Snap提供的一項服務，任何人都可以使用，它展示了本地用戶最近發布帶有地理標籤的Snapchat。那個週末超世代音樂節的Snapchat大部分都是人群在閃光燈下跳舞的瘋狂鏡頭，使用Snap的粉絲們本身就成了額外的監控攝影機。「這些年輕人把一切都發布出去，」[9]一個警探說：「對警方的工作來說這太棒了。」

---

* 藍色細線是員警們所做工作的象徵：守護秩序，防止社會陷入混亂和暴亂。但是，帶有這條細線的「員警生命很重要（Blue Lives Matter）」旗幟，被一些人批評為對員警暴行過度支持。

有一次，有人發布了一條Snap，在該影片中有人用滑板攻擊了員警。「我們使用Clearview技術來辨識那個人，然後將資訊傳給了相應的部門，」古鐵雷斯警長說道。

　　在房間的另一側，擠在角落裡，是一個由城市周圍二十個不同位置傳送而來的車牌流動網格。其中一些車牌周圍有一個紅色的框，表示該車輛存在某種警報。一個RapidSOS螢幕上顯示最近撥打911並顯示來電地點的電話號碼清單。還有一個大型電視螢幕，始終調到福斯（Fox）新聞頻道。

　　房間裡最有趣的互動螢幕是專門用於「槍擊定位提示」（ShotSpotter），這是一種槍聲偵測系統，其中聲學感測器安裝在城市的關鍵位置，警局每年支付80萬美元來使用該系統。

　　每次偵測到槍聲，它都會發出類似科幻電影中射線槍的聲音，並顯示邁阿密的地圖，顯示過去二十四小時內哪些地方發生了警報。古鐵雷斯警長輕敲出一份紀錄，紀錄顯示凌晨在一個名為Overtown的黑人社區發生了十二發槍聲。該系統使他能夠播放被捕獲到的音訊。對我來說，聽起來像是煙花聲，但「槍擊定位提示」將其標記為「威力大」和「全自動」，表明這是來自一支突擊步槍的聲音。古鐵雷斯表示他也覺得聽起來像煙花聲，但是槍手有時會用煙花掩蓋槍聲。無論如何，每當ShotSpotter檢測到它認為是槍聲時，警車會被派遣出去，鳴笛前往檢查。「該系統成為我們的911報警器，」[10] 古鐵雷斯說道。

　　中心的其他螢幕大多顯示監控攝影機的畫面，其中大部分來自音樂節各個舞臺周圍的街道。室外場地和龐大的觀眾群僅

有半英里的距離。

到了週五晚上，成千上萬的人排隊等待進入超世代音樂節的開場表演。一名警探控制著附近的攝影機，透過遠端操作將其沿著一條蜿蜒的隊伍移動，這條隊伍已經溢到街道上，環繞著一輛空的警車。警探們對此感到有些緊張。「為了防止發生意外，讓我們繼續將攝影機對準這個方向，」[11]有人說道。當有人在隊伍中將一瓶開特力（Gatorade）飲料放在警車頂部時，大家都嘀咕不已。

該中心每天從早上六點到淩晨三點運作。得到阿吉拉爾的允許後，我在那個房間裡度過了三天的時間，總計二十個小時。這個房間就像是遍布整個城市的監控神經系統大腦。員警並不在這裡進行緩慢、繁瑣的深入調查工作。相反地，他們傳送資訊給其他執法人員，要求他們採取行動。他們向警官提供線索，告訴他們攝影機拍攝到了什麼內容，臉部屬於誰，槍聲發生在哪裡，可能有誰目擊了犯罪行為。

這個中心的技術水準既高於我預期，也低於我預期。在舉辦超世代音樂節的公園旁邊的四十層高洲際（InterContinental）酒店上，安裝了一台解析度4,000畫素的攝影機。一名警探可以使用它來放大到街道級別，以無法察覺的方式觀察音樂節參與者的活動，以驚人的細節觀察他們在做什麼。「就像在玩『威利在哪裡？』（Where's Waldo）[12]」警探開玩笑說道。

但那台攝影機是例外，邁阿密絕大多數的攝影機似乎解析度遠低於預期，並且分布不如員警希望的那樣廣泛。每當「槍

CH 23　搖搖晃晃的監控國家　315

擊定位提示」感測器發出警報時，攝影機往往無法捕捉到目標，處於盲區之內。音樂節結束後的每個晚上，參與者湧向街道，而後似乎消失了，離開了攝影機密集的市中心，流向覆蓋不那麼完善的城市其他地區。

　　星期六發生一起持械搶劫案。兩個人被持槍的襲擊者迅速逼近，他們搶走3,000美元現金和一枚金飾吊墜。搶劫者隨後上了一輛等候的車，迅速逃離現場。這一切都發生在一家超市的停車場攝影機前，但影像非常模糊，警探無法看清車牌號碼，人臉也非常小且低解析度，無法透過Clearview進行辨識。錄影幾乎沒有什麼用處，除了記錄搶劫發生的時間、嫌疑人的基本身體描述以及車輛可能開往的方向。

　　警探花了大約十五分鐘檢查該地區的其他攝影機，看能否找到那輛飛速駛過的車，但沒有成功。這也讓他感到驚訝。監控供應商經常聲稱他們的人工智慧可以自動搜尋和掃描影片中的人、車輛或臉孔，但這位警探卻不得不一輛一輛地查看圍繞搶劫案發生地的所有交叉路口車輛，試圖憑肉眼找到匹配的目標。

　　「供應商總是做出這些誇大的聲明[13]，但實際效果很少像他們所說的那樣好，」Gooty說道。這就是為什麼員警部門傾向於堅持對新技術進行試驗，就像最初與Clearview合作之前所做的那樣。

　　阿吉拉爾停下來打招呼，並分享了一個關於如何藉助監控錄影追蹤到一名襲擊和謀殺無家可歸的男房地產經紀人的故事。警方在一次襲擊過後追蹤到他的行車路線，清查各種監控

攝影機,其中一個鏡頭拍到了他的部分車牌號碼,這使他們找到此人的駕駛執照。他們查看他的手機紀錄,位置紀錄將他定位在犯罪現場。「多虧了這些技術[14],我們發現了他是個連環殺手,」他說。「那個人本來會殺害更多的人。」

即時犯罪中心的起源可以追溯到2001年9月11日的恐怖攻擊事件。當時新成立的國土安全部向該市提供撥款購買攝影機[15],以在位於市中心的大使館和領事館設立監控設施(將監控視為「反恐」措施)。自那時起,該部門一直在擴大覆蓋範圍,為燈桿、建築物頂部安裝攝影機,並於2016年設立即時犯罪中心(RTCC)。

邁阿密每年都會新增約八十個監控鏡頭,並且隨著該部門的執法人員將佩戴的攝影機連上監控系統,這個資訊網路還將進一步擴大。這些攝影機將為總部提供即時影片,使每位執法人員成為即時犯罪中心的潛在監控視角。雖然,裝設攝影機最初的目的是為了對員警進行監督和問責。

儘管擁有人們通訊和行動的全面數位紀錄帶來許多好處,但我對阿吉拉爾在那個週末所說的一件事感到驚訝。他承認對技術過度依賴的擔憂,也擔憂那些認為他們可以在不離開辦公桌的情況下偵破謀殺案的警員。他說:「你需要到現場與人面對面地進行採訪[16]。科技讓我們變得便利,但我們不能丟掉傳統的詢問調查。」他強調了科技與傳統調查方法的平衡。

這讓我想起福西教授在倫敦說的一番話,他認為即時人臉辨識技術會使我們的安全性降低。如果警員依賴電腦來收集資料,然後讓機器為他們做決策,並且只在有警報提示時才採取

CH 23 搖搖晃晃的監控國家　　317

行動，他們將會錯過只有人類才能看到和做到的事情，並被人工智慧過度依賴過去所見來預測未來的局限所困擾。這種過度依賴技術而忽視人類的直覺和經驗，可能會導致資訊的遺漏和誤判。因此，平衡科技和人類智慧的使用是至關重要的。

在那個週末的RTCC，唯一發揮關鍵作用的技術是一個在正確時間、正確方向上定位的監控攝影機。在我最後參與的一個小時裡，一名在邁阿密街頭的警員從交通事故現場透過無線電呼叫到辦公室。兩名司機都否認是他們的過錯。在裝飾著超級英雄辦公桌旁的警探得知位置後，他找到了最近的攝影機，距離一條街之遙，並重播了錄影帶。透過監控錄影，他得以查明事故責任。這顯示監控技術在該情況中的關鍵性作用。

我們目睹了一輛黑色休旅車在十字路口的紅燈前停下片刻，然後繼續前行。一輛因為綠燈而開得很快的小型貨車從側面撞上休旅車。RTCC的警探打電話給警員，告訴他休旅車駕駛員對此事故負有責任。透過觀看監控錄影，警方能夠確定肇事的責任方，從而準確判斷事故的責任歸屬。這再次凸顯監控技術的重要作用。

邁阿密的監控體系還不完善，攝影機分散且不可靠。它並不是一個無所不見的全視眼睛，而是一個閃爍、模糊的眼睛。如果邁阿密代表著整個美國的情況，那麼我們只有一個搖搖晃晃的監控鷹架；它還在施工中，尚未完全建成。

我們仍然有時間來決定是否真的想要搭建它。

# 第24章

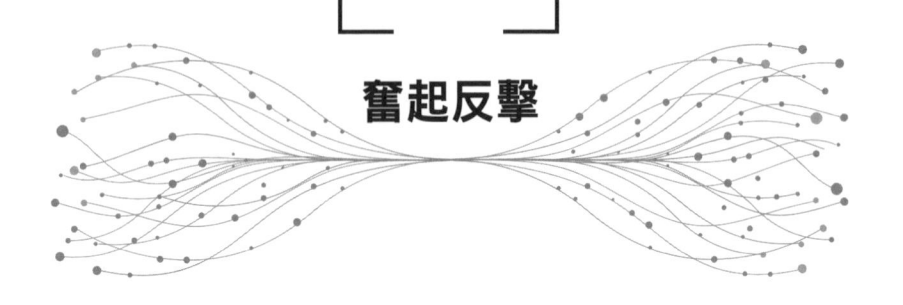

## 奮起反擊

　　Clearview一直在尋找人臉辨識技術的積極應用案例，以向公眾宣傳並影響批評者的觀點。當俄羅斯入侵烏克蘭，這是世界上大多數國家都譴責的侵略行為時，Clearview免費向烏克蘭政府提供他們的人臉辨識應用程式[1]，以便執法人員們能夠辨識士兵和間諜。當有報導稱烏克蘭人使用Clearview查找已故俄羅斯士兵的社群媒體資料，以便將他們的屍體照片傳送給他們的親人，藉此向俄羅斯人民傳達戰爭的真實傷亡情況時，《華盛頓郵報》將其稱為「迄今為止最惡劣的技術應用之一」。

　　當一名辯護律師聯繫Clearview[2]，要求使用該應用程式來追蹤一名唯一能夠救他的客戶免受過失殺人指控的好心人時，Clearview允許該律師獲取存取權限。在此案件中取得成功後，該律師的客戶被證明無罪，Clearview表示如果該技術在公共辯護人員的案件中同樣有幫助，他們將以更低的價格向公共辯護

人員提供訂閱服務。（這並不違反只向政府銷售Clearview的協議，因為許多公共辯護人員是透過公共資金支付的。）然而，公共辯護機構中的一些人對此提議並不感到滿意[3]，稱其為公關策略。批評者表示，將一種根本上不道德的工具提供給雙方並不是解決方案。

批評者拒絕被說服。對於數位權利倡議者格里爾（Evan Greer）這樣的人來說，像Clearview這樣的技術根本沒有任何可以改變他們立場的用途。「我堅決反對人臉辨識技術[4]，因為它本質上是一種壓迫性和有害的技術，」格里爾說道。「我們應該像對待核武器或生化武器一樣對待人臉辨識技術。它是一種具有潛在深遠影響的技術，可能會削弱人類社會的基石，任何潛在的好處都無法抵消其不可避免的危害。」

格里爾是一個由活動家、藝術家、學者和科技術專家組成的鬆散組織「為未來而戰」（Fight for the Future）的一員。他們正在拚命努力地控制人臉辨識技術，以避免它變得像汽車、電子郵件和智慧型手機等其他曾經新奇的技術一樣普遍和平常。「為未來而戰」在2019年底與四十多個其他非營利組織共同發起了一項「禁止人臉辨識」運動，認為當人臉辨識技術被用於建立監控網路時，其危險性過於巨大，不能存在。歐洲的許多公民自由組織也發起類似的運動，名為「奪回你的臉」（Reclaim Your Face）。

為引起公眾的注意，「為未來而戰」的成員身穿防護服，並將裝有使用亞馬遜Rekognition軟體搭建的人臉辨識應用程式的手機固定在頭上。然後，他們在國會山莊漫步，將所遇到每

個人的臉與他們事先建立的雜亂人臉資料庫進行比對，試圖辨識他們的身分，只是為了說明並沒有法律禁止他們這樣做。他們掃描超過一‧三萬人的臉孔，並成功地辨識出一位加利福尼亞州的國會議員。該組織在事後的發文中寫道：「我們對國會的資訊很簡單[5]：讓我們今天所做的事情成為非法行為。」

在聯邦層面，立法者限制這項技術並非不可能。他們曾經通過透過反竊聽法來阻止對公眾隱私的大規模侵犯[6]，從而保護人們的對話不被祕密錄音。這就是為什麼全美各地監視著美國人的數百萬個監控攝影機不會同時監聽他們的原因。全美各地的民選官員也普遍拒絕另一項可以使員警工作更輕鬆的技術，那就是測速攝影機。我們可以在每條道路上設立這些攝影機，並自動對每個超速駕駛員開出罰單，但我們選擇不這樣做，即使這可能導致道路上發生更多事故。

不僅僅是活動人士在推動監管，甚至科技公司也開始提出要求。面對公眾對臉部追蹤的不安、學者對技術應用中的種族差異關注，以及佛洛伊德之死後針對員警權力的抗議活動，IBM、亞馬遜和微軟等提供電腦視覺企業產品的公司宣布，在政府制定道德使用規則之前，不會向美國執法機構出售其人臉辨識演算法。

微軟總裁布拉德·史密斯（Brad Smith）表示，圍繞人臉辨識技術的壓力正在增加，相關法律須要推動立法。Clearview AI是這種壓力的一部分。史密斯說：「Clearview AI在技術上取得多麼大的突破，以及他們所推銷的廣泛應用範圍，這讓我感到震驚和驚訝。[7]」「對我來說，這極其明確地提出須要設定哪些

限制的問題。」

隱私倡議人士對人臉辨識技術最有共鳴的批評之一是它存在種族歧視[8]，對某些群體的辨識效果不如其他群體。然而，隨著頂級開發人員專注於解決偏見演算法問題（至少在測試場景中），這種批評的時間視窗正在關閉。一位活動人士私下表示，倡議團體「衝動行事」了，他們過多關注技術上可修復的問題，卻不是關注完善後可能帶來的更廣泛威脅。這為人臉辨識供應商提供使用更準確的技術來推廣部署的正當理由，從而在不同群體中提高準確性。

在2022年2月，美國國會議員致信五個聯邦機構，要求他們停止使用Clearview AI的產品。這些議員包括出生於印度的華盛頓州代表賈亞帕爾（Pramila Jayapal）和身為黑人的麻塞諸塞州代表普雷斯利（Ayanna Pressley）。他們在信中表達「像Clearview這樣的人臉辨識技術」對弱勢族群構成獨特威脅的擔憂，超越了技術不準確性的問題。他們在這些信中指出，有色人種族群被系統性地過度執法，並且生物辨識監控工具的廣泛應用可能會不成比例地侵犯黑人、棕色人種和移民等族群的個體隱私權。

尊室歡針對這一指控發布了一份聲明。他回避了過度執法的問題，將重點放在準確性的指責上，並指出公司最近從美國國家標準與技術研究所（NIST）獲得的測試結果。NIST每隔幾個月就對數百個人臉辨識演算法進行測試。在2021年底，經過警方三年來在刑事調查中使用其應用程式，Clearview終於將

CH 24 奮起反擊　323

其演算法提交給協力廠商進行測試。為了準備評估，Clearview重新聘用了劉，這位曾在多年前幫助尊室歡完善公司人臉辨識演算法的物理學家，尊室歡緊張得建立了一個網頁自動尋檢程式，每隔幾秒鐘就抓取NIST的網頁，以便能夠在測試結果發布的瞬間得到提醒。

令一些批評家感到驚訝的是，Clearview是名列全球最準確人臉辨識公司中的前茅，它能夠在99.76%的時間裡正確匹配兩張不同的嫌疑人照片，以及在99.7%的時間裡將某人的簽證照片與自助攝影機拍攝的照片進行比對。Clearview的演算法被認為是美國公司中最優秀的，與包括日本的NEC和俄羅斯的NtechLab在內的全球知名企業不相上下。而世界領先的人臉辨識公司是中國的商湯科技，但由於引發一些爭議，被美國政府列入黑名單。

尊室歡聲稱：「最近的NIST測試顯示[9]，Clearview AI的人臉辨識演算法沒有明顯的種族偏見。」但這並不完全準確。仔細閱讀NIST關於該公司演算法的「報告卡」[10]可以發現明顯的人口統計效應。儘管非常準確，Clearview的演算法在混淆奈及利亞和肯亞出生的人的臉孔方面，比混淆波蘭出生的人更常見。而且，Clearview在整體上更擅長辨識男性而不是女性。

除了隱私倡議人士和民選政治人物之外，Clearview在華盛頓還有其他的批評者。到2022年，曾擔任弗蘭肯助理並長期批評人臉辨識技術的貝多亞被任命為美國聯邦貿易委員會（Federal Trade Commission，簡稱FTC）委員。FTC是美國實際上的隱私監管機構。貝多亞表示計畫調查非自願收集人們生物

特徵資訊，是否構成一種不公平和欺騙性商業行為，是否潛在違反了消費者保護法。

貝多亞表示：「那些你從未聽說過且與其沒有任何關係的公司[11]正在從網路上獲取你的臉部、聲音和行走方式等資訊。」他擔心當我們在世界中行走時，這些公司剝奪了我們的匿名性，將從根本上改變「外面」的含義。「我想問問自己，我是否想生活在一個政府可以祕密並遠端辨識人們的社會中？答案是否定的，我相信我在這方面不是孤單的。」

缺乏立法者採取具體措施的情況下，有技術能力的隱私保護倡議者奮起反擊，他們提出一些奇特的發明來阻止人臉辨識技術。密西根州的眼鏡製造商厄爾班（Scott Urban）開發一系列能反射可見光和紅外線的反射鏡框。當監控攝影機拍攝到一個戴上這款售價為168美元的Reflectacles隱私眼鏡的人時，反射的光會模糊臉部。他還製作可吸收紅外線以防止虹膜掃描的鏡片。他的客戶包括隱私愛好者、政治活動家和被賭場列入監視名單的算牌者。「關心隱私的人不再被視作瘋子，[12]」厄爾班說道。

回到2010年，當時藝術家和技術專家哈維（Adam Harvey）是紐約大學研究生，他發明了CV Dazzle[13]——一種對抗人臉辨識的偽裝方法。這是一種未來主義的改造，涉及時髦的棋盤格化妝和不對稱的髮型，覆蓋臉部的關鍵部位。這些不協調的幾何設計，對抗了當時廣泛使用的人臉辨識程式Viola-Jones的演算法。

學界普遍稱這些創作為「隱私盔甲」[14]。但它們的保護是暫時的，因為監控系統提供商最終總能找到克服它們的方法。一旦這些系統採用了更好的演算法（這很快就發生了），CV Dazzle就不再有效。如今，儘管哈維發表了抗議之詞，但記者仍然推薦他的改造方法來規避臉部監視[15]。

現居德國的哈維在聽到一名情報官員談到「沒有數據的演算法是無用的」後，構思出了一種不同的方法。他閱讀數百篇有關人臉辨識技術的學術論文，瞭解哪些資料庫被用來訓練和測試演算法。他意識到開發者社群依賴於一小部分不太知名的公開資料庫。這些資料庫包括杜克大學的Duke MTMC，其中包含二千七百名學生在校園走動時拍攝的二百萬張圖像，以及MegaFace，從圖片分享網站Flickr上公開發布的超過六十萬張臉部照片。

MegaFace資料庫是由華盛頓大學的教授們創立的，用於對人臉辨識演算法進行公開性能測試，類似於美國國家標準與技術研究所（NIST）的做法。該資料庫中的人臉圖像是從婚禮照片和兒童生日派對中收集而來，已被包括曠視科技和商湯科技在內的對象下載超過六千次[16]。這兩家中國公司因人權侵犯問題被美國政府列入黑名單，其他使用過此資料庫的對象：包括軍事承包商格魯曼（Northrop Grumman）公司、土耳其警方、名為ShopperTrak的新創公司，以及於2018年3月18日使用該資料庫的Smartcheckr公司創辦人尊室歡。

在哈維將這些資料庫的存在記錄下來[17]，並在一個名為Exposing.ai的網站上公開，這些資料庫在此之前幾乎未被人所

知,僅限於小眾電腦視覺研究社群內部,其中包括MegaFace。這正是他的目標。「我中斷了供應鏈,[18]」他說。「沒有人,人臉辨識就不起作用。如果他們共同拒絕將自己的數據資料納入系統,那麼它就崩潰了。」

或者他們可以採取相反的方式:他們可以利用自己的數據資料破壞系統。這是芝加哥大學資訊科學教授趙燕斌(Ben Y. Zhao)所追求的策略。「我們的目標是使Clearview消失,[19]」趙說。趙和他的學生們開發出一種名為「福克斯」(Fawkes)的顛覆性軟體,以紀念英國革命家福克斯(Guy Fawkes),他的高拱眉毛、翹起的髭鬚和山羊鬍是全球抗議者所青睞的面具裝飾。趙的「福克斯」軟體對數位照片進行畫素的改變,從而使後續的人臉辨識系統在嘗試將一個人的臉部與網上照片進行匹配時感到困惑。對於人工智慧來說,它看起來不像同一個人。如果至少應用於一半以上的數位圖像,效果最好,但這是一個具有挑戰性的任務。但是,例如如果臉書在所有用戶的照片上都使用了「福克斯」,那麼未經許可從該網站上提取的圖像將不再是一個可靠的身分辨識方式。

―――――

在Clearview出現之前,臉書一直是關注人臉辨識技術的隱私保護倡議者和立法者的主要目標。現在情況已經改變,臉書需要做出一個決定:是否公開發布最新版本的擴增實境(AR)眼鏡,這實際上是一種可佩戴的電腦眼鏡,一些員工想知道這些眼鏡是否有能力辨識你周圍的人。

博斯沃思(Andrew "Boz" Bosworth)是馬克·祖克柏的哈佛

同學，他後來被任命為臉書的技術長，負責眼鏡的開發工作。在2021年初的一次全體會議上[20]，一位擔心的員工問博斯沃思說：「當AR眼鏡普及之後[21]，人們是否可以將自己的臉設為無法搜尋？」

「恭喜你，」博斯沃思輕快地回答道。「你說得太對了。這就是議題。今天我確實要對這個議題進行一次重要的隱私審查。我還要和馬克進行一次對話。」

他所說的馬克，指的是祖克柏。

「事實上，我們已經在這方面努力了多年，」他繼續說道。他認為有可能取消被搜尋的選項，但更重要的問題是臉書是否能夠完全發布臉部搜尋功能，因為在某些地方，如伊利諾州，這樣的人臉辨識是違法的。

博斯沃思描述了讓擴增實境眼鏡不包含人臉辨識功能，這樣就錯失了增強人類記憶的機會。他談到一個普遍的經歷，就是參加晚宴派對時看到一個認識的人，卻無法回想起他們的名字。

「我們可以在他們身上貼上一小個名牌，」他輕輕地笑著說道。「我們可以做到。我們有這種能力。」

早些年，博斯沃思本人曾寫過一篇內部備忘錄，標題為「醜陋的真相」（The Ugly）[22]，其中提到臉書的職責是連結人們，不論結果如何。它可以幫助某人找到愛情，這被他稱為「正面的」。或者它可能導致生命喪失，因為在臉書平台上發生恐怖襲擊，這被他視為「負面的」。他最後得出的結論是：「醜陋的真相是，我們堅信深深地連結人們，因此任何能讓我

們更頻繁地連結更多人的事情，從事實上來說都是好的。」

人臉辨識技術確實可以連結人們。雖然臉書後來推出人工智慧眼鏡（售價299美元的配備攝影機、麥克風和電腦晶片的Ray-Bans眼鏡），真正的擴增實境眼鏡（可在現實世界上顯示數位訊息）仍在開發中，尚不清楚它們將具備什麼功能。

關於在人們身上貼上虛擬名牌的法律問題，博斯沃思的發言可能聽起來是隨興的，但事實上，它們掀起深水中的漣漪。據公司表示[23]，臉書的人工智慧、政策、產品、工程和法律團隊已經被要求評估如何處理人臉辨識技術。當時，臉書擁有全球最大的臉部生物辨識資料庫，這一創造如此有爭議，以至於單單在法律費用和訴訟和解上，就花費該公司至少10億美元。

內部的討論最終形成一份長達五十頁的備忘錄[24]，分析在公司的主要產品中繼續使用這項技術的利弊，並特別著眼於弊端。到了2021年底[25]，臉書宣布停用其人臉辨識系統；用戶將不再自動在照片和影片中被辨識，並且該公司將刪除其已經建立的超過十億人臉部的演算法圖。隱私倡導者和活動人士對這一決定表示歡迎[26]。臉書拒絕了十年前強加給用戶的技術，這是一個具有重大而象徵性意義的舉動，同時也顯示人臉辨識這一概念已經變得多麼具有毒性。但這也僅僅是象徵性的舉動。

是的，臉書並沒有完全摒棄驅動該系統的演算法，只是將其關閉。正如一位曾在臉書擔任產品經理的人所說：「這就像把武器放在軍械庫裡[27]，你隨時都可以打開門。」

當我問一位臉書發言人，該公司是否將來可能在其擴增實境眼鏡中使用人臉辨識技術，他拒絕排除這種可能性。

# 第25章

## 技術問題

2021年10月的某個星期五，我體驗到了可能等待我們所有人的未來。我當時正在與尊室歡會面，試用他曾告訴我Clearview沒有計畫發布的產品。

我們在琳登位於上西城的公寓見面，這個公寓被裝飾成一個古老的寶塔，擺滿早期美國民間藝術、復古收音機和打字機，還有一部19世紀的格拉漢姆（Graham）電話和一個1800年代的蠟燭熄火器。儘管琳登在一家領先的科技公司任職，但她自豪地宣稱自己不是一個科技人。

當我抵達時，尊室歡正處於科技愛好者的巔峰狀態，他彎著身子坐在餐桌前，盯著筆記型電腦，顯得非常緊張。他穿著一套鼠尾草綠色的西裝，配上一條白色腰帶和奶油色的鞋子，他交互戴著兩副眼鏡，一副是時尚的透明眼鏡，另一副是黑色的厚框眼鏡。他時而在電腦上輸入，時而觀看著兩部不同的

iPhone。

「網路出了問題,[1]」他向琳登抱怨。房間裡的歷史遺物彷彿散發出一種神祕的力量,抵抗著尊室歡試圖引入的未來。

「這個公寓的生活停滯在大約1880年,[2]」琳登說道,她穿著一套黑色的套裝,配上搖擺的鑽石耳環。她告訴尊室歡我們應該往走廊移動,以靠近她臥室裡的路由器。他說那不是問題,花了超過一個小時進行故障排除:插拔電源,檢查連接,重新輸入密碼。

在等待期間,尊室歡告訴我,Clearview的資料庫每天以七千五百萬張圖像的速度增長。以前,當搜尋一張臉時,Clearview平均能找到十三張照片;現在則是這個數字的兩倍。其中許多新照片來自Flickr。

「我開始發現更多我不知道存在的照片,[3]」尊室歡說著,並將手機轉向我,展示出在他的Clearview搜尋結果中開始出現的驚人照片:十年前的一張照片,他在一家昏暗的舊金山酒吧中拿著一杯飲料;一個十幾歲的尊室歡,他的頭髮短而蓬亂,坐在澳洲一個電腦程式設計大會上的宴會桌旁。這些照片上沒有他的名字,無法透過谷歌文字搜尋找到(我後來試圖找,但找不到)。只有像Clearview這樣的臉部搜尋才能找到它們。

「這是一台時光機[4],是我們發明的,」尊室歡說道。我沒有看到他在共和黨全國大會上的照片,也沒有看到他戴著MAGA帽子的照片。也許它們被擠掉了,或者也許它們被封鎖了,不會顯示出來。

在我進行這本書的報導過程中,尊室歡用Clearview應用程

式多次拍攝了我。每次的結果都略有不同，但都令人驚嘆：它會在陌生人照片的背景中找到我的臉，不管是在俱樂部還是在街上行走。有時這些照片是從多年前，拍攝距離很遠，我只有在認出我所穿的衣服時，才能確定那是我自己。即使尊室歡拍攝我戴著N95口罩，遮住了我大部分的臉，Clearview應用程式仍然能找到我的照片。

在琳登的公寓中進行搜尋時，引起我注意的照片是來自2006年的除夕夜，在紐約市與我妹妹和她的大學朋友一起度過。我記得當時情緒有點低落，剛剛經歷了一次重大失戀，我的體重比現在重了大約二十磅。那個時候，我在網上很少有自己的照片，部分原因是因為我不喜歡自己當時的樣子。

我不記得以前見過這張照片，它是在智慧型手機出現之前用數位相機拍攝的。我後來發現它來自Flickr，是由我妹妹失聯的一個朋友發布的。那裡還有我的其他照片，還有更多我妹妹的照片。我很驚訝看到這些，因為她是一個非常重視保護隱私的人，幾乎沒有在網上發布她自己的照片。我告訴她後，她聯繫了她的朋友，要求將這些照片從公共網路中移除，但它們仍然存在於Clearview的資料庫中。

尊室歡告訴我，Clearview正在透過人工智慧嘗試新的功能，比如讓模糊的臉變清晰，移除人們的口罩。他還在研究一種與人臉無關的新型搜尋，即對照片的背景進行分析。他希望調查人員能夠確定照片的拍攝地點，比如確定倫敦某個街區的牆上的磚塊。人類調查員已經做過這種分析；他相信他也能訓練一台電腦來做到這一點。

我們談到美國政府問責辦公室（U.S. Government Accountability Office）最近的一份報告，這是一家聯邦機構，對包括聯邦調查局、司法部、能源部、特勤局和衛生及公共服務部在內的主要機構進行了審計調查，瞭解他們使用人臉辨識技術的情況。幾乎所有機構都回報使用或計畫使用這項技術，其中許多報告稱他們曾嘗試過Clearview。「你們正在成為人臉辨識的舒潔（Kleenex），」我告訴尊室歡，這是一個代表通用品牌名稱的例子。

這讓他很興奮，他給我看了一個前一天晚上播出的節目片段，那是一部根據丹・布朗的一本書改編的驚悚片。片中的一個角色打電話給一個警察朋友，希望能夠透過人臉辨識來幫助他辨識剛開槍射擊他的人。「在Clearview上查一下，給我一個名字，兄弟，我欠你的。」他說道。

尊室歡對此感到興奮不已。這正是他的夢想，創造一個著名的應用程式，會在新的熱門電視劇中不經意間提到的那種*。

對於尊室歡與MAGA人群的往來以及他和公司與強森的關聯，一如既往地是禁忌的。尊室歡拒絕談論這些問題，但他和史華茲終於找到一種方法來排除強森，而他們利用了我來實現這一點。在2021年初，史華茲在德拉瓦州提交Clearview公司的公司章程修正案。任何「違反保密義務」的股東可以市價的20%回購他們的股份。該公司知道我即將在《紐約時報雜誌》上發表一篇文章，提出強森在公司中的角色，並且該文章將引用他的原話。在文章發表之前，我找到了這份新的文件，並問強森是否知道。他聽起來很震驚。「對我來說可能不太好，[5]」

---

＊ 這個電視劇節目叫做《失落的符號》（*The Lost Sumbol*），只播出了一季後就下檔了。

他說道。

在我的報導發表後，公司董事會簽署了一份法律文件[6]，正式確定回購行動：文件中指出，強森在《紐約時報雜誌》上就他在Clearview的「間接擁有權益」發表的「公開言論」違反他的保密義務。根據Clearview的新公司政策，他們沒收了強森的股份，當時該公司估值約為近150萬美元，並向他支付286,579.69美元。據強森說[7]，尊室歡還打電話給他的前妻，試圖購買她和他們女兒持有的股份，但她拒絕了。

在這個消息被吸收後，強森對此表現得若無其事。他從德州搬到了維吉尼亞州，有了一位新女友，並表示他忙於一個名為Traitwell的新創公司，該公司邀請人們上傳他們從23andMe和Ancestry等公司獲得的DNA結果，以便「瞭解關於自己的新資訊和危險資訊」。其中一個服務是「Covid預測器」，可以預測感染後症狀的嚴重程度。然而，強森的真正目標是建立一個基因資料庫[8]，供警方用於協助破案；理想情況下，這個資料庫將包含每個人的DNA，或至少是與他們有親屬關係者的DNA，以便透過基因搜尋找到他們。他表示計畫支付殯儀館以從死者身上提取基因樣本。強森擁有在反烏托邦前沿的能力。他發誓不會兌現Clearview的支票，而是計畫起訴以追求他認為自己應得的賠償*。

但這個話題對於尊室歡來說是禁忌的[9]。Clearview的律師韋克斯曼表示，他們與強森在多年前結束Smartcheckr LLC時簽署了保密協議，無論強森講了多少話，他們都不會評論——這

---

\* 2023年3月，強森在紐約南區提起訴訟，指控該公司違反合約。該公司的律師表示，這起訴訟毫無根據，Clearview將會「反對這些毫無根據的指控」並為自己辯護。

是一種避免尷尬話題的方便方式。

終於,在一個半小時後,我們按照琳登的建議進入了起居室,而那裡的Wi-Fi神奇地能夠運作了。尊室歡成功地將那副厚重的黑色擴增實境眼鏡(由一家名為Vuzix的紐約公司製造)連接到網路。正如我和同事們在最初開始研究這家公司時發現的那樣,尊室歡設計了Clearview的應用程式,使其能夠在這副價值999美元的眼鏡上運作,讓佩戴者能夠從十英尺遠的地方看著一個陌生人,並瞭解他們的身分。這個功能在計畫中已經存在多年了。

尊室歡轉向我,輕輕敲打了眼鏡。「噢,一百七十六張照片」,他說道。他朝我這個方向看著,但他的目光集中在眼鏡右鏡片上的一個小方塊的光點上。

他讀到:「阿斯彭思想節(Aspen Ideas Festival)。卡希米爾·希爾」。在眼鏡裡,出現了一張我在2018年演說的照片,還附有一個連結到該照片所在網站的連結,以及他一字不差地讀出的網頁標題。

然後他把眼鏡遞給我。我戴上了它們。儘管它們看起來很醜,但它們很輕便,戴起來很貼合。尊室歡說他試過其他擴增實境眼鏡,但這副表現最好。「它們即將推出新版本,」他說。「而且它們看起來會更酷,更有嬉皮風。」

Clearview很快就會與美國空軍簽署一份合約[10],開發可用於基地的眼鏡原型。尊室歡最終希望開發一副能夠在距離很遠之處辨識人的眼鏡,以便士兵在對方還距離五十英尺遠時就能

CH 25 技術問題 335

判斷對方是否具有危險性。

當我透過眼鏡看著尊室歡時，他的臉周圍出現一個綠色的圓圈。我在右側太陽穴的觸控板上輕輕點擊。一條只有我能看見的訊息顯示在方形顯示螢幕上：「搜尋中⋯⋯」

然後方形螢幕上填滿了尊室歡的照片，每張照片下面都有一個標題。我使用觸控板滾動瀏覽了這些照片。我點選了一張照片，上面寫著「尊室歡，Clearview 執行長」，它告訴我這張照片來自Clearview的網站。

我看著琳登搜尋她的臉，出現了四十九張照片，包括她侄女的訂婚派對和她與一個客戶的合照，她要求我不要在書中出現這張照片，這無疑代表著對一個人臉部進行搜尋的侵入性有多大，即使是對在該公司工作的人來說也是如此。

我想帶著這副眼鏡出去，看看它們在我不認識的人身上的效果，但尊室歡表示我們不能這樣做，既因為我們需要連接Wi-Fi，又因為有人可能會認出他，立即意識到這副眼鏡是什麼以及它們能做什麼。他還沒準備好面對那種程度的爭議。

儘管我知道應該害怕，但這並沒有讓我害怕。對我來說，擁有這副眼鏡的人無可避免地會對那些沒有眼鏡的人擁有優勢。但是看到它的工作效果，就像是成功完成了一個魔術，帶有一種技術上的甜蜜感，這令人興奮不已。

令人驚訝的是，尊室歡從開發平凡無奇的臉書應用程式，走到了建立這樣一個改變世界的軟體。他提到了一些在電腦視覺和人工智慧方面取得重大進展的研究人員，說：「如果我不是站在那些巨人的肩膀上，我是無法完成它的。」

那些巨人，那些在學術實驗室和矽谷辦公室努力工作的資訊科學家，他們為Clearview打開了道路，也為未來可能來臨的資料探勘公司鋪平了道路，這些公司可能會獲取我們的聲音、表情、DNA和思想。他們渴望使電腦變得更加強大，但卻未完全考慮到後果。現在，我們必須與這些結果共同生活。

簡報結束後，尊室歡坐下來掏出手機檢查兩小時訪談期間的郵件。當他開始沉迷於螢幕時，琳登訓斥了他。「歡，保持專注」[11]，她說。「最重要的是什麼？」

「媒體，」他回答道，舒服地坐回椅子，放下手機。「媒體。」

尊室歡曾經將自己比作塞麥爾維斯（Ignaz Semmelweis），他是19世紀初一位匈牙利醫生[12]，試圖說服其他醫生在助產時洗手。塞麥爾維斯發表了研究，顯示洗手可以減少產婦的死亡率，但他無法解釋原因，所以醫生們拒絕採納這種做法。塞麥爾維斯最終死在一家精神病院，他的建議未被接納。直到多年後發現細菌和疾病之間的關係，人們才真正接受了洗手的做法。尊室歡說，一旦某個人發現了非凡的事物，「真正的工作就是將其推銷給公眾，讓人們對其感到舒適。」

對於建立一個能夠將人臉與身分和龐大的數位足跡連結起來的應用程式，尊室歡非常自豪。他準備與批評者進行激烈的辯論、打官司、挑戰視其為非法的政府，並進行儘可能多的訪談以說服人們，最終他們的臉孔不僅僅屬於他們自己。他再次將全球的抵制歸因於「未來衝擊」。

他說：「是時候讓世界跟上步伐了[13]。他們會的。」

# 謝誌

　　首先，感謝那些為這本書與我交談的人，不管是書中列名或未列名的，他們滿足了我的好奇心，給了我一些想法和建議，花了幾個小時、幾天甚至幾年的時間與我交談，回答我的問題，並以其他方式說明我找到答案。

　　我非常感謝《紐約時報》的同事們，特別是瓦倫蒂諾-德弗里斯（Jennifer Valentino-DeVries）、克羅里克（Aaron Krolik）、丹斯（Gabriel Dance）、比奇（Susan Beachy）和貝內特（Kitty Bennett），他們是我的記者和研究員，與我一起完成這一切的開端。恩里奇（David Enrich）和薩默斯（Nick Summers）在我做了太多 Clearview AI 的推銷之後，都明智地建議我也許應該寫一本書。雜誌社的瓦西克（Bill Wasik）、斯塔利（Willy Staley）和瓦拉（Vauhini Vara）幫助我構思了長篇故事。感謝羅斯（Kevin Roose）、弗倫克爾（Sheera Frenkel）、康恩（Cecilia Kang）和以撒（Mike Isaac）在寫書過程中給我的建議，感謝戴伊（Rachel Dry）、波洛克（Ellen Pollock）和瑞安（Carolyn Ryan）給我時間寫這本書。作為一名記者，《紐約時報》是一個令人難以置信的地方，而來自報社和出版商蘇茲伯格（A.G. Sulzberger）的親切關懷，更讓我受

益匪淺。

哈威（Adam Harvey）和馬丁尼茲（Freddy Martinez）這兩位對點燃我對人臉辨識技術的興趣特別有幫助。我的同事麥克（Ryan Mac）從競爭對手變成了我的同事，他非常慷慨地與我分享知識和見解。琳登（Lisa Linden）和格羅斯（Jason Grosse）不遺餘力地為我聯繫我需要的資訊來源，使這本書更加令人滿意。

我的經紀人伊格林（Adam Eaglin）勸我在沒有真正的好素材之前不要投稿；我很感激他，因為我很喜歡和他一起工作。他和韋爾伯洛夫（Chris Wellbelove）幫助我將計畫書交到了雷德蒙（Hilary Redmon）和塔希爾（Assallah Tahir）的手中，他們的批評和建議讓手稿大放異彩。

我非常感謝博因頓（Robert Boynton），十多年前他鼓勵我將「不那麼隱私的部分」作為我在紐約大學新聞學院的作品集，最近又為我聯繫了不可或缺的研究員和事實查核員維納奇克（Anna Venarchik）。她找到了關鍵的資料，並為確保本書的事實性和準確性付出巨大的努力。如有任何錯誤都是我自己造成的。

早期讀者提供的寶貴回饋意見讓這本書變得更好，也讓我得以繼續寫作。我永遠感謝蒂姆（Trevor Timm）、奧里蒂（Monica Oriti）、塔拉維拉（Maureen Taravella）、麥科馬克（Noah McCormack）、謝姆（Kate Shem）、奧爾巴赫（Dan Auerbach）、奧爾巴赫（Jonathan Auerbach）、克里斯（Chris）、維茲納（Ben Wizner）、查普曼（Radiance

Chapman）、邁斯特爾（Elie Mystal），以及當之無愧的恩里奇。

網路檔案館為我提供了原本似乎無法獲取的參考文獻，我無數次地依靠 Wayback Machine 查閱資料。謝謝你，卡勒（Brewster Kahle），為我提供這個重要的數位圖書館。公共紀錄中心 MuckRock 是另一個天賜之物。

我曾希望為這本書前往俄羅斯和中國，但疫情和戰爭阻礙了計畫。我非常感謝我的旅途主人──邁阿密的里韋羅（Daniel Rivero）和倫敦的薩布里（Liz Sabri），以及金德夫婦（The Kinds）為我舉辦的愉快晚宴。

我的朋友和家人給了我鼓勵和啟發，尤其是我的母親，她是我最忠實的讀者。爸爸、媽媽、Scheherazade、Radiance、Keith、Coby和Kincaid： 感謝你們在我需要的時候一直在我身邊。當我把自己關在辦公室裡寫作時，我的女兒們得到了 Sara、Tess、Mo、Jim和Angie的關愛和娛樂。當然，還有我的丈夫特雷弗（Trevor），他在很多方面支援我的工作，改善我的生活，我不可能在這裡一一總結，所以我只想說我愛你，謝謝你們的咖啡。

Ellev和Kaia，你們是一切的中心，是我生活的樂趣所在。在過去的一年裡，你們曾多次問我這本書寫完了沒有。感謝在座的各位，我終於可以肯定地回答你們了。

# 資料來源說明

　　這本書《你的臉屬於我們》是根據三年的研究、實地到邁阿密和倫敦的採訪，以及對超過一百五十人的訪談所建立起來的。這個專題的構想來自2020年1月19日我為《紐約時報》撰寫名為「可能終結隱私的神祕公司」一文。在2021年3月18日發表的《紐約時報雜誌》報導「你的臉不再屬於你自己」中，我也進一步澄清一些書中的想法。

　　Clearview AI和尊室歡在這本書的報導中給予很大的合作，對此我感激不盡。尊室歡多次與我坐下來談論他的過去以及公司的歷史，這讓我非常感謝。

　　然而，他拒絕重新回顧個人歷史的某些部分，而且他和公司基本上拒絕回答關於他們自稱為「Smartcheckr one」時期的問題。「之前在紐約成立了一家以類似名稱命名的有限責任公司，但它並非用於開發人臉辨識技術，也沒有進行任何業務，」尊室歡在一份聲明中表示：「Smartcheckr Corp於2017年8月成立，與股東史華茲和尊室歡一起開發人臉辨識技術。這個企業實體後來更名為Clearview AI, Inc。所有涉及人臉辨識的智慧財產權都是在Clearview AI, Inc.下開發的。」

　　該公司堅稱第一個Smartcheckr，其中強森參與其中，只

是一個空殼，沒有任何行動，也與人臉辨識無關。該公司婉拒回答與Smartcheckr one相關的活動問題，包括「可悲晚會」（DeploraBall）和對匈牙利政府的提案（其中明確提到人臉辨識技術）。

對強森的採訪填補公司歷史中的許多空白，提供在Smartcheckr one期間以及之後史華茲、尊室歡和強森之間交換的有關臉部分析和匹配的電子郵件。強森慷慨地花時間幫助我理解公司發展的某些時期，而其他相關人不願提及。此外，他並不是公司拒絕討論的唯一人物。他們也婉拒討論「維理塔戰略夥伴」（Veritas Strategic Partners），這是一家政治諮詢顧問公司，與強森無關，且是在第二個Smartcheckr成立之後創立的。然而，強森、琳琪和其他未點名的消息來源提供了資訊和文件，削弱Clearview聲稱在紐約成立的Smartcheckr並非是通向Clearview為單一連續體的說法。

這本書中的事件對於沒有親身經歷過的人來說，並不能被視為完全可靠，因此我努力透過多個證人、當代通訊方式、照片或錄影、財務文件、企業簡報文稿、法律備忘錄、日記紀錄、案件檔案和其他政府紀錄來證實這些事件。這將有助於確保描述的準確性。註釋中具體指出對話是基於某人的回憶，而不是透過文字稿、錄音、電子郵件或簡訊等來呈現。對於內心想法的描述則是基於我在註釋所引用的訪談期間與該人的交談。這樣的溝通將有助於呈現更真實的故事。

許多致力於人臉辨識技術的先驅者仍然健在，我直接對他們進行了訪談。主要的例外是全景研究公司的布萊索，所以我

依據他發表的資訊科學論文；之前的研究人員的工作，包括記者拉維夫（Shaun Raviv）的《有線》（*Wired*）雜誌文章「人臉辨識的祕密歷史」；以及布萊索的檔案資料，其中部分資料是拉維夫大方提供的，他花了很多時間整理位於德州大學奧斯汀分校的收藏。另外，我也試圖訪問沃爾芙，她是布萊索在1965年發表的論文「人機人臉辨識系統」的共同作者，但她拒絕了，說那已經過去太久了。

# 註釋

## 序言：線報

1. Paul Clement, memorandum re: Legal Implications of Clearview Technology, August 19, 2019. Obtained by Freddie Martinez in a public records request to the Atlanta Police Department.

2. Technically, *Minority Report*, released in 2002 and based on the 1956 short story of the same name by Philip K. Dick, features iris scanning, not facial recognition, but they belong in the same camp of technologies that aim to link a person's body to his or her name.

3. Andy Newman, "Those Dimples May Be Digits," *The New York Times*, May 3, 2001.

4. John D. Sutter, "Why Facial Recognition Isn't Scary—Yet," CNN, July 9, 2010.

5. "Stop Searching, Start Solving," promotional brochure from Clearview AI. Obtained by Freddie Martinez, 2019.

6. Samuel D. Warren and Louis D. Brandeis, "The Right to Privacy," *Harvard Law Review*, December 15, 1890.

7. "Face Facts," held by the Federal Trade Commission on December 8, 2011, videos and transcripts available online at https://www.ftc.gov/news-events/events/2011/12/face-facts-forum-facial-recognition-technology.

8. red Vogelstein, "And Then Steve Said, 'Let There Be an iPhone,'" New York Times Magazine, October 4, 2013.

9. 血液檢測公司Theranos已成為這方面的代表例子。這家新創公司聲稱它可以在一滴血液上進行數項測試，但這根本不是真的。John Carreyrou, *Bad Blood: Secrets and Lies in a Silicon Valley Startup* (New York: Alfred A. Knopf, 2018).

10. Clearview.ai, December 5, 2019, via Wayback Machine.

11. Certificate of Incorporation of Smartchecker Corp, Inc., August 3, 2017; Certificate of Amendment of Certificate of Incorporation of Smartchecker Corp, Inc., June 15, 2018; State of Delaware annual franchise tax report for Clearview AI, Inc., March 26, 2019.

12. Author's interview with Nick Ferrara for *The New York Times*, 2019.

13. Author's interview with Daniel Zientek for *The New York Times*, 2019.

14. Author's interview with David Scalzo and Terrance Berland for *The New York Times*, 2019.

15. Author's interview with Eric Goldman for The New York Times, 2019.

16. Author's interviews in 2019 for *The New York Times* and in 2021 with an investigator in Texas who participated on the condition that his name not be used.

## PART 1 人臉競賽
### CH1：奇特的愛

1. Author's interview with Charles "Chuck" Johnson, 2021.

2. The description of Hoan Ton-That's early life is based on author's interviews with Quynh-Du Ton-That, his father, 2020; Sam Conway, a childhood friend, 2021; and Hoan Ton-That, 2021.

3. Michael Arrington, "Facebook Launches Facebook Platform; They Are the Anti-MySpace," TechCrunch, May 24, 2007.

4. Austin Carr, " 'FarmVille' Maker Zynga Grows a $1B IPO in Facebook's Fertile Earth," Fast Company, July 1, 2011.

5. Ton-That's recollection of his conversation with Naval Ravikant in interview with the author, 2020.

6. The description of Ton-That's time in San Francisco is based on author's interviews with him, 2020–2022.

7. Certificate of marriage, retrieved from San Francisco City Hall.

8. Owen Thomas, "Was an 'Anarcho-Transexual Afro-Chicano' Behind the IM Worm?," Gawker, February 25, 2009.

9. 劍橋分析公司是一家位於英國的政治顧問公司，在2018年捲入了一起巨大的隱私醜聞。該公司透過一名聲稱出於學術目的收集資訊的大學研究員，獲得數百萬臉書用戶的「讚」和個人資料資訊。由於劍橋分析公司曾在2016年為總統候選人川普服務，並在英國脫歐公投期間為脫歐組織效力，人們開始相信，該公司對臉書用戶內心世界的祕密情蒐，幫助這兩個保守派競選團隊獲勝。

10. Erica Sadden, "Expando for iPhone: Filler with Obnoxious Upselling," Ars Technica, January 27, 2009.

11. Eric Eldon, "ViddyHo Gives GTalk Users a Case of the Worms," VentureBeat, February 25, 2009.

12. Jenna Wortham, "Fast-Spreading Phishing Scam Hits Gmail Users," *New York Times*, February 24, 2009.

13. Thomas, "Was an 'Anarcho-Transexual Afro-Chicano' Behind the IM Worm?"

14. Owen Thomas, " 'Anarcho-Transexual' Hacker Returns with New Scam Site," Gawker, March 10, 2009.

15. Fastforwarded.com, March 13, 2009, via Wayback Machine.

16. Hoan Ton-That Twitter page from January 2016, retrieved via Wayback Machine.

17. 美國前總統柯林頓的顧問波德斯塔（John Podesta）的電子信箱被駭客入侵後，維基解密在網上公布其中的內容，包括柯林頓一名助手寄給柯林頓的一封郵件。他似乎對女兒雀兒喜的公開言論感到不滿，並寫道，她應該安靜下來，否則可能面臨「對她十年來為競選活動、利用基金會資源為婚禮和生活買單的調查」。根據這封郵件，一些媒體報導稱柯林頓基金會為雀兒喜的婚禮支付了費用，柯林頓對此予以否認。Veronica Stracqualursi, "Bill Clinton: Accusation That Foundation Paid for Daughter's Wedding a 'Personal Insult,' " CNN, January 14, 2018.

18. 2005年，幾位學者發表了一篇論文，聲稱中世紀居住在萊茵河畔的猶太定居者的後裔—阿什肯納茲猶太人比其他種族更聰明。該論文引用大量猶太人獲得諾貝爾獎的事實和值得懷疑的舊智商測試研究（但忽略大量研究表明，智商測試是有缺陷的比較智力指標）。政治記者伊格萊西亞斯（Matt Yglesias）對這篇論文提出最尖銳的批評。他說，讚美猶太基因的人通常都有「反黑人議題」，「將其視為種族科學的一個有用切入點」。Gregory Cochran, Jason Hardy and Henry Harpending，"Natural History of Ashkenazi Intelligence，" *Journal*

of Biosocial Science 38, no. 5 (2006): 659-93; Matthew Yglesias, "The Controversy over Bret Stephens's Jewish Genius Column, Explained," Vox, December 30, 2019.

19. 幾十年來，美國的移民人數一直在增加。據皮尤（Pew）研究估計，2016年，美國有近四千四百萬外國出生人口，占總人口的13.5%，創下新紀錄。Jynnah Radford and Abby Budiman, "2016, Foreign-Born Population in the United States Statistical Portrait," Pew Research Center, September 14, 2018.

20. Author's interview with Gustaf Alströmer, 2021.

21. Caitlin Dewey, "Charles Johnson, One of the Internet's Most Infamous Trolls, Has Finally Been Banned from Twitter," Washington Post, May 26, 2015.

22. Much of the information in this section is from author's interviews with Charles Johnson, 2020–2021.

23. Charles C. Johnson, Why Coolidge Matters: Leadership Lessons from America's Most Underrated President (New York: Encounter Books, 2013).

24. "Media Outlets Construct Michael Brown's (Thug) Life After Death," Ebony, September 4, 2014.

25. "We had 3 or 4 million page views a month." Author's interview with Charles Johnson, 2021.

26. David Carr, "Sowing Mayhem, One Click at a Time," The New York Times, December 14, 2014.

27. J. K. Trotter, "What Is Chuck Johnson, and Why? The Web's Worst Journalist, Explained," Gawker, December 9, 2014.

28. 這篇於2014年11月發表的文章描述了在維吉尼亞大學（UVA）一個兄弟會發生的集體強暴事件，該事件對於被指控的施暴者沒有造成任何後果。滾石雜誌後來撤回這則報導，並支付兄弟會165萬美元以解決這宗誹謗訴訟。Sabrina Rubin Erdely, "A Rape on Campus," Rolling Stone, November 2014.

29. Catherine Thompson, "How One Conservative Writer Mistook a Viral Photo for Rolling Stone's 'Jackie,' " Talking Points Memo, December 19, 2014.

30. 這條由尊室歡於2016年5月16日傳送的訊息「新增到Slack群組」，以及本節中描述的其他訊息均由查爾斯・強森（Charles Johnson）提供給作者。

31. Author's interview with Charles Johnson, 2021.

32. A nonexhaustive list: Kate Crawford, *Atlas of AI: Power, Politics, and the Planetary Costs of Artificial Intelligence* (New Haven: Yale University Press, 2021); Sahil Chinoy, "The Racist History Behind Facial Recognition," *New York Times*, July 10, 2019; "Eugenics and Scientific Racism," National Human Genome Research Institute.

33. Email thread between Hoan Ton-That and Charles Johnson, July 13, 2016. On file with author.

34. Thiel's biography comes primarily from Max Chafkin, *The Contrarian: Peter Thiel and Silicon Valley's Pursuit of Power* (New York: Penguin Press, 2021).

35. 彼得・提爾在這裡描述的觀點是根據他所寫的一篇論文：Peter Thiel, "The Education of a Libertarian," *Cato Unbound*, April 13, 2009.

36. Author's interview with Airbnb host for *The New York Times Magazine*, 2021. She agreed to talk on the condition that she not be named.

37. 強森在與作者的訪談中回顧了共和國全國大會的事件，這些內容獲得他提供的照片和影片確認，以及一段在YouTube上發布的影片，該影片顯示尊室歡在強森與一位記者在街頭發生衝突後笑著的場景。出處： GotNews, "Jamie Weinstein Assaults Charles C. Johnson," YouTube, July 21, 2016.

38. Don Muret, "Quicken Loans Arena Transforms for Republican National Convention," *Sporting News*, July 18, 2016.

39. 這次會議及對於尊室歡和強森在共和黨全國代表大會活動的描述，主要根據作者對強森在2021年至2022年的訪談。尊室歡不願討論該事件，也不願談及他與強森的關係。其發言人聲稱這樣做會違反保密協議（NDA）。彼得・提爾透過他的發言人聯絡以確認泳池邊會議的詳情，但他並沒有回應。

40. Author's interview with Owen Thomas, 2021.

41. Ryan Tate, "A Facebook Billionaire's Big Dumb Failure." Gawker, August 16, 2011.

42. Connie Loizos, "Peter Thiel on Valleywag; It's the 'Silicon Valley Equivalent of Al Qaeda,' " *Venture Capital Journal*, May 18, 2009.

43. Andrew Ross Sorkin, "Peter Thiel, Tech Billionaire, Reveals Secret War with Gawker," *New York Times*, May 25, 2016.

44. Jonathan Randles, "Right-Wing Blogger Charles Johnson Settles with Gawker Media," *Wall Street Journal*, August 16, 2018.

45. 在他2009年的《Cato Unbound》文章中，提爾寫道，他反對每個人都必然面對死亡的命運。2014年，提爾告訴彭博電視，他正在服用人類生長激素，以期活到一百二十歲。2015年，他表示對年輕人的血液轉移到老年人的生命延續可能性感興趣，這一過程稱為「共生現象」（parabiosis）。Jeff Bercovici, "Peter Thiel Is Very, Very Interested in Young People's Blood," Inc., August 1, 2016.

46. Author's interview with Charles Johnson, 2021.

47. Conversation as recalled by Johnson in interviews with the author, 2020–2021.

## CH2：根源（公元前350年–1880年代）

1. Aristotle, The History of Animals, 350 BCE, book 1, parts 8–15.

2. Details of Galton's life come from an assortment of texts, including Karl Pearson, *The Life, Letters and Labours of Francis Galton* (Cambridge, UK: Cambridge University Press, 2011); Martin Brookes, Extreme Measures: The Dark Visions and Bright Ideas of Francis Galton (New York: Bloomsbury, 2004); and Galton's writings, including *Narrative of an Explorer in Tropical South Africa* (London: John Murray, 1853) and *Memories of My Life* (London: Methuen, 1908).

3. 關於高爾頓（Galton）和達爾文（Darwin）之間關係的許多描述來自這些文章：Raymond E. Fancher, "Scientific Cousins: The Relationship Between Charles Darwin and Francis Gal-ton," *American Psychologist* 64, no. 2 (2009): 84–92; Nicholas W. Gillham, "Cousins: Charles Darwin, Sir Francis Galton and the Birth of Eugenics," *Significance* 6, no. 3 (August 24, 2009): 132–35.

4. Charles Darwin, *The Life and Letters of Charles Darwin*, edited by Francis Darwin (London: John Murray, 1887), 59.

5. Cornelius Donovan, "Phrenological Report on Francis Galton's Character," April 1849, Galton Papers, held at UCL Special Collections and Archives and digitized by the Wellcome Collection, https://wellcomecollection.org/works/mu8bwnff.

6. Charles Darwin, to Francis Galton, July 24, 1853, "Correspondence between

Charles Darwin and Francis Galton," Sir Francis Galton FRS, https://galton.org/letters/darwin/correspondence.htm.

7. This section is a summation of Galton's writings, including a two-part article—"Hereditary Talent and Character," *Macmillan's Magazine*, June 1865, 157–66, and August 1865, 318–27—and two books: *Hereditary Genius* (London: Macmillan, 1869); and *English Men of Science* (London: Macmillan, 1874).

8. Francis Galton, "Composite Portraits, Made by Combining Those of Many Different Persons into a Single Resultant Figure," *Journal of the Anthropological Institute of Great Britain and Ireland* 8 (1879): 132–44; Francis Galton, "Composite Portraits of Criminal Types," 1877, Sir Francis Galton FRS, https://galton.org/essays/1870-1879/galton-1879-jaigi-composite-portraits.pdf.

9. 「我們非常希望有一個簡短的詞來表達改善血統的科學,這並不僅限於謹慎配種的問題,而是特別在於人類時,考慮到所有在任何程度上可能促使更適合的種族或血統在速度上相比不太適合的種族,更有優勢的影響。這個詞『優生學』能夠充分表達這個理念。」" Galton wrote in *Inquiries into Human Faculty and Its Development* (London: Macmillan, 1883), 25.

10. Charles Darwin, to Francis Galton, December 23, 1869, Darwin Correspondence Project, University of Cambridge, https://www.darwinproject.ac.uk/letter/DCP-LETT-7032.xml.

11. Alfred Russel Wallace, review of Hereditary Genius, Nature, March 17, 1870. See also Emel Aileen Gökyiğit, "The Reception of Francis Galton's 'Hereditary Genius' in the Victorian Periodical Press," *Journal of the History of Biology* 27, no. 2 (1994): 215–40.

12. 本節中對貝蒂榮的描述來自幾個來源:Richard Farebrother and Julian Champkin, "Al-phonse Bertillon and the Measure of Man: More Expert than Sherlock Holmes," *Significance* 11, no. 2 (2014); Ida M. Tarbell, "Identification of Criminals: The Scientific Method in Use in France," *McClure's Magazine* 2, no. 4 (1894): 355–69; and a biography of Bertillon from "Visible Proofs: Forensic Views of the Body," exhibition at the National Library of Medicine, closed on February 25, 2008, but archived online.

13. It was outlawed in 1832, according to Dorothy and Thomas Hoobler, *The Crimes of Paris: A True Story of Murder, Theft, and Detection* (New York: Little, Brown, 2009).

14. Francis Galton, *Finger Prints* (London: Macmillan, 1892).
15. Gina Lombroso Ferrero, *Criminal Man: According to the Classification of Cesare Lombroso* (New York: G. P. Putnam's Sons, 1911).
16. Cesare Lombroso, *Crime: Its Causes and Remedies* (London: William Heinemann, 1911).
17. Charles A. Ellwood, "Lombroso's Theory of Crime," *Journal of the American Institute of Criminal Law and Criminology* 2, no. 5 (1912): 716–23.
18. Daniel J. Boorstin, *The Americans: The Democratic Experience* (New York: Vintage, 1974).
19. 有關鐵路的資訊來自兩個來源：Jim Strickland, "Hollerith and the 'Punched Photograph,'" Computer History Museum Volunteer Information Exchange, http://ed-thelen.org/comp-hist/images/VIE_04_003.pdf; and "The Punch Photograph," *The Railway News* 48, no. 1234 (1887): 360.
20. "The Punch Photograph."
21. In an August 1919 letter, Hollerith wrote of his inspiration, "I was traveling in the West and I had a ticket with what I think was called a punch photograph… [T]he conductor… punched out a description of the individual, as light hair, dark eyes, large nose, etc. So you see, I only made a punch photograph of each person." Quoted in Geoffrey D. Austrian, *Herman Hollerith: Forgotten Giant of Information Processing* (New York: Columbia University Press, 1982), 15.
22. "The Hollerith Machine," United States Census Bureau, https://www.census.gov/history/www/innovations/technology /the_hollerith_tabulator.html; Leon Edgar Truesdell, *The Development of Punch Card Tabulation in the Bureau of the Census*, 1890–1940 (Washington, D.C.: U.S. Government Printing Office, 1965).
23. Earnest Albert Hooton, *Crime and the Man* (Cambridge, Mass.: Harvard University Press, 1939).
24. Alexandra Minna Stern, "Forced Sterilization Policies in the US Targeted Minorities and Those with Disabilities—and Lasted into the 21st Century," The Conversation, August 26, 2020; Sanjana Manjeshwar, "America's Forgotten History of Forced Sterilization," *Berkeley Political Review*, November 4, 2020.

25. *Buck v. Bell*, Supreme Court decision, May 2, 1927. See also Adam Cohen, *Imbeciles: The Supreme Court, American Eugenics, and the Sterilization of Carrie Buck* (New York: Penguin Books, 2017).

26. Robert K. Merton and M. F. Ashley-Montagu, "Crime and the Anthropologist," *American Anthropologist* 42, no. 3 (1940): 384–408.

## CH3：「傻大個是真的」

1. 史華茲生活的細節根據新聞報導和作者於2021年對史華茲（Richard Schwartz）的訪談。任何直接引用均來自作者的訪談。

2. Ashish Valentine, " 'The Wrong Complexion for Protection.' How Race Shaped America's Roadways and Cities," NPR, July 5, 2020.

3. 1997年2月11日，三十八歲的史華茲宣布他將離開紐約市府團隊。第二天，他創立了機會美國（Opportunity America）……迄今為止，業務狀況良好：這家小型顧問公司在去年年底的一個月內就成功獲得約550萬美元的合約。Kathleen McGowan, "The Welfare Estate," City Limits, June 1, 1999.

4. 同上。

5. 「位於維吉尼亞州的麥克西瑪斯（Maximus）與一位前市長顧問有聯絡，曼哈頓最高法院法官威廉．戴維斯（William Davis）裁定，該公司在競爭有利可圖的福利轉工作合約時，對其他競爭團體擁有不公平的優勢。」Kirsten Danis, "Judge Sides with Hevesi on Workfare Bids," New York Post, April 14, 2001; Bob Herbert, "Contracts for Cronies," *New York Times*, March 27, 2000.

6. Eric Lipton, "Rejecting Favoritism Claim, Court Upholds a City Welfare Contract," *New York Times*, October 25, 2000; Michael Cooper, "Disputed Pacts for Welfare Will Just Die," *New York Times*, October 4, 2002.

7. 一篇關於此次購買的文章—Tom Robbins, "A Maximus Postscript," Village Voice, June 17, 2003—提到價格為78萬美元，但在美國證券交易委員會（SEC）提交的2001年6月底的10-Q表格中，麥克西瑪斯則表示購買價格為82.5萬美元。

8. 「對於習慣於受到前市長助手和工作福利顧問史華茲先生（Mr. Schwartz）大肆拒絕的城市記者來說，史華茲的任命就像聽説校園霸凌者被選為走廊監察員。」Gabriel Snyder, "How Welfare King Richard Schwartz Landed at the *Daily News*," *Observer*, March 12, 2001. A former colleague was quoted putting Schwartz down: "In the world of ass kissers, Richard wins the Academy

Award, the Tony, the Nobel Prize, the Pulitzer." Andrew Kirtzman, "Big Apple Polisher," *New York*, March 19, 2001.

9. Author's interview with Ken Frydman, 2021.

10. Author's interview with Charles Johnson, 2021.

11. Charles Johnson, email to Hoan Ton-That and Richard Schwartz, July 23, 2016. Provided by Johnson, on file with author.

12. The description of Johnson's meeting with Schwartz and Johnson's introduction of Ton-That and Schwartz are based on author's interviews with Johnson, 2021, and emails provided by him.

13. The description of Ton-That and Schwartz's meeting is based on author's interviews with Ton-That, 2020, and Schwartz, 2021.

14. Manuel Perez-Rivas, "Koch Suspends Park Curfew Following Bloody Clash in Tompkins Square," *Newsday*, August 8, 1988; Robert D. McFadden, "Park Curfew Protest Erupts into a Battle and 38 Are Injured," *The New York Times*, August 8, 1988.

15. John Kifner, "New York Closes Park to Homeless," *New York Times*, June 4, 1991.

16. 對於該組織當時的電子郵件和計畫的描述是根據強森的訪談，他提供的電子郵件以及當時製作的公司簡報。

17. 塔夫茨大學的心理學研究人員在2008年發表兩項關於這方面的研究：Nicholas O. Rule and Nalini Ambady, "Brief Exposures: Male Sexual Orientation Is Accurately Perceived at 50 Ms," Journal of Experimental Social Psychology 44, no. 4 (2008): 1100–05; and Nicholas O. Rule et al., "Accuracy and Awareness in the Perception and Categorization of Male Sexual Orientation," *Journal of Personality and Social Psychology* 95, no. 5 (2008): 1019–28. In 2015, researchers at the University of Wisconsin–Madison released a responsive study challenging the "gaydar myth."

18. Yilun Wang and Michal Kosinski, "Deep Neural Networks are More Accurate than Humans at Detecting Sexual Orientation from Facial Images," *Journal of Personality and Social Psychology* 114, no. 2 (2018): 246–57.

19. Mike Moffitt, "Gaydar Is Probably Not Real, After All," SFGATE, September

8, 2015; Alan Burdick, "The A.I. 'Gaydar' Study and the Real Dangers of Big Data," *The New Yorker*, September 15, 2017; Carl Bergstrom and Jevin West, "Machine Learning About Sexual Orientation?," Calling Bullshit, September 19, 2017.

20. Xiaolin Wu and Xi Zhang, "Automated Inference on Criminality Using Face Images," arXiv, November 13, 2016.

21. 哈里斯堡大學在2020年的一篇新聞稿中宣布一篇題名為《使用影像處理預測犯罪傾向的深度神經網路模型》的論文。該文指出，這款軟體可以在「80%的準確率下，且沒有種族偏見」從面部照片預測犯罪傾向。這一宣稱引發激烈的反彈，因此該軟體從未被釋出。另見Mahdi Hashemi and Margeret Hall, "RETRACTED ARTICLE: Criminal Tendency Detection from Facial Images and the Gender Bias Effect," *Journal of Big Data* 7 (2020): article 2, published January 7, 2020, retracted June 30, 2020. 研究人員並沒有承認他們的研究結果有錯，而是表示他們撤回論文的原因是沒有獲得大學倫理委員會的批准，使用他們所使用的成千上萬名個體的生物計量資料。

22. Coalition for Critical Technology, "Abolish the #TechToPrisonPipeline," Medium, June 23, 2020.

23. Kevin Bowyer, Michael C. King, and Walter Scheirer, "The 'Criminality from Face' Illusion," *IEEE Transactions on Technology and Society* 1, no. 4 (2020): 175–83. "Society at large should be very concerned if physiognomy makes a serious resurgence through computer vision," warned the researchers in their paper.

24. Hoan Ton-That, email to Richard Schwartz and Charles Johnson, October 17, 2016. Provided by Johnson, on file with author.

25. Hoan Ton-That, email to Richard Schwartz and Charles Johnson, September 12, 2016. Provided by Johnson, on file with author.

26. Lingyun Wen and Guodong Guo, "A Computational Approach to Body Mass Index Prediction from Face Images," *Image and Vision Computing* 31, no. 5 (2013): 392–400.

27. Karel Kleisner, Veronika Chvátalová, and Jaroslav Flegr, "Perceived Intelligence Is Associated with Measured Intelligence in Men but Not Women," *PLoS ONE*, March 20, 2014.

28. Ton-That, email to Richard Schwartz and Charles Johnson, September 12, 2016. Provided by Johnson, on file with author.

29. Hoan Ton-That, email to Richard Schwartz and Charles Johnson, October 25, 2016. Provided by Johnson, on file with author.

30. Chris Isidore and David Goldman, "Ashley Madison Hackers Post Millions of Customer Names," CNN, August 19, 2015.

31. Hoan Ton-That, email to Richard Schwartz and Charles Johnson, November 22, 2016. Provided by Johnson, on file with author.

32. Brian Resnick, "Researchers Just Released Profile Data on 70,000 OkCupid Users Without Permission," Vox, May 12, 2016.

33. Hoan Ton-That, email to Richard Schwartz and Charles Johnson, November 23, 2016. Provided by Johnson, on file with author.

34. 丹麥博主艾米爾・基爾凱戈爾（Emil Kirkegaard）經常在這個主題上發表文章，這在一篇2017年的文章中有所記載：朱迪思・杜波泰爾（Judith Duportail），〈在『假科學』的實驗室中〉（"Dans le laboratoire de la 'fake science'"），《法國時報》，2017年4月7日。他的作品選集包括： Emil O. W. Kirkegaard, "Environmental Models of the Black-White IQ Gap," RPubs; and Emil O. W. Kirkegaard, "Expert Opinion on Race and Intelligence," Clear Language, Clear Mind, April 24, 2020.

35. Hoan Ton-That, email to Richard Schwartz and Charles Johnson, November 28, 2016. Provided by Johnson, on file with author.

36. Author's interviews with multiple acquaintances who spoke on the condition that they not be named, 2020–2021.

37. Video provided by Charles Johnson.

38. Hoan Ton-That, email to Richard Schwartz and Charles Johnson, November 23, 2016. Provided by Johnson, on file with author.

39. Richard Schwartz, email to Hoan Ton-That and Charles Johnson, October 23, 2016. Provided by Johnson, on file with author.

40. Hoan Ton-That, email to Richard Schwartz and Charles Johnson, November 23, 2016. Provided by Johnson, on file with author.

**CH4：如果一開始沒成功 (1956 – 1991)**

1. "The New Normal: Phone Use Is up Nearly 4-Fold Since 2019," Asurion. This

was based on two Asurion-sponsored market research surveys, the first in August 2019 of 1,998 U.S. smartphone users and the second in March 2022 of 1,965 U.S. adults.

2. Thomas Moller-Nielsen, "What Are Our Phones Doing to Us?," *Current Affairs*, August 14, 2022. See also Aaron Smith, "Chapter Two: Usage and Attitudes Toward Smartphones," Pew Research Center, April 1, 2015.

3. John McCarthy et al., "A Proposal for the Dartmouth Summer Research Project on Artificial Intelligence," August 31, 1955, http://jmc.stanford.edu/articles/dartmouth/dartmouth.pdf.

4. The development of AI as described in this section is based primarily on two books on the topic: Melanie Mitchell, *Artificial Intelligence: A Guide for Thinking Humans* (London: Picador, 2019) and Cade Metz, *Genius Makers: The Mavericks Who Brought AI to Google, Facebook, and the World* (New York: Dutton, 2021).

5. 該提案呼籲進行為期「兩個月、十人的人工智慧研究」。參與者之一特倫查德·摩爾（Trenchard More）保留的參加者名單上列出三十名以不同時間參加的人，這一資訊由格雷斯·所羅門諾夫（Grace Solomonoff）記載。"Ray Solomonoff and the Dartmouth Summer Research Project in *Artificial Intelligence*, 1956," http://raysolomonoff .com/dartmouth/dartray.pdf. 那個夏天拍攝的男性參加者中最著名的照片裡，馬文·明斯基（Marvin Minsky）的妻子被列為攝影師，因此至少有一位女性在場，儘管她並不被視為參與者。

6. 同上。

7. 他們想要13,000美元，但洛克菲勒基金會給了他們7,500美元。贈款檔案 RSM #51，洛克菲勒檔案館，1955年12月28日。

8. 「人工智慧研究在1956年之前就可能已經分裂為兩種方法：一種是根據模仿神經系統的方法，另一種則是工程學方法，著眼於世界向人類、動物和試圖達成包括生存等目標的機器所提出的問題。」John McCarthy, "The Dartmouth Workshop—as Planned and as It Happened," October 30, 2006, Stanford University, http://www-formal.stanford.edu/jmc /slides/dartmouth/dartmouth/node1.html.

9. 在2006年，電腦研究員特里·塞伊諾夫斯基（Terry Sejnowski）在一次人工智慧會議的問答中對明斯基提到：「在神經網路社群中，有一種說法認為你是造成神經網絡寒冬的魔鬼。」塞伊諾夫斯基隨後問明斯基是否真是魔鬼。明斯基回答：「是的，我是魔鬼。」Terrence J. Sejnowski, *The Deep Learning Revolution*

(Cambridge, Mass.: MIT Press, 2018), 258.

10. The descriptions of Bledsoe's life and work are based primarily on two documents: Shaun Raviv, "The Secret History of Facial Recognition," *Wired*, January 21, 2020; and Michael Ballantyne, Robert S. Boyer, and Larry Hines, "Woody Bledsoe: His Life and Legacy," *AI Magazine* 17, no. 1 (1996): 7–20.

11. A history of the CIA published in 1969 and obtained by Governmentattic.org discusses "two projects in pattern recognition" that the agency helped establish, including the "development of a man-machine system for facial recognition." "History of the Office of Research and Development, Volumes 1 through 6," declassified for release by the CIA on November 11, 2017.

12. Shaun Raviv graciously shared digital versions of papers and materials from Woody Bledsoe's archive at the University of Texas, which I relied upon for this section.

13. W. W. Bledsoe, "Proposal for a Study to Determine the Feasibility of a Simplified Face Recognition Machine," January 30, 1963, Internet Archive, https://archive.org/details/first facialrecognitionresearch/FirstReport/page/n1/mode/2up.

14. W. W. Bledsoe, "The Model Method of Facial Recognition," August 12, 1964, Internet Archive, https://archive.org/details /firstfacialrecognitionresearch/FirstReport/page/n21/mode/2up.

15. 當被要求提供有關金-赫利研究小組與中央情報局（CIA）關係的檔案時，該機構告訴一位公共紀錄請求者，它既不能確認也不能否認該小組的存在，這種回應被稱為格洛瑪回應（Glomar response）。賈斯汀・朗格（Justine Lange）在2014年4月24日的《MuckRock》中寫道與「金-赫利研究小組與CIA的關係」。2021年，我向CIA傳送一份公共紀錄請求，要求提供與伍迪・布萊德索（Woody Bledsoe）相關的資訊或記錄，得到類似的回覆。該機構並未正式承認資助他的工作，但金-赫利在1955年至1969年間作為CIA資金掩護的角色已在比爾・理查茲（Bill Richards）的文章「公司對CIA的訴訟揭示祕密空軍」中得到了紀錄。*Washington Post*, May 12, 1978; and Christopher Robbins, *The Invisible Air Force: The True Story of the Central Intelligence Agency's Secret Airlines* (London: Macmillan, 1981).

16. They called it a "set of 'standard' distances." W. W. Bledsoe and Helen Chan, "A Man-Machine Facial Recognition System: Some Preliminary

Results," Panoramic Research, Inc., 1965. Available at the University of Texas Archive.

17. 同上。

18. "NAACP: A Century in the Fight for Freedom," Library of Congress, www.loc.gov/exhibits/naacp/the-civil-rights-era.html#obj13.

19. Tony Capaccio, "MLK's Speech Attracted FBI's Intense Attention," *Washington Post*, August 27, 2013; Beverly Gage, "What an Uncensored Letter to M.L.K. Reveals," *New York Times*, November 11, 2014; Sarah Pruitt, "Why the FBI Saw Martin Luther King Jr. as a Communist Threat," History, June 24, 2021.

20. 這是與許多專注於電腦視覺的技術專家的訪談。強尼（Kanade）在1977年的論文被廣泛認為是自Bledsoe的研究以來，人臉辨識領域最重要的發展。Takeo Kanade, *Computer Recognition of Human Faces* (Basel: Birkhäuser Verlag, 1977).

21. Descriptions are based in part on a convention guidebook made available online by the U.S. Department of State and on "The 1970 Osaka World's Fair Was Something Else," Messynessy, February 12, 2020.

22. "The History of NEC Technical Journal," NEC, https://www.nec.com/en/global/techrep/journal/history/index.html; author's interviews with Takeo Kanade, 2021.

23. Much of this section is based on author's interviews with Takeo Kanade, 2021.

24. As recalled by Takeo Kanade in interview with the author, 2021.

25. Much of this section is based on the author's interviews with Matthew Turk, 2020–2021.

26. 「馬丁·瑪麗埃塔的工程師們投入1,700萬美元的實驗……」，UPI，1986年7月12日。大衛·艾克（David Ake）被列為該報導的作者，但他是一名攝影師，並不會撰寫這篇文章。他可能被指定在事件中拍攝照片，但他不記得自己曾這樣做過。

27. DARPA, *DARPA, 1958–2018*, September 5, 2018, https://www.darpa.mil/attachments/DARAPA60_publication-no-ads.pdf.

28. Alex Roland and Philip Shiman, *Strategic Computing: DARPA and the*

*Quest for Machine Intelligence*, 1983–1993 (Cambridge, Mass.: MIT Press, 2002), 246.

29. 1983年，國防高級研究計畫局（DARPA）的一份報告指出，戰略計算倡議（Strategic Computing Initiative）的目的之一是「建立一個熟悉電腦科學和機器智慧技術的工程師和系統建設者的基礎。」DARPA, *Strategic Computing: New-Generation Computing Technology: A Strategic Plan for Its Development and Application to Critical Problems in Defense*, October 28, 1983, 62. https://apps.dtic.mil/sti/pdfs/ADA141982.pdf, viii.

30. 2019年，媒體實驗室（Media Lab）被揭露接受投資者兼定罪的兒童性犯罪者傑佛瑞·艾普斯坦（Jeffrey Epstein）的捐款。已故的明斯基成為該醜聞的一部分，因為一名艾普斯坦的受害者作證稱，她在十七歲時被指示與當時七十三歲的麻省理工學院教授發生性關係。Joi Ito, "My Apology Regarding Jeffrey Epstein," MIT, August 15, 2019, https://www.media.mit.edu/posts/my-apology-regarding-jeffrey-epstein/; Russell Bran-dom, "AI Pioneer Accused of Having Sex with Trafficking Victim on Jeffrey Epstein's Island," The Verge, August 9, 2019.

31. Edward Dolnick, "Inventing the Future," *New York Times*, August 23, 1987.

32. "MIT Artificial Intelligence Laboratory Robotic Arm (Minsky Arm)," MIT Museum, https://webmuseum.mit.edu/detail.php?module=objects&type=popular&kv=67020.

33. 「至今尚無人能夠建構出能接近我們人類辨識面孔與其他物體能力的視覺機器，甚至連區分狗和貓的能力也無法實現。」明斯基在他的著作《心智社會》（*The Society of the Mind*）中這樣寫道。他的這本新書部分是根據他努力讓電腦模擬思考的經驗，對人類大腦運作的推測。Marvin Minsky, *The Society of Mind* (New York: Simon & Schuster, 1988), 312.

34. Sandy Pentland, email exchange with the author, 2021.

35. L. Sirovich and M. Kirby, "Low-Dimensional Procedure for the Characterization of Human Faces," *Journal of the Optical Society of America A 4*, no. 3 (1987): 519–24.

36. Author's interview with Matthew Turk. See also James Roman, *Love, Light, and a Dream: Television's Past, Present, and Future* (Westport, Conn.: Praeger, 1998).

37. 在電腦和智慧手機出現後，網路追蹤將普及的預兆下，阿比創在1987年推出一

**註釋** 359

項名為「掃描美國」（ScanAmerica）的計畫。它向家庭支付最高400美元，要求他們用「掃描棒」掃描每一個購買商品的條碼。阿比創希望能獲得家庭看到的廣告和購買商品的360度全景檢視──該公司認為這對廣告主來說將是非常有價值的資訊。令人驚訝的是，報導這一事件的記者似乎並不認為這完全瘋狂；當時的一篇新聞報導中，包含了一段影片，顯示一位快樂的家庭主婦在廚房裡如實地掃描她剛在雜貨店購買的每樣商品的條碼。Bill Carter, "And Arbitron Tries to Track Buying Habits," New York Times, November 4, 1991; See also "Can You Believe TV Ratings?," *The Cutting Edge*, 1992, YouTube, https://www.youtube.com/watch?v=N7LoUwOMZaA.

38. Author's interview with Matthew Turk, 2020.

39. One study—Elinor McKone, Kate Crookes, and Nancy Kanwisher, "The Cognitive and Neural Development of Face Recognition in Humans," in *The Cognitive Neurosciences*, 4th ed., edited by Michael S. Gazzaniga (Cambridge, Mass.: MIT Press, 2009), 467–82—says that it takes days for a baby to recognize its mother's face, while others—e.g., Francesca Simion and Elisa Di Giorgio, "Face Perception and Processing in Early Infancy: Inborn Predispositions and Developmental Changes," *Frontiers in Psychology* 6 (2015): 969—say that it takes hours.

40. This is based on author's interview with the cognitive neuroscientist Michael Tarr, 2022, and email exchange with MIT professor Nancy Kanwisher, 2022. Also Kanwisher's lecture "What You Can Learn from Studying Behavior" (video), nancysbraintalks, https://nancysbraintalks.mit.edu/video/what-you-can-learn-studying-behavior, September 8, 2014.

41. Author's interview with Michael Tarr, 2022. See also: Isabel Gauthier et al., "Expertise for Cars and Birds Recruits Brain Areas Involved in Face Recognition," *Nature Neuroscience* 3, no. 2 (February 2000).

42. Oliver Sacks, *The Man Who Mistook His Wife for a Hat* (New York: Summit Books, 1985).

43. Sirovich and Kirby, "Low-Dimensional Procedure for the Characterization of Human Faces."

44. 大約在同一時間，阿比創競爭對手尼爾森（Nielsen）也宣布計畫使用人臉辨識技術來追蹤電視觀眾，並與普林斯頓大學的研究人員合作開發這項技術。如今，這類公司競相追蹤你在網路上的活動。尼爾森與2013年收購的阿比創共同進入這個產業。Bill Carter, "TV Viewers, Beware: Nielsen May Be Looking," *New York*

*Times*, June 1, 1989.

45. Matthew Turk and Alex Pentland, "Eigenfaces for Recognition," *Journal of Cognitive Neuroscience* 3, no. 1 (1991): 71–86.

46. 特爾克在2020年與作者的訪談中回憶道。作者在2021年也與電腦視覺先驅羅伯特·哈拉里克（Robert Haralick）透過電子郵件進行訪談。他確認自己對該論文新穎性的懷疑：「一些方法可以聽起來很深奧且吸引人。特徵臉（eigenfaces）就是這種情況。主成分分析（Principal Component Analysis）已經存在很長一段時間。」他也承認特徵臉技術幫助計算能力有限的電腦處理大型影像，並且「比當時大多數競爭技術提供了更好的結果。」

47. Google Scholar says the paper has been cited 20,455 times. Retrieved February 2023.

48. Author's interview with Heather Douglas, 2022. See also Heather Douglas, *Science, Policy, and the Value-Free Ideal* (Pittsburgh: University of Pittsburgh Press, 2009).

49. "Can You Believe TV Ratings?," *The Cutting Edge*.

50. 2015 年，谷歌為其「照片」（Photos）應用程式發布一款驚人的工具，可以根據照片中的內容自動對照片進行分類。它可以將你所有包含自行車的照片或所有食物照片進行分組。但這款新工具卻犯了一個令人難以置信的錯誤：一位黑人軟體工程師發現，他和一位黑人女性朋友的照片被貼上「大猩猩」的標籤。他在推特上發布一張截圖，並寫道：「谷歌照片，你們都搞砸了。」谷歌道歉，但它並沒有解決黑人被識別為不同物種的問題，而是阻止其圖像識別演算法識別大猩猩，以及猴子、黑猩猩和猿猴。Tom Simonite, "When It Comes to Gorillas, Google Photos Remains Blind," *Wired*, January 11, 2018.

**CH5：令人不安的提案**

1. Author's interview with Charles Johnson, 2021. Johnson also provided photos from the evening.

2. Unless otherwise noted, all quotes in this chapter from Charles Johnson are from author's interviews with him, 2021.

3. Suzanne Craig, "Trump's Empire: A Maze of Debts and Opaque Ties," *New York Times*, August 20, 2016; Tina Nguyen, "Is Donald Trump Not Really a Billionaire?," *Vanity Fair*, May 31, 2016; Russ Buettner and Charles V.

Bagli, "Donald Trump's Business Decisions in '80s Nearly Led Him to Ruin," *New York Times*, October 3, 2016; Nicholas Confessore and Binyamin Applebaum, "How a Simple Tax Rule Let Donald Trump Turn a $916 Million Loss into a Plus," *The New York Times*, October 3, 2016.

4. "Proud Boys," Southern Poverty Law Center, https://www.splcenter.org/fighting-hate/extremist-files/group/proud-boys.

5. Gavin McInnes, "Introducing: The Proud Boys," *Taki's Magazine*, September 15, 2016, https://archive.is/9Xs2K. Also Adam Leith Gollner, "The Secret History of Gavin McInnes," *Vanity Fair*, June 29, 2021.

6. 事件的描述主要來自於組織者製作的宣傳影片。這部長達近六分鐘的影片中，電影製作人保羅・巴齊爾（Pawl Bazile）被列為導演，傑克・巴克比（Jack Buckby）和加文・麥金尼斯（Gavin McInnes）則擔任製片人。在影片結尾，可以看到強森和尊室歡身處觀眾中，大家在高喊「美國！美國！」PawL BaZiLe, "Proud Boy Magazine 2016 Election Night Party Goes Full America!!!," YouTube, November 10, 2016, https://www.youtube.com/watch?v=hYYThd_J6U8.

7. Katie Reilly, "Read Hillary Clinton's 'Basket of Deplorables' Remarks About Donald Trump Supporters," *Time*, September 10, 2016.

8. Dialogue from BaZiLe, "Proud Boy Magazine 2016 Election Night Party Goes Full America!!!"

9. 同上。

10. 同上。

11. 「自2001年以來，當時黑水公司在聯邦合約中的收入不到100萬美元，但此後已獲得超過10億美元的合約。」"Blackwater's Rich Contracts," *New York Times*, October 3, 2007.

12. 「四名前黑水公司員工因伊拉克尼蘇爾廣場槍擊事件被判有罪。」United States Department of Justice, October 22, 2014, https://www.justice.gov/opa/pr/four-former-blackwater-employees-found-guilty-charges-fatal-nisur-square-shooting-iraq.

13. Author's interview with Charles Johnson, 2021.

14. 同上。普林斯與強森去餐廳的行程也在一年後普林斯自己發表的一篇文章中描述：「我最後帶了一些人，包括查爾斯和一些隨機的人——其中一位巴爾杜兄弟

——去了一家餐廳，我們大約在早上5:30吃了早餐。」Ben Schreckinger, "Inside Donald Trump's Election Night War Room," *GQ*, November 7, 2017.

15. Smartcheckr.com was registered on November 15, 2016, at 17:04 UTC, according to lookup.icann.org.

16. 來自強森的電子郵件，Smartcheckr的公司章程檔案，以及紐約州的商業紀錄，特別是紐約州國務卿公司事務部的實體搜尋。Smartcheckr於2017年2月10日在該州註冊為國內有限責任公司。

17. 這個描述是根據當時準備的公司檔案，包括一份專案提案，該提案包含應用程式搜尋結果的截圖，以及一份尋求200萬美元資金的投資備忘錄，這些檔案都存放在作者處。檔案描述了一個潛在的應用程式功能，即「對個人的報告」：

    在不到一秒的時間內，客戶便可收到該個人的社群媒體帳號連結及其背景的簡要描述，並在該個人涉及以下活動時發出警報：

    - 與暴力、犯罪團夥或毒品相關的活動
    - 激進的政治或宗教活動
    - 與恐怖主義相關的活動
    - 先前去過的有關國家或地區

    該系統還可以根據以下方面提供個人分析：

    - 淨資產
    - 付款詐騙
    - 就業和職業
    - 健康與健身
    - 愛好與休閒活動

    接下來還有更多內容。

18. Will Sommer, "GOP Congressmen Meet with Accused Holocaust-Denier Chuck Johnson," Daily Beast, January 17, 2019. The story cites a photo tweeted by reporter Matt Fuller earlier that day showing Johnson walking with Representatives Phil Roe (then R-TN) and Andy Harris (R-MD) and noting that the congressmen had waited for Johnson to get through security.

19. Ryan Mac and Matt Drange, "A Troll Outside Trump Tower Is Helping to

Pick Your Next Government," *Forbes*, January 9, 2017.

20. "I'm Chuck Johnson, Founder of GotNews and WeSearchr.com. Ask Me Anything!," reddit.com/r/altright, January 27, 2017. The Altright subreddit was later banned by Reddit, and the AMA is no longer available there and was instead accessed at https://archive.is/Rrawk.

21. Author's interview with person involved with the DeploraBall who spoke on condition of not being named, 2021.

22. "The DeploraBall," Eventbrite, https://web.archive.org/web/20161228000726/https://www.eventbrite.com/e/the-official-deploraball-party-tickets-30173207877.

23. Author's interview with Lacy MacAuley, 2021.

24. Daniel Lombroso and Yoni Appelbaum, " 'Hail Trump!': White Nationalists Salute the President-Elect," *The Atlantic*, November 21, 2016.

25. Benjamin Freed, "Activist Group: Stink-Bomb Plot Was Meant to Fool James O'Keefe," *Washingtonian*, January 16, 2017.

26. "Part I: Hidden-Camera Investigation Exposes Groups Plotting Violence at Trump Inauguration," Project Veritas, January 16, 2017.

27. Valerie Richardson and Andrea Noble, "Third Protester Pleads Guilty in Plot to Wreck Trump Inaugural Ball," *Washington Times*, March 8, 2017.

28. Rosie Gray, "The 'New Right' and the 'Alt-Right' Party on a Fractious Night," *The Atlantic*, January 20, 2017.

29. Damon Linker, "What American Conservatives Really Admire About Orbán's Hungary," *The Week*, August 10, 2021.

30. Gareth Browne, "Orban Is the Original Trump, Says Bannon in Budapest," The National, May 24, 2018.

31. Hoan Ton-That, email to Eugene Megyesy, April 3, 2017, provided to the author by Charles Johnson.

32. 索羅斯在匈牙利長大後移居國外，從事銀行業，最終在創辦自己的對沖基金後成為億萬富翁。他是許多保守派陰謀論的焦點。Emily Tamkin, "Who's Afraid of George Soros?," *Foreign Policy*, October 10, 2017.

33. 次年，2018年3月，開放社會基金會在匈牙利政府透過被稱為「阻止索羅斯法」的立法後，撤出其在布達佩斯的員工。該組織在其網站上寫道：「這項立法以國家安全利益為由，將阻止任何未獲政府許可的機構對尋求庇護者和難民提供建議或代表。」「政府已表示這些新法旨在阻止主要的匈牙利人權組織及其資助者的工作，包括開放社會基金會。」Open Society Foundations, May 15, 2018.

34. Gideon Resnick and Ben Collins, "Palmer Luckey: The Facebook Near-Billionaire Secretly Funding Trump's Meme Machine," Daily Beast, September 22, 2016.

35. Kirsten Grind and Keach Hagey, "Why Did Facebook Fire a Top Executive? Hint: It Had Something to Do with Trump," *Wall Street Journal*, November 11, 2018.

36. Nick Wingfield, "Oculus Founder Plots a Comeback with a Virtual Border Wall," *New York Times*, June 4, 2017.

37. 往最早的自動化機器人之一是「全球資訊網漫遊者」（World Wide Web Wanderer），由一名麻省理工學院的學生於1993年建立，他對網址進行編目，以追蹤不斷擴大的網際網路規模。這個機器人「引發關於機器人在網際網路上是否具有積極影響的辯論。」Dana Mayor, "World Wide Web Wanderer Guide: History, Origin, & More," History-Computer, December 15, 2022, https://history-computer.com/world-wide-web-wanderer-guide/.

38. 有一些公司幫助網路資料抓取工具逃避檢測，為它們提供數位掩護。一個臭名昭彰的例子是Hola，這是一家向消費者提供免費的虛擬私人網路（VPN），以隱藏他們在網際網路上痕跡的公司。例如，如果一位女性想要知道前男友的部落格而不想留下瀏覽紀錄，她可以使用Hola的VPN，透過不同的IP瀏覽以掩蓋她的數位足跡。這其中有一個權衡：使用這個「免費」隱私工具的數百萬人，將自己的網路連結提供給了Hola，而該公司則在使用者不知情的情況下，將這些連結或「代理」賣給像尊室歡這樣的人，以掩蓋他們的自動化程式活動。

39. 多年後，尤金·梅吉西（Eugene Megyesy）表示他不記得Smartcheckr，也不記得具體的推薦。在2022年的電子郵件中，他寫道：「也許他們有，但我不記得內容或任何回應。」

## CH6：偷窺超級盃 (2001)

1. GraphCo Technologies / Barry Hodge, "On January 28th, Criminals No

Longer Another Face in the Tampa Stadium Crowd," Viisage Technology, January 29, 2001, Wayback Machine, https://web.archive.org/web/20030811214704/http:/www.viisage.com/january_29_2001.htm.

2. The press release attributes this quote to David Watkivns, G-TEC's managing director.

3. Author's interview with Tom Colatosti, 2022.

4. Here are the articles cited in this section: Robert Trigaux, "Cameras Scanned Fans for Criminals," *St. Petersburg Times*, January 31, 2001; Bob Kappstatter, "Tampa Cops Recorded Every Fan's Face—Snooper Bowl," *Daily News* (New York), February 2, 2001.

5. Lisa Greene, "Face Scans Match Few Suspects," *St. Petersburg Times*, February 16, 2001.

6. Tampa police spokesman Joe Durkin, quoted in Louis Sahagun and Josh Meyer, "Secret Cameras Scanned Crowd at Super Bowl for Criminals," *Los Angeles Times*, February 1, 2001.

7. Bruce Schneier, 同上。

8. Erwin Chemerinsky, 同上。

9. "Super Bowl Snooping," *New York Times*, February 4, 2001.

10. Author's interview with Tom Colatosti, 2022.

11. Barnaby Feder, "Maker of Crowd Scanner Is on the Defensive Again," *New York Times*, February 18, 2002.

12. "ACLU Calls for Public Hearings on Tampa's 'Snooper Bowl' Video Surveillance," ACLU, February 1, 2001.

13. Howard Simon, quoted in Vickie Chachere, "High-Tech Security System Makes Some Nervous of Big Brother," Associated Press, February 12, 2001.

14. Angela Moore, "Ybor's Eyes an Invasion, U.S. House Leader Says," *St. Petersburg Times*, July 3, 2001.

15. "Proliferation of Surveillance Devices Threatens Privacy," ACLU, July 11, 2001.

16. GAO, letter in response to Armey. Subject: Federal Funding for Selected Surveillance Technologies, U.S. Government Accountability Office, March

14, 2002, https://www.gao .gov/assets/gao-02-438r.pdf.

17. Charles Guenther, director of surveillance for Trump Marina Casino, quoted in Charles Piller, Josh Meyer, and Tom Gorman, "Criminal Faces in the Crowd Still Elude Hidden ID Cameras," *Los Angeles Times*, February 2, 2001.

18. Edward Lewine, "Face-Scan Systems' Use Debated," *St. Petersburg Times*, December 8, 2001.

19. Greene, "Face Scans Match Few Suspects."

20. Author's interview with Joseph Atick, 2021.

21. Excerpts from Joseph Atick's diary shared with the author.

22. Author's interview with Joseph Atick, 2021.

23. Bruce Schneier, *Beyond Fear: Thinking Sensibly About Security in an Uncertain World* (New York: Copernicus, 2003), 38.

24. Barry Steinhardt, quoted in Lewine, "Face-Scan Systems' Use Debated."

25. Leonora LaPeter, "Interest in Facial Scans Surges," *St. Petersburg Times*, September 20, 2001.

26. Mike Pheneger, quoted in ibid.

27. "Federal Funding for Selected Surveillance Technologies," U.S. Government Accountability Office, March 14, 2002, https://www.gao.gov/products/gao-02-438r.

28. "Technology Assessment: Using Biometrics for Border Security," U.S. Government Accountability Office, November 15, 2002, https://www.gao.gov/products/gao-03-174.

29. By this point, Visionics had become Identix.

30. 上述GAO在2002年11月的報告指出，Atick的系統於1998年安裝，但《華盛頓郵報》記者羅伯特‧奧哈羅（Robert O'Harrow）在其書中則表示該系統是在1999年安裝的。這是一個首創的部署，但到2001年夏季，當局試圖匹配的犯罪者人臉資料庫中僅有六十人，因此對於監視單位的日常工作而言，這更像是一種新奇物，而不是實際的幫助。Robert O'Harrow, Jr., *No Place to Hide* (New York: Free Press, 2005).

31. Author's interview with Colatosti, 2022.

32. "NIST Timeline," National Institute of Standards and Technology, https://www.nist.gov/timelinelist.

33. Author's interview with P. Jonathon Phillips, 2020.

34. "Face Recognition Technology (FERET)," National Institute of Standards and Technology, https://www.nist.gov/programs-projects/face-recognition-technology-feret.

35. Duane M. Blackburn, Mike Bone, and P. Jonathon Phillips, "Facial Recognition Vendor Test 2000: Evaluation Report," DefenseTechnical Information Center, February 16, 2001, https://apps.dtic.mil/sti/pdfs/ADA415962.pdf.

36. P. Jonathon Phillips et al., "Face Recognition Vendor Test 2002: Evaluation Report," National Institute of Standards and Technology, March 2003, https://nvlpubs.nist.gov/nistpubs/Legacy/IR/nistir6965.pdf.

37. "Privacy Impact Assessment: Integrated Biometric System," U.S. Department of State, November 2021, https://www.state.gov/wp-content/uploads/2022/02/Integrated-Biometric-System-IBS-PIA.pdf.

38. Gass v. Registrar of Motor Vehicles, Commonwealth of Massachusetts Appeals Court, January 7, 2013.

39. *Author's interview with Patrick Grother*, 2021.這些報告專注於人臉辨識技術的一般運作方式。要瞭解該技術在特定人群中的表現，讀者必須仔細檢查冗長的人臉辨識供應商報告的結尾。在那裡，各演算法在性別和年齡等多個類別中的差異表現被仔細繪製在圖表上，但對於一般讀者來說並沒有明確說明。

40. *Combined DNA Index System: Operational and Laboratory Vulnerabilities*, Audit Report 06-32, U.S. Department of Justice, Office of the Inspector General, Audit Division, May 2006, https://oig.justice.gov/reports/FBI/a0632/final.pdf; "Status of IDENT/IAFIS Integration," U.S. Department of Justice, December 7, 2001, https://oig.justice.gov/reports/plus/e0203/back.htm.

41. 到2005年，執法機構已經使用指紋資料庫超過一億次，而DNA資料庫在近三萬起調查中產生匹配結果。「洛克希德‧馬丁開發的指紋系統幫助FBI達成一億次指紋搜尋的里程碑。」Lockheed Martin, August 22, 2005; *Combined DNA Index System Operational and Laboratory Vulnerabilities*, Audit Report 06-32, U.S. Department of Justice, Office of the Inspector General, May 2006.

42. Patrick J. Grother, George W. Quinn, and P. Jonathon Phillips, "Multiple-Biometric Evaluation (MBE) 2010: Report on the Evaluation of 2D Still-Image Face Recognition Algorithms," National Institute of Standards and Technology, August 24, 2011, https://nvlpubs.nist.gov/nistpubs/Legacy/IR/nistir7709.pdf, 56.

43. P. Jonathon Phillips et al., "An Other-Race Effect for Face Recognition Algorithms," *ACM Transactions on Applied Perception* (2009), https://www.nist.gov/publications/other-race-effect-face-recognition-algorithms.

44. "What Is IPSFRP?," FBI, obtained by the Electronic Frontier Foundation and available at "FBI NGI Description of Face Recognition Program," https://www.eff.org/document/fbi-face-recognition-documents.

45. Kelly Bauer, "Facial Recognition Software Used to Bust Rush Street Bank Robber, Feds Say," DNA Info, June 10, 2016; Sun-Times Wire, "Serial Chicago Bank Robber Gets 108 Months in Prison for String of Heists," *Chicago Sun-Times*, February 15, 2018; Ryan Lucas, "How a Tip—and Facial Recognition Technology—Helped the FBI Catch a Killer," NPR, August 21, 2019.

46. The argument that the performance of facial recognition algorithms must be tested in the real world, not just in labs, has been particularly well made by Inioluwa Deborah Raji, in writings, talks, and interview with the author, 2022.

## CH7：床下的超級電腦

1. Author's interview with Hoan Ton-That, 2021.

2. Author's interview with Charles Johnson, 2021.

3. Author's interview with Hoan Ton-That, 2021.

4. Cade Metz, *Genius Makers: The Mavericks Who Brought AI to Google, Facebook, and the World* (New York: Dutton, 2021).

5. Brandon Amos, Bartosz Ludwiczuk, and Mahadev Satyanarayanan, "OpenFace: A General-Purpose Face Recognition Library with Mobile Applications," Carnegie Mellon University, June 2016, https://elijah.cs.cmu.edu/DOCS/CMU-CS-16-118.pdf.

6. 當聽到這件事時，科學倫理哲學家海瑟・道格拉斯（Heather Douglas）忍不住大笑。「如果你有合約和願意僱用的律師去追究人責任，那就太好了，」她說。即便如此，「你要怎麼去告中國呢？」在她的著作《科學、政策與價值無關的理想》中，她記錄了科學家未能考量自己在實驗室外工作的後果。從曼哈頓計畫中建造原子彈的物理學家，那些被美國政府投在廣島和長崎的原子彈，到讓梅毒患者未接受治療的醫生，以觀察在塔斯基吉研究所黑人病人身上完全的效果，追求未知的科學研究人員歷來都是無所顧忌地重視知識。在過去的二十年中，道格拉斯看到物理學、醫學和生物學方面的責任意識逐漸興起，例如，在基因改造人類胚胎方面設定了某些防範措施。但對於電腦科學家來說，責任的覺醒還沒有完全到來。"OpenFace," GitHub, https://cmusatyalab.github.io/openface/; author's interview with Douglas, 2022.

7. Author's interview with Hoan Ton-That, 2021.

8. Author's email exchanges with Terence Z. Liu, October 2021.

9. Steve Lohr, "Move Over, China: U.S. Is Again Home to World's Speediest Supercomputer," *New York Times*, June 8, 2018.

10. Author's email exchanges with Terence Z. Liu, October 2021.

11. 「有趣的是，他還在他畢業的那所大學的超級電腦上偷用了很多計算時間。因此，這在早期建立神經網絡時提供了幫助。」Author's interview with Hoan Ton-That, 2020.

12. Author's email exchanges with Terence Z. Liu, October 2021.

13. 「我不清楚他在這裡建造過任何超級電腦。」作者與託萊多大學物理與天文系教授桑傑・卡赫（Sanjay Khare）的電子郵件往來，2022年。

14. 「特倫斯在數學方面真的很厲害。」尊室歡說。「他會把我找到的東西進一步發揮，提出更好的方法來使其執行，調整引數，找出合適的損失函數，並進行測試。」Author's interview with Hoan Ton-That, 2021.

15. "MS-Celeb-1M: Challenge of Recognizing One Million Celebrities in the Real World," Microsoft, June 29, 2016. See also Yandong Guo et al., "Ms-celeb-1m: A Dataset and Benchmark for Large-Scale Face Recognition," Computer Vision–ECCV 2016, 14th European Conference, Amsterdam, Netherlands, October 11–14, 2016, Proceedings, part 3, 14, Springer International Publishing, 2016.

16. Adam Harvey and Jules LaPlace, "MS-CELEB-1M," Exposing.ai, 2021.

17. Author's interview with Hoan Ton-That, 2021.
18. Wayback Machine, https://web.archive.org/web/20170623075224/http://terencezl.ngrok.io/facesearch/.
19. Davis King, @nulhom, Twitter, June 15, 2017, https://twitter.com/nulhom/status/875427341538910208.
20. Emma Roller, "The Spawn of Facebook and PayPal," Slate, August 5, 2013; Eric Levenson, "Why the Venmo Newsfeed Is the Best Social Network Nobody's Talking About," *The Atlantic*, April 29, 2014.
21. 關心的技術專家們不斷想出一些花招，幫助人們意識到他們在Venmo上的曝光。一些程式設計師建立了一個名為Vicemo的網站，這是一個收集他們從Venmo抓取提到「毒品、酒精和性」的公共交易集合。另一位程式設計師在2017年收集超過二億筆公共交易，並為一個名為Public by Default的線上專案，凸顯一對正在鬧分手的情侶間激烈對話，以及一位毒品販子對其客戶的明確Venmo請求。
22. 一位名叫約瑟夫．圖羅（Joseph Turow）的教授是第一個對此進行研究的人。當他在2003年針對家庭網路使用者進行隱私政策調查時，有57%的人認為擁有隱私政策的網站不會與第三方分享他們的個人資訊。十年後，皮尤研究中心（Pew Research Center）以相似的問題詢問美國人，52%的人再次錯誤地表示，隱私政策意味著公司會保密個人資訊。可悲的是，實際情況並非如此。「一半的美國人不知道什麼是隱私政策。」皮尤在2014年宣布。"Half of Americans don't know what a privacy policy is," Pew declared in 2014. Joseph Turow, "Americans Online Privacy: The System Is Broken," Annenberg Public Policy Center, University of Pennsylvania, June 2003; Aaron Smith, "Half of Online Americans Don't Know What a Privacy Policy Is," Pew Research Center, December 4, 2014.
23. Author's interview with Hoan Ton-That, 2021.
24. 同上。
25. 支付平台Venmo於2021年才採取嚴格措施來保護使用者的個人資料，此前BuzzFeed News的記者發現拜登總統及其妻子吉爾．拜登的帳號。記者們顯示，因為他們的朋友名單被公開，可以輕易地繪製出一個廣泛的拜登家族、朋友及其聯絡人的地圖，這對國家安全構成風險。此後，Venmo宣布將使用者的聯絡人設為私密，不再公開任何交易給外界。直到祕密服務局（Secret Service）要求該公司重視隱私問題，Venmo才開始認真對待這個問題。
26. Hoan Ton-That, email to Charles Johnson and Richard Schwartz, June 8,

2017. Provided by Johnson, on file with author.

27. Hoan Ton-That, email to Palmer Luckey and Charles Johnson, June 13, 2017. Provided by Johnson, on file with author.

28. Hoan Ton-That, email to Peter Thiel and Charles Johnson, June 14, 2017. Provided by Johnson, on file with author.

29. 「彼得請我聯絡你，關於可能在Smartchekr的融資輪中投資20萬美元。你有可以供我檢視的簡報、條款清單和/或投資文件嗎？」Bryce Steeg, email to Hoan Ton-That, July 20, 2017, forwarded to Charles Johnson the same day. Provided by Johnson, on file with author.

30. Author's interview with Sam Waxman, 2022.

31. Certificate of Incorporation of Smartcheckr Corp, Inc., State of Delaware Secretary of State Division of Corporations, August 3, 2017.

32. Author's interviews with Charles Johnson, 2021–2022.

33. Hoan Ton-That, email to Palmer Luckey and Charles Johnson, August 14, 2017. Provided by Johnson, on file with author.

34. Clearview AI Investor Deck, July 2018. On file with author.

35. Author's interview with Hoan Ton-That, 2020.

## CH8：唯一預見此事的人（2006 – 2008）

1. Author's interview with James Ferg-Cadima, 2021. Much of this chapter comes from Ferg-Cadima's recollection of this time and was corroborated by Adam Schwartz, who worked with Ferg-Cadima.

2. Author's interview with James Ferg-Cadima, 2021.

3. It was passed in 2008. "The Genetic Information Nondiscrimination Act of 2008," U.S. Equal Employment Opportunity Commission.

4. It was passed in 2007 and went into effect in 2009. "80(R) HB 2278—Enrolled Version," https://capitol.texas.gov/tlodocs/80R/billtext/html/HB02278F.HTM.

5. Author's interview with James Ferg-Cadima, 2021.

6. "Pay By Touch," Crunchbase; Becky Bergman, "Pay By Touch Sees Biometrics as Key to Secure Transactions," *Silicon Valley Business Journal,*

June 19, 2005; Ben Worthen, "Another Hot New Technology Turns Cold," *Wall Street Journal*, March 19, 2008.

7. Author's interview with James Ferg-Cadima, 2021.

8. 「五位債權人對羅傑斯提起訴訟,但一些人收款時遇到了困難,紀錄顯示……羅傑斯與女性之間也存在衝突。根據訴訟中引用的逮捕報告,1997年,一名女友指控他在爭吵時用頭撞擊她的車窗,當時是在羅傑斯的BMW轎車裡。他認了擾亂治安罪。」Lance Williams, "How 'Visionary' Raised—and Lost—a Fortune," *San Francisco Chronicle*, December 7, 2008.

9. Matt Marshall, "Pay By Touch in Trouble, Founder Filing for Bankruptcy," VentureBeat, November 12, 2007. Brad Meikle, "Pay By Touch Faces Bankruptcy Petition," *Buyouts*, November 19, 2007.

10. Author's interview with James Ferg-Cadima, 2021.

11. Andrea Peterson, "OPM Says 5.6 Million Fingerprints Stolen in Cyberattack, Five Times as Many as Previously Thought," *Washington Post*, September 23, 2015.

12. Author's interview with James Ferg-Cadima, 2021.

13. Nicholas Carlson, "Pay By Touch to Close Up Shop?," Gawker, November 9, 2007.

14. Author's interview with Ajay Amlani, 2021. Amlani worked for Pay By Touch during that time period.

15. *KOK Sheridan Way Investments, LLC v. Solidus Networks, Inc. DBA Pay-by-Touch*, Superior Court of California, June 30, 2009.

16. Author's interview with Ajay Amlani, 2021.

17. 同上。See also Hutch Carpenter, "Farewell, Pay By Touch, Farewell," I'm Not Actually a Geek, March 19, 2008.

18. Author's interview with James Ferg-Cadima, 2021.

19. 740 ILCS 14 / Biometric Information Privacy Act, Illinois Compiled Statutes, Illinois General Assembly, https://www.ilga.gov/legislation/ilcs/ilcs3.asp?ActID=3004&ChapterID=57.

20. Author's interview with James Ferg-Cadima, 2021.

21. Author's interview with James Ferg-Cadima, 2021.

22. It passed both houses on July 10, 2008. *Legislative Synopsis and Digest of the Ninety-fifth General Assembly*, https://www.ilga.gov/ftp//Digest/95thFinalDigest.pdf.

23. Author's interview with Albert Gidari, 2021.

24. "Pay By Touch Fades into History as Lenders Buy Core Assets," Digital Transactions, April 7, 2008.

25. Author's interview with Ajay Amlani, 2021.

26. "Kroger Announces Acquisition of YOU Technology," Cision, February 11, 2014. "Inmar Rebrands to Inmar Intelligence," Inmar Intelligence, January 27, 2020.

27. Author's interview with James Ferg-Cadima, 2021.


**CH9：Smartcheckr 的終結**

1. Author's interviews with Holly Lynch, 2020–2021.

2. Author's interviews with Hoan Ton-That, Richard Schwartz, and Charles Johnson. The narrative is also based on a company document prepared for potential investors, on file with author.

3. Holly Lynch's recollection of the conversation during interview with the author, 2020.

4. Author's interview with Holly Lynch, 2021.

5. 這是真的。在2018年美國期中選舉中，有創紀錄的女性參選人數量出現。另一位政治新人，一位名叫亞歷山德莉亞・奧卡西奧-科特斯（Alexandria Ocasio-Cortez）的二十九歲前酒吧服務員，傾向於社會主義，正在琳琪的鄰近國會選區競選。奧卡西奧-科特斯（綽號AOC）幾乎沒有資金，但她最終打敗在國會中排名第三的民主黨權力人物，而這位人物也如納德勒一樣，已經在其席位上工作了二十年。

6. Author's interview with Holly Lynch, 2021.

7. Veritas Strategic Partners invoice, October 2017; Veritas Strategic Partners c/o Richard Schwartz invoice, November 2017. On file with author.

8. Author's interview with Holly Lynch, 2021.

9. Richard Schwartz, email to Holly Lynch, October 21, 2017. Provided by Lynch, on file with author.

10. Infomentum LLC invoice, addressed to Richard Schwartz at Veritas Strategic Partners, October 30, 2017. On file with author.

11. Email with poll analysis memo sent from Infomentum to Hoan Ton-That, Richard Schwartz, and Douglass Mackey, November 9, 2017. On file with the author.

12. Holly Lynch's recollection of the conversation during interview with author, 2021.

13. Author's interview with Daniel Kreiss, a professor at the University of North Carolina at Chapel Hill who studies the use of data by political campaigns, 2021.

14. Alex Hern, "Cambridge Analytica: How Did It Turn Clicks into Votes?," The Guardian, May 6, 2018; Brian Resnick, "Cambridge Analytica's 'Psychographic Microtargeting': What's Bullshit and What's Legit," Vox, March 26, 2018; Timothy Revell, "How Facebook Let a Friend Pass My Data to Cambridge Analytica," New Scientist, April 16, 2018.

15. Issie Lapowsky, "What Did Cambridge Analytica Really Do for Trump's Campaign?," Wired, October 26, 2017.

16. Holly Lynch's recollection in interview with the author, 2021.

17. Author's interview with Holly Lynch, 2021.

18. David Weigel, "Ryan's 'Pro-White' Primary Foe Denounced by Breitbart After His Anti-Semitic Tweets," Washington Post, December 27, 2017.

19. "Smartcheckr Consulting Group," on file with author and available on Wayback Machine, https://web.archive.org/web/20190423184841/https://christophercantwell.com/wp-content/uploads/2018/04/Smartcheckr-Paul-Nehlen-Oct-19.pdf.

20. 克里斯托弗．坎特威爾的The Radical Agenda，2018年4月3日，已從網路上移除。內倫談到麥基時說：「他透過其他人聯絡我，說他想和我談顧問合作。基本上每月要價約2,500美元，我看過後，他向我推銷，我心想，『這傢伙是在賣我魔豆。我不贊同，我不認為這會有效。』……但我想給這傢伙一次機會，然後我透過商業管理系統給他三個月的臉書的登入許可權……他什麼都沒有做，他根本什

麼都沒做。」根據聯邦選舉委員會（FEC）的報告，內倫的競選支出報告中並未反映對麥基、維理塔戰略夥伴或Smartcheckr的任何付款。

21. 當公司在多年後被問及內倫事件時，其代表表示麥基曾短暫擔任公司的顧問，且公司並不知曉他的另一個身分，並且他向內倫傳送了一份「未經授權的提議」。尊室歡表示「提議中描述的技術根本不存在。」（所以琳琪感覺自己被利用可能並非毫無根據。）

22. Luke O'Brien, "Trump's Most Influential White Nationalist Troll Is a Middlebury Grad Who Lives in Manhattan," HuffPost, April 5, 2018.

23. 多年後，在2021年1月，麥基因發推文稱希拉蕊．柯林頓的選民可以透過簡訊或社群媒體投票以避免長時間排隊，而被指控干擾選舉，這是一項聯邦罪。提供這種投票方式顯然並不合法。根據聯邦檢察官的說法，至少有四千九百人實際上向他提供的號碼傳送了柯林頓的名字。〈社群媒體影響者因選民誤資訊運動而被控干擾選舉〉。U.S. Department of Justice, January 27, 2021, https://www.justice.gov/opa/pr/social-media-influencer-charged-election-interference-stemming-voter-disinformation-campaign.

24. Zanting, "Rudy Giuliani Ex-Advisor Richard Schwartz Worked With the Alt-Right," AnimeRight News, May 7, 2018, https://web.archive.org/web/20190330154815/https://animeright.news/zanting/rudy-giuliani-ex-advisor-richard-schwartz-worked-with-the-alt-right/.

25. A top hit on Google for "Smartcheckr" was Eyes on the Right, "The Alt-Right Continues to Disintegrate After White Nationalist Troll 'Ricky Vaughn' Gets Unmasked," Angry White Men, April 6, 2018, https://angrywhitemen.org/2018/04/06/the-alt-right-continues-to-disintegrate-after-white-nationalist-troll-ricky-vaughn-gets-unmasked/. Commenters on 4Chan discussed it as well: https://archive.4plebs.org/pol/thread/169758083/.

26. Ton-That and Schwartz declined to comment about this episode in their company's history. Ton-That said they changed the name from Smartcheckr to Clearview AI only because it was "better branding." Author's interview with Hoan Ton-That for *New York Times*, 2020.

27. Author's Google search, 2019.

28. Sapna Maheshwari, "Richard J. Schwartz, Who Expanded Jonathan Logan's Dress Empire, Dies at 77," *The New York Times*, October 5, 2016.

29. WHOIS shows that Clearview.ai was registered on December 16, 2017.

30. As recollected by Charles Johnson in an interview with the author, 2021.

31. Author's interview with Richard Schwartz, 2021.

32. Author's interview with Charles Johnson, 2021.

33. The Florida lawmaker was Matt Gaetz. "GOP Lawmaker Condemned for Inviting Holocaust Denier to State of the Union," *The Guardian*, February 1, 2018.

34. Emails provided by Charles Johnson to author.

35. Hoan Ton-That, email to Charles Johnson, June 23, 2018. Provided by Johnson, on file with author.

36. Author's interview with Sam Waxman, 2022.

37. Hoan Ton-That, email to Charles Johnson, November 25, 2018. Provided by Johnson, on file with author.

38. Author's interview with Hoan Ton-That, 2021.

## PART 2：技術甜頭
### CH10：谷歌不願跨越的底線（2009 – 2011）

1. Google, "Google Goggles," YouTube, December 7, 2009, https://www.youtube.com/watch?v=Hhgfz0zPmH4.

2. David Pierce, "How Google Goggles Won, Then Lost, the Camera-First Future," *Wired*, October 27, 2017.

3. Mark Milian, "Google Making App That Would Identify People's Faces," CNN, March 31, 2011.

4. Hartmut Neven, quoted in ibid.

5. "Celebrating 15 Years of Street View," Google, https://www.google.com/streetview/anniversary/.

6. Siva Vaidhyanathan, *The Googlization of Everything* (And Why We Should Worry), updated ed. (Berkeley: University of California Press, 2012), 98.

7. Opinion, *Boring v. Google Inc.*, United States Court of Appeals, Third Circuit, January 28, 2010.

8. "Street View: Exploring Europe's Streets with New Privacy Safeguards," Google Europe Blog, June 12, 2009.

9. "How Many German Households Have Opted-Out of Street View?," Google Europe Blog, October 21, 2010.

10. "Street View," Deutsche Welle, November 23, 2010, https://www.dw.com/en/wayward-google-fans-pelt-houses-with-eggs/a-6258069.

11. Milian, "Google Making App That Would Identify People's Faces."

12. "Picasa Refresh Brings Facial Recognition," TechCrunch, September 2, 2008.

13. Vlad Savov, "Google Working on a Face Recognition App That Leads to Your Personal Info? (Update: Google Says 'No')," Engadget, March 31, 2011; Hayley Tsukayama, "Google Denies CNN Report of Facial Recognition App," *Washington Post*, March 31, 2011.

14. "D9 Video: Eric Schmidt on Privacy," *Wall Street Journal*, June 1, 2011. See also Bianca Bosker, "Facial Recognition: The One Technology Google Is Holding Back," Huffington Post, June 1, 2011.

15. Jason Beahm, "Google Buzz Lawsuit Settles," FindLaw, November 4, 2010.

16. The Street View cars' data collection, dubbed the Wi-Spy scandal by the press, led to numerous fines for the company even though it claimed to have gathered the information inadvertently. Notice of Apparent Liability for Forfeiture, in the Matter of Google Inc., before the Federal Communications Commission, April 13, 2012.

17. Author's interview with Henry Schneiderman, 2020.

18. Henry Rowley, Shumeet Baluja, and Takeo Kanade, "Neural Network-Based Face Detection," *IEEE Transactions on Pattern Analysis and Machine Intelligence* 20, no. 1 (1998): 23–38.

19. Henry Schneiderman, "A Statistical Approach to 3D Object Detection Applied to Faces and Cars," PhD thesis, Carnegie Mellon University, May 10, 2000.

20. Author's interview with Henry Schneiderman, 2020.

21. "A leading face algorithm, Pittsburgh Pattern Recognition (PittPatt),

developed in 2004 by Carnegie Mellon University with federal funds, was tweaked differently by intelligence and law enforcement agencies to suit their varying needs." "History of NIJ Support for Face Recognition Technology," National Institute of Justice, 2020, https://nij.ojp.gov/topics/articles/history-nij-support-face-recognition-technology.

22. Author's interview with former IARPA scientist who spoke on condition of not being named, 2021.

23. 多年後，在2013年，當兩枚自製壓力鍋炸彈在波士頓馬拉松賽事中爆炸，造成三人死亡和數百人受傷時，隨之而來的是一場針對責任人的混亂搜捕，這兩名責任人是年僅二十六歲和十九歲的兄弟，他們在十年前移民到這個國家。施奈德曼被告知，PittPatt公司在這次搜捕中扮演關鍵角色。"

24. Author's interview with Alessandro Acquisti, 2021.

25. 這個術語是在2001年由惠普的一位研究人員創造的，他對當時剛接觸網路的人進行訪談，這些人表達了對公司追蹤他們線上瀏覽行為的擔憂。該研究者隨後詢問他們是否擁有可以讓商店追蹤他們購物的忠誠卡，大家回答說有，因為他們很欣賞使用忠誠卡所獲得的折扣。巴里·布朗（Barry Brown），《研究網路體驗》，惠普布里斯托實驗室，2001年3月26日。

26. Peter Steiner, "On the Internet, Nobody Knows You're a Dog," *The New Yorker*, July 5, 1993.

27. Eric Eldon, "New Facebook Statistics Show Big Increase in Content Sharing, Local Business Pages," *Adweek*, February 15, 2010.

28. "WikiLeaks Revelations Only Tip of Iceberg—Assange," RT, May 2, 2011.

29. Anthony Ha, "Author Clara Shih on the Facebook Era, and What It Means for Businesses," VentureBeat, March 29, 2009.

30. Stephanie Rosenbloom, "On Facebook, Scholars Link Up with Data," *New York Times*, December 17, 2007.

31. Ralph Gross and Alessandro Acquisti, "Information Revelation and Privacy in Online Social Networks," Proceedings of the 2005 ACM Workshop on Privacy in the Electronic Society, 2005.

32. Author's interview with Alessandro Acquisti, 2021.

33. Alessandro Acquisti, Ralph Gross, and Fred Stutzman, "Faces of Facebook: Privacy in the Age of Augmented Reality," Black Hat presentation, 2012,

https://www.blackhat.com/docs/webcast/acquisti-face-BH-Webinar-2012-out.pdf.

34. Author's interview with Alessandro Acquisti, 2021.
35. Alessandro Acquisti, quoted in Kashmir Hill, "Hello, Stranger," *Forbes*, August 24, 2011.
36. "We are happy to announce that Pittsburgh Pattern Recognition has been acquired by Google!" PittPatt via Wayback Machine, https://web.archive.org/web/20110824231552/https://www.pittpatt.com/. See also James Niccolai, "Google Buys Facial Recognition Company PittPatt," CSO Online, July 22, 2011.
37. Author's interview with Henry Schneiderman, 2021.
38. Schneiderman's recollection of his thought process at the time in an interview with the author, 2021.
39. Author's interview with former Google employee on the company's privacy team who asked not to be named, 2020.
40. 同上。
41. "Audience Attendance Monitoring Through Facial Recognition," Google patent, applied for August 7, 2014, granted November 20, 2018, https://patents.google.com/patent/US10134048B2. See also "Automatic Transition of Content Based on Facial Recognition," Google patent, applied for September 4, 2012, granted February 24, 2014, https://patents.google.com/patent/US8965170B1.
42. "Monitoring and Reporting Household Activities in the Smart Home According to a Household Policy," Google patent, applied for March 5, 2015, granted January 16, 2018, https://patents.google.com/patent/US20160261932A1.
43. Alessandro Acquisti during a presentation at the Federal Trade Commission, December 8, 2011, https://www.ftc.gov/sites/default/files/documents/videos/face-facts-session-3/4/120811_ftc_sess3.pdf.

**CH11：尋找投資人**

1. Author's interview with David Scalzo, 2021.
2. The description of the pitch is based on ibid., as well as documents the company had prepared for potential investors that were being circulated around this time. Provided by people who were pitched by the company, on file with author.
3. Clearview AI investor deck, 2018. Provided by a person who was pitched by the company, on file with author.
4. 同上。
5. Most of these examples come from a company document distributed around that time titled "Technical Overview and Examples," 2018. Provided by a person who was pitched by the company, on file with author.
6. Author's interview with David Scalzo, 2021.
7. Author's interview with John Borthwick for *The New York Times*, 2020.
8. Author's interview with Hoan Ton-That, 2021.
9. 同上。
10. Author's interview with Charles Johnson, 2021.
11. William Gibson, interviewed on "The Science of Science Fiction," NPR, November 30, 1999, via The Quote Investigator, January 24, 2012.
12. Ryan Mac, Caroline Haskins, and Logan McDonald, "Secret Users of Clearview AI's Facial Recognition Dragnet Included a Former Trump Staffer, a Troll, and Conservative Think Tanks," BuzzFeed News, March 25, 2020.
13. An anonymous source provided screenshots of the texts between Doug Leone and Hoan Ton-That. On file with author.
14. Joe Montana, email to Hoan Ton-That, February 25, 2019. Provided by an anonymous source, on file with author.
15. Author's interview with Hoan Ton-That, 2021.
16. Author's interview with John Catsimatidis for *The New York Times*, 2020.
17. Catsimatidis, quoted in Kashmir Hill, "Before Clearview AI Became a Police Tool, It Was a Secret Plaything of the Rich," *The New York Times*, March 5,

2020. The ice cream bandits had also been reported on in Reuven Fenton and Linda Massarella, "Ice Cream Bandits Are Wreaking Havoc on NYC Supermarkets," *New York Post*, August 12, 2016.

18. Hill, "Before Clearview AI Became a Police Tool, It Was a Secret Plaything of the Rich."

19. Author's interview with Andrea Catsimatidis for *The New York Times*, 2020.

20. Author's interview with John Catsimatidis for *The New York Times*, 2020.

21. Author's interview with Hoan Ton-That, 2021.

22. First We Feast, "Ashton Kutcher Gets an Endorphin Rush While Eating Spicy Wings | Hot Ones," YouTube, September 26, 2019, https://www.youtube.com/watch?v=nNhYqLbsAGk.

23. Author's interview with Hoan Ton-That, 2021.

24. Hoan Ton-That's recollection of the conversation in ibid.

25. Author's email exchange with Ashton Kutcher, March 2, 2022.

26. 同上。"Existing investors are integrity signals," wrote Kutcher in an email to author.

27. Author's interview with a source who asked not to be named, 2020.

28. Author's interview with Hoan Ton-That, 2021.

29. 同上。

30. Author's interview with a source who asked not to be named, 2020.

31. Author's interview with Hoan Ton-That, 2021.

32. Author's interview with David Scalzo for *The New York Times*, 2020.

33. Author's email exchange with David Scalzo, March 3, 2021.

34. Author's interview with David Scalzo, 2023.

35. Author's interview with David Scalzo, 2021.

36. *hiQ Labs, Inc. v. LinkedIn Corp.*, 938 F.3d 985, Ninth Circuit 2019; Drake Bennett, "The Brutal Fight to Mine Your Data and Sell It to Your Boss," Bloomberg, November 15, 2017; Jamie Williams and Amul Kalia, "Judge Cracks Down on LinkedIn's Shameful Abuse of Computer Break-in Law,"

Electronic Frontier Foundation, August 29, 2017; "LinkedIn Corp. v. hiQ Labs, Inc.," Electronic Privacy Information Center, https://epic.org/documents/linkedin-corp-v-hiq-labs-inc/.

37. Elizabeth Pollman and Jordan M. Barry, "Regulatory Entrepreneurship," *Southern California Law Review* 90 (March 7, 2016): 383.

38. Company documents prepared for potential investors. On file with author.

39. Author's interview with Hal Lambert for *The New York Times Magazine*, 2020.

40. Author's interview with David Scalzo, 2021.

41. 同上。

42. David Scalzo's recollection of Johnson's statement in ibid.

43. 同上。

44. Charlie Nash, "PICTURES: Peter Thiel Holds Fundraiser for Kris Kobach at NYC Apartment (Featuring Ann Coulter)," Mediaite, September 19, 2019.

45. David Scalzo's recollection of the conversation in interview with the author, 2021.

## CH 12：監管機構發聲了 (2011 – 2012)

1. 作者於2011年參加了這個工作坊。當天的影片和文字記錄也已線上存檔：「面對事實：人臉辨識技術論壇」聯邦貿易委員會，2011年12月8日。, https://www.ftc.gov/news-events/events/2011/12/face-facts-forum-facial-recognition-technology. 事件的描述和引用是根據存檔的影片。

2. Author's interview with Maneesha Mithal, 2022.

3. Kashmir Hill, "Using Facial Recognition Technology to Choose Which Bar to Go To," *Forbes*, June 28, 2011.

4. Aleecia M. McDonald and Lorrie Faith Cranor, "The Cost of Reading Privacy Policies," *I/S: A Journal of Law and Policy for the Information Society* 4, no. 3 (2008): 543–68.

5. Inspired by a Gamestation April Fool's joke: Bianca Bosker, "7,500 Online Shoppers Accidentally Sold Their Souls to Gamestation," Huffington Post,

April 17, 2010.

6. Peter Maass, "Your FTC Privacy Watchdogs: Low-Tech, Defensive, Toothless," *Wired*, June 28, 2012.

7. Author's interview with Maneesha Mithal, 2022.

8. "Facing Facts: Best Practices for Common Uses of Facial Recognition Technologies," Federal Trade Commission, October 2012, https://www.ftc.gov/sites/default/files/documents/reports/facing-facts-best-practices-common-uses-facial-recognition-technologies/121022facialtechrpt.pdf.

9. 同上, 13.


## CH 13：病毒式傳播

1. 尊室歡在2020年與作者的訪談中回憶起的對話；從瑞秋・理查茲（Rachel Richards）提供的資訊請求回覆中獲得紐約市警察局（NYPD）檔案中的官員身分，包括2018年10月至2020年2月期間傳送的通訊 "NYPD Clearview AI Communications," MuckRock, March 31, 2021.

2. Author's interview with Hoan Ton-That, 2020.

3. Greg Besson, résumé on LinkedIn, https://www.linkedin.com/in/greg-besson-b03208241/.

4. Investor documents that Clearview was circulating at the time. On file with author.

5. Author's interview with Hoan Ton-That, 2020.

6. All emails quoted, reproduced, or described in this chapter, unless otherwise noted, are from the NYPD public records request, MuckRock.

7. Willard M. Oliver, *Policing America*: An Introduction, 2nd ed. (Frederick, Md.: Aspen Publishing, 2020), 260.

8. Michael Cooper, "Cabaret Law, Decades Old, Faces Repeal," *The New York Times*, November 20, 2003.

9. Jack Maple with Chris Mitchell, *The Crime Fighter: How You Can Make Your Community Crime Free* (New York: Broadway Books, 2000).

10. Author's interview with NYPD financial crimes officer who participated on

condition that he not be named, 2021. See also "NYPD Questions and Answers: Facial Recognition," https://www.nyc.gov/site/nypd/about/about-nypd/equipment-tech/facial-recognition.page.

11. Events as reflected in emails included in NYPD public records request, MuckRock.

12. Author's interview with Hoan Ton-That, 2021.

13. NYPD public records request, MuckRock.

14. Siobhan Gorman, "NSA Officers Spy on Love Interests," *Wall Street Journal*, August 23, 2013.

15. Sadie Gurman, "Across US, Police Officers Abuse Confidential Databases," Associated Press, September 28, 2016.

16. NYPD public records request, MuckRock.

17. Author's interview with Hoan Ton-That, 2021.

18. Author's interview with Hoan Ton-That, 2020, from *The New York Times*. Also Clearview promo packet, company document provided by Ton-That, on file with author.

19. Craig McCarthy, Tina Moore, and Bruce Golding, "Internal Affairs Used Facial Recognition Software Against NYPD Cops: Email," *New York Post*, April 11, 2021.

20. NYPD public records request, MuckRock.

21. Author's interview with Hoan Ton-That, 2021.

22. Author's interview with NYPD financial crimes officer, 2021.

23. Ryan Mac et al., "Clearview AI Offered Thousands of Cops Free Trials," BuzzFeed News, April 6, 2021.

24. 同上。

25. Indiana State Police public records request for emails about Clearview AI, filed by Anna Venarchik, February 2022, on file with author.

26. Indiana State Police public records request for contracts, purchase orders, procurement records, agreements, invoices, or payment records related to Clearview AI, filed by author, December 2022. On file with author.

27. Indiana State Police public records request for emails, 2022.
28. Public records request to the Seattle Police Department, filed by Bridget Brululo. "Clearview AI and SPD," MuckRock, November 3, 2020, https://cdn.muckrock.com/foia_files/2020/11/03/REL_P59603_Responsive_Emails_FINAL.pdf.
29. Luke O'Brien, "The Far-Right Helped Create the World's Most Powerful Facial Recognition Technology," HuffPost, April 7, 2020.
30. "I dropped out of my very fancy college in America." "An Interview with Marko Jukic: Nobody Knows How to Learn a Language," HackerNoon, February 14, 2019.
31. Author's interview with Charles Johnson, 2021.
32. O'Brien, "The Far-Right Helped Create the World's Most Powerful Facial Recognition Technology."
33. Author's interview with David Scalzo, 2019.
34. This refers to an email from the Seattle Police Department in response to a public records request filed by Bridget Brululo. "Clearview AI and SPD," MuckRock, November 3, 2020.
35. I first reported about this case in *New York Times Magazine*: Kashmir Hill, "Your Face Is Not Your Own," *New York Times Magazine*, March 18, 2021. Findley was unnamed in that piece, but he later revealed his identity in an onstage interview with Hoan Ton-That at a security conference. Hoan Ton-That, "Hoan Ton-That Interviews Josh Findley, Special Agent at U.S. Department of Homeland Security," Clearview AI, October 8, 2021.
36. Nikola Todorovic and Abhi Chaudhuri, "Using AI to Help Organizations Detect and Report Child Sexual Abuse Material Online," Google, September 3, 2018, reported in Kashmir Hill, "A Dad Took Photos of His Naked Toddler for the Doctor. Google Flagged Him as a Criminal," *The New York Times*, August 21, 2022.
37. Kashmir Hill and Gabriel J. X. Dance, "Clearview's Facial Recognition App Is Identifying Child Victims of Abuse," *New York Times*, February 7, 2020.
38. Ryan Mac, Caroline Haskins, and Logan McDonald, "Clearview AI's Facial Recognition Tech Is Being Used by the Justice Department, ICE, and the

FBI," BuzzFeed News, February 27, 2020; Ryan Mac et al., "See If Your Police Used Facial Recognition Tech Clearview AI," BuzzFeed News, April 10, 2021; Ryan Mac, Caroline Haskins, and Antonio Pequeño IV, "Clearview AI Offered Free Trials to Police Around the World," BuzzFeed News, August 25, 2021.

39. 瑞典隱私保護局隨後對其警方處以約25萬歐元的罰款，因為該警方違反了聯邦法律使用Clearview，並要求警方通知那些照片被使用的人。

40. Clearview AI Investor Presentation, December 2021, on file with author.

41. "Amazon Rekognition Announces Real-Time Face Recognition, Text in Image Recognition, and Improved Face Detection," Amazon Web Services, Inc., https://aws.amazon.com/about-aws/whats-new/2017/11/amazon-rekognition-announces-real-time-face-recognition-text-in-image-recognition-and-improved-face-detection/.

42. Author's interview with Matt Cagle, 2022. Matt Cagle and Nicole A. Ozer, "Amazon Teams Up with Law Enforcement to Deploy Dangerous New Face Recognition Technology," American Civil Liberties Union of Northern California, May 22, 2018.

43. Cagle and Ozer, "Amazon Teams Up with Law Enforcement."

44. Joey Roulette, "Orlando Cancels Amazon Rekognition Program, Capping 15 Months of Glitches and Controversy," *Orlando Weekly*, July 18, 2019.

45. Author's interview with Jacob Snow, 2022.

46. Jacob Snow, "Amazon's Face Recognition Falsely Matched 28 Members of Congress with Mugshots," American Civil Liberties Union, July 26, 2018.

47. Author's interviews with Kade Crockford, Matt Cagle, and Nicole Ozer, 2021.

48. Author's interview with a person at the DAGA event who spoke on the condition of not being named, 2020.

49. Tong's comments about the episode to author at an NAAG conference in Vermont, 2021.

## CH 14：「什麼最令人毛骨悚然？」(2011 – 2019)

1. Author's interview with Alvaro Bedoya, 2021.

2. 同上。

3. Julia Angwin, et al., "What They Know" series, *Wall Street Journal*, 2010–2012, https://www.wsj.com/news/types/what-they-know.

4. "I am sorry that everyone was not able to get into the room, into the hearing room, but we are streaming live on C-SPAN, thankfully," said Al Franken at the hearing. *Protecting Mobile Privacy: Your Smartphones, Tablets, Cell Phones and Your Privacy, Hearing Before the Subcommittee on Privacy, Technology and the Law of the Committee on the Judiciary*, United States Senate, 112th Cong., May 10, 2011, https://www.judiciary.senate.gov/imo/media/doc/CHRG-112shrg86775.pdf, i.

5. "Mobile Technology and Privacy, Government Officials," C-SPAN, May 10, 2011.

6. *Protecting Mobile Privacy*, 3.

7. Matt Jaffe, "Senate Panel Grills Apple, Google over Cell Phone Privacy," ABC News, May 10, 2011.

8. Conversation as recalled by Alvaro Bedoya in interview with the author, 2021.

9. 同上。

10. "Kinect Fact Sheet," Xbox & Kinect press materials, Microsoft, June 14, 2010. On file with author.

11. "Making Photo Tagging Easier," The Facebook Blog, December 15, 2010, https://web.archive.org/web/20110107154043/, http://blog.facebook.com/blog.php?post=467145887130; Ben Parr, "Facebook Brings Facial Recognition to Photo Tagging," CNN, December 16, 2010.

12. Sarah Jacobsson Purewal, "Why Facebook's Facial Recognition Is Creepy," *PCWorld*, June 8, 2011.

13. Somini Sengupta and Kevin J. O'Brien, "Facebook Can ID Faces, but Using Them Grows Tricky," *New York Times*, September 21, 2012; Helen Pidd, "Facebook Facial Recognition Software Violates Privacy Laws, Says Germany," *The Guardian*, August 3, 2011.

14. Ryan Singel, "Public Posting Now the Default on Facebook," *Wired*, December 9, 2009.

15. 「在最近的變更之前,您可以選擇僅公開『有限』的資料,僅包括您的姓名和社群網路,對其他臉書使用者顯示——對於網路使用者則完全不公開……現在,您的個人資料圖片、所在城市、朋友名單、性別和粉絲頁面都成為『公開可用的資訊』。」Nicole Ozer, "Facebook Privacy in Transition—But Where Is It Heading?," American Civil Liberties Union, December 9, 2009.

16. Author's interview with Alvaro Bedoya, 2021.

17. Alexia Tsotsis, "Facebook Scoops Up Face.com for $55–60M to Bolster Its Facial Recognition Tech," TechCrunch, June 18, 2012.

18. Author's interview with Alvaro Bedoya, 2021.

19. 同上。

20. *What Facial Recognition Technology Means for Privacy and Civil Liberties, Hearing Before the Subcommittee on Privacy, Technology, and the Law of the Committee on the Judiciary, United States Senate, 112th Cong.*, July 18, 2012, https://www.govinfo.gov/content/pkg/CHRG-112shrg86599/pdf/CHRG-112shrg86599.pdf, 1.

21. Larry Amerson, ibid., 34.

22. Rob Sherman, ibid., 23.

23. Author's interview with Alvaro Bedoya, 2021.

24. 同上。

25. *What Facial Recognition Technology Means for Privacy and Civil Liberties*, 35.

26. Rob Sherman, ibid., 35–36.

27. Video of the demo. On file with author.

28. 同上。

29. 同上。

30. Author's interview with former Facebook employee who spoke on condition that he not be named, 2021.

31. Josh Constine, "Facebook Is Building Brain-Computer Interfaces for Typing

and Skin-Hearing," TechCrunch, April 19, 2017.

32. Mike Isaac, "Smart Glasses Made Google Look Dumb. Now Facebook Is Giving Them a Try," *New York Times*, September 9, 2021.

33. Author's interview with Yaniv Taigman, 2021.

34. 同上。

35. Mark Zuckerberg's response as recalled by Yaniv Taigman in ibid.

36. Yaniv Taigman's recollection of the conversation in ibid.

37. The SuperVision developers were Geoffrey Hinton and his two graduate students, Ilya Sutskever and Alex Krizhevsky. For more on this, see Cade Metz, *Genius Makers: The Mavericks Who Brought AI to Google, Facebook, and the World* (New York: Dutton, 2021).

38. Author's interview with Yaniv Taigman, 2021.

39. Yaniv Taigman et al., "DeepFace: Closing the Gap to Human-Level Performance in Face Verification," *2014 IEEE Conference on Computer Vision and Pattern Recognition*, June 2014, 1701–08.

40. Author's interview with Yaniv Taigman, 2021.

41. 同上。

42. Dino Grandoni, "Facebook's New 'DeepFace' Program Is Just as Creepy as It Sounds," *Huffington Post*, March 14, 2014.

43. Will Oremus, "Facebook's New Face-Recognition Software Is Scary Good," *Slate*, March 18, 2014.

44. 同上。

45. Taylor Hatmaker, "Facebook Will Tag Every Photo Ever Taken of You—Whether You Like It or Not," The Daily Dot, February 7, 2015.

46. Author's interview with Yaniv Taigman, 2021.

47. 同上。

48. Author's interview with Alvaro Bedoya, 2021.

49. S.1223: Location Privacy Protection Act of 2012, 112th Congress (2011–2012), 112th Cong., https://www.congress.gov/112/bills/s1223/BILLS-

112s1223rs.pdf.

50. Author's interview with Alvaro Bedoya, 2021.

51. Glenn Greenwald, "NSA Collecting Phone Records of Millions of Verizon Customers Daily," *The Guardian*, June 6, 2013.

52. Alvaro Bedoya's recollection of the conversation in interview with the author, 2021.

53. Author's interview with Alvaro Bedoya, 2021.

54. Email to Alvaro Bedoya, March 27, 2014. On file with author.

55. Author's interview with Alvaro Bedoya, 2021.

56. State Privacy and Security Coalition Form 990, filed with the Internal Revenue Service, 2012, https://projects.propublica.org/nonprofits/organizations/262149959.

57. Author's interview with Alvaro Bedoya, 2021.

58. 儘管在伊利諾伊州《生物特徵資訊隱私法》（BIPA）下多年未有活動，但在2015年仍然提出了七宗案件；隨後在2016年，原告又提出了七宗新的集體訴訟。2015年和2016年提出的案件普遍針對零售商和線上服務提供商，指控他們不當收集和儲存照片。" Carley Daye Andrews et al., "Litigation Under Illinois Biometric Information Privacy Act Highlights Biometric Data Risks," K&L Gates, November 7, 2017.

59. *Carlo Licata, Adam Pezen and Nimesh Patel v. Facebook*, Consolidated Class Action Complaint, United States District Court, Northern District of California, San Francisco Division, filed August 28, 2015.

60. Jonathan Bilyk, "Six Flags Inks $36M Deal to End Fingerprint Scan Class Action That Resulted in Landmark IL Supreme Court Decision," *Cook County Record*, June 8, 2021.

61. Turk's expert testimony was withheld from the public at Facebook's request for proprietary reasons, but parts of it were cited in the judge's order on summary judgment. *In re Facebook Biometric Information Privacy Litigation*, United States District Court, Northern District of California, filed May 29, 2018.

62. Jennifer Bryant, "Facebook's $650M BIPA Settlement 'a Make-or-Break

Moment,' " International Association of Privacy Professionals, March 5, 2021.

63. Tommer Leyvand's LinkedIn profile.

## CH 15：身陷巨網

1. Author's interview with Freddy Martinez, 2020.

2. Author's interview with Freddy Martinez, 2021.

3. John McCrank, "Knight Capital Gets $400 Million Rescue, Shares Tumble," Reuters, August 6, 2012; Jacob Bunge, Anupreeta Das, and Telis Demos, "Knight Capital Gets Lifeline," *Wall Street Journal*, August 7, 2012; "SEC Charges Knight Capital with Violations of Market Access Rule," U.S. Securities and Exchange Commission, October 16, 2013, https://www.sec.gov/news/press-release/2013-222.

4. Author's interview with Freddy Martinez, 2021.

5. "Protesters Rally Outside NATO Summit After March from Grant Park," CBS Chicago, May 20, 2012.

6. Author's interview with Freddy Martinez, 2020.

7. Author's interview with Freddy Martinez, 2021.

8. Author's interview with Freddy Martinez, 2021.

9. Adam Gabbatt, "Chicago Police Clash with Nato Summit Protesters," *The Guardian*, May 21, 2012.

10. Though it had been secretly used by police for years, the stingray device had only recently been exposed to the public. Jennifer Valentino-DeVries, "FBI's 'Stingray' Cellphone Tracker Stirs a Fight over Search Warrants, Fourth Amendment," *Wall Street Journal*, September 22, 2011. See also Cyrus Farivar, "How a Hacker Proved Cops Used a Secret Government Phone Tracker to Find Him," Politico Magazine, June 3, 2018.

11. John Dodge, "After Denials, Chicago Police Department Admits Purchase of Cell-Phone Spying Devices," CBS Chicago, October 1, 2014; Matt Richtel, "A Police Gadget Tracks Phones? Shhh! It's Secret," *New York Times*, March 16, 2015.

12. Justin Glawe, "Freddy Martinez Is Exposing Chicago Cops' NSA-Style Surveillance Gear," *VICE*, March 31, 2015.

13. Facial Recognition Technology: Part I: Its Impact on Our Civil Rights and Liberties, *Hearing before the Committee on Oversight and Reform, House of Representatives*, 116th Cong., May 22, 2019, https://docs.house.gov/meetings/GO/GO00/20190522/109521/HHRG-116-GO00-Transcript-20190522.pdf, 29.

14. Joy Buolamwini, "How I'm Fighting Bias in Algorithms" (video), TEDxBeaconStreet, March 9, 2017.

15. Joy Buolamwini, "Gender Shades: Intersectional Phenotypic and Demographic Evaluation of Face Datasets and Gender Classifiers," MIT Media Lab, September 2017.

16. *Facial Recognition Technology: Part I: Its Impact on Our Civil Rights and Liberties*, 5.

17. Written testimony of Joy Buolamwini, May 22, 2019, https://www.congress.gov/116/meeting/house/109521/witnesses/HHRG-116-GO00-Wstate-BuolamwiniJ-20190522.pdf.

18. Author's interview with Alvaro Bedoya, 2021; author's interview with Clare Garvie, 2021.

19. Clare Garvie, Alvaro M. Bedoya, and Jonathan Frankle, "The Perpetual Line-up: Unregulated Police Face Recognition in America," Georgetown Law Center on Privacy & Technology, October 18, 2016.

20. Clare Garvie, "Garbage In. Garbage Out. Face Recognition on Flawed Data," report published by Georgetown Law Center on Privacy & Technology, May 16, 2019.

21. Statement by Clare Garvie, *Facial Recognition Technology: Part I: Its Impact on Our Civil Rights and Liberties*, 8.

22. Written testimony of Clare Garvie, May 22, 2019, https://www.congress.gov/116/meeting/house/109521/witnesses/HHRG-116-GO00-Wstate-GarvieC-20190522.pdf.

23. Beryl Lipton, bio, Twitter, https://twitter.com/_blip_.

24. Author's interview with Freddy Martinez, 2021.

25. The documents that Freddy Martinez obtained in the public records request are available at "Facial Recognition—Atlanta (GA)," MuckRock, October 3, 2019.

26. Statement by Kimberly Del Greco of the FBI's Criminal Justice Information Services Division at a congressional hearing. *Facial Recognition Technology: Part II: Ensuring Transparency in Government Use, Hearing before the Committee on Oversight and Reform, House of Representatives*, 116th Cong., June 4, 2019, https://www.govinfo.gov/content/pkg/CHRG-116hhrg36829/pdf/CHRG-116hhrg36829.pdf.

## CH 16：全面曝光

1. Author's interviews with Lisa Linden and Hoan Ton-That, 2021.

2. Richard Schwartz, email to author, December 8, 2019.

3. Author's interview with Keith Dumanski, 2021.

4. Author's interview with Hoan Ton-That, 2021.

5. Author's interview with Keith Dumanski, 2021.

6. Author's interview with Lisa Linden, 2021.

7. Author's interviews with Lisa Linden and Hoan Ton-That, 2021.

8. Author's interviews with Linden and Hoan Ton-That, 2021.

9. 同上。

10. Author's interview with Hoan Ton-That for *The New York Times*, 2020.

11. 同上。

12. 同上。

13. Hoan Ton-That, speaking with journalist Rolfe Winkler, *WSJ Tech Live*, October 20, 2020.

14. Author's interview with a source who spoke on the condition that he not be named, 2021.

15. Author's interview with Charles Johnson, 2021.

16. Author's interview with Hoan Ton-That for *The New York Times*, 2020.

17. 同上。

18. Conversation as recalled by Hoan Ton-That and Lisa Linden in interviews with author, 2021.

19. Author's interview with Hoan Ton-That, 2021.

20. Kashmir Hill, "The Secretive Company That Might End Privacy as We Know It," *New York Times*, January 18, 2020.

21. Author's email exchanges with Hoan Ton-That and Lisa Linden, 2020.

22. Author's interview with Hoan Ton-That, 2021.

23. Author's interview with Hoan Ton-That, 2020.

24. Edward Markey to Hoan Ton-That; Ed Markey, "Senator Markey Queries Clearview About Its Facial Recognition Product and Sale to Law Enforcement," January 23, 2020, https://www.markey.senate.gov/news/press-releases/senator-markey-queries-clearview-about-its-facial-recognition-product-and-sale-to-law-enforcement.

25. Author's interview with Gurbir Grewal; Kashmir Hill, "New Jersey Bars Police from Using Clearview Facial Recognition App," *New York Times*, January 25, 2020.

26. Logan McDonald, Ryan Mac, and Caroline Haskins, "Apple Just Disabled Clearview AI's iPhone App for Breaking Its Rules on Distribution," BuzzFeed News, February 28, 2020.

27. Camille Fischer and Andrew Crocker, "Victory! Ruling in hiQ v. Linkedin Protects Scraping of Public Data," Electronic Frontier Foundation, September 10, 2019.

28. Luke O'Brien, "The Far-Right Helped Create the World's Most Powerful Facial Recognition Technology," HuffPost, April 7, 2020.

## PART 3：未來衝擊

### CH 17：「我他媽的為什麼在這裡？」(2020)

1. Author's interview with Robert and Melissa Williams for *The New York Times*, 2020. Kashmir Hill, "Wrongfully Accused by an Algorithm," *New York Times*, June 24, 2020.

2. The conversation with the officer as recalled by Melissa Williams, ibid.

3. Their conversation as recalled by Robert and Melissa Williams, ibid.

4. The conversation with the officer as recalled by Robert Williams, ibid.

5. The interaction as recalled by Melissa Williams, ibid.

6. Their conversation as recalled by Robert and Melissa Williams, ibid.

7. Robert Williams's arrest was filmed by the two officers on their body cameras. The description of events and dialogue is based on that footage. On file with author.

8. Author's interview with Robert and Melissa Williams for *The New York Times*, 2020.

9. 同上。

10. As recalled by Melissa Williams, ibid.

11. Interaction in car as recalled by Robert Williams, ibid.

12. 同上。

13. Robert Williams's recollection of his time in detention, ibid.

14. Recording of custodial interrogation of Robert Williams by Detectives James Ronan and Benjamin Atkinson, January 10, 2020.

15. The description of actions and dialogue during the interrogations is based on the video recording, ibid.

16. Elie Mystal, *Allow Me to Retort: A Black Man's Guide to the Constitution*, (New York: The New Press, 2022).

17. The description of the crime is based on case documents on file with author.

18. Author's interview with a manager at DataWorks Plus for *The New York Times*. Hill, "Wrongfully Accused by an Algorithm."

19. Patrick Grother, "Face Recognition Vendor Test Part 3: Demographic Effects," National Institute of Standards and Technology, December 2019.

20. Natasha Singer and Cade Metz, "Many Facial-Recognition Systems Are Biased, Says U.S. Study," *New York Times*, December 19, 2019.

21. Author's interview with Clare Garvie, 2020.
22. wzamen01, "HP Computers Are Racist," YouTube, December 11, 2009, https://www.youtube.com/watch?v=t4DT3tQqgRM.
23. Jacob Brogan, "Google Scrambles After Software IDs Photo of Two Black People as 'Gorillas,' " Slate, June 30, 2015.
24. Chukwuemeka Afigbo, "If you have ever had a problem grasping the importance of diversity in tech and its impact on society, watch this video," Twitter, August 16, 2017, https://twitter.com/nke_ise/status/897756900753891328.
25. Mandalit del Barco, "How Kodak's Shirley Cards Set Photography's Skin-Tone Standard," NPR, November 13, 2014.
26. Xavier Harding, "Keeping 'Insecure' Lit: HBO Cinematographer Ava Berkofsky on Properly Lighting Black Faces," Mic, September, 6, 2017.
27. Amy Hawkins, "Beijing's Big Brother Tech Needs African Faces," *Foreign Policy*, July 24, 2018; Zhang Hongpei, "Chinese Facial ID Tech to Land in Africa," *Global Times*, May 17, 2018, https://web.archive.org/web/20180625130452/http:/www.globaltimes.cn/content/1102797.shtml.
28. Sean Hollister, "Google Contractors Reportedly Targeted Homeless People for Pixel 4 Facial Recognition," The Verge, October 3, 2019.
29. Case documents. On file with author.
30. Jennifer Coulson, speaker bio, Facial Recognition and Privacy Workshop, CSU College of Law, March 29, 2019, https://www.law.csuohio.edu/newsevents/events/2019032907305197.
31. Anderson Cooper, "Police Departments Adopting Facial Recognition Tech amid Allegations of Wrongful Arrests," 60 Minutes, May 16, 2021, https://www.cbsnews.com/news/facial-recognition-60-minutes-2021-05-16/.
32. Robert Williams's recollection of his time in jail, 2020.
33. Conversations with lawyers as recalled by Robert Williams in interview with the author, 2020.
34. County of Wayne Office of the Prosecuting Attorney, "WCPO Statement in Response to New York Times Article Wrongfully Accused by an Algorithm,"

June 24, 2020, https://int.nyt.com/data/documenthelper/7046-facial-recognition-arrest/5a6d6d0047295fad363b/optimized/full.pdf#page=1.

35. Author's interview with Detroit police chief James Craig for *The New York Times*, 2020.

36. Author's interview with Robert and Melissa Williams, 2021.

37. 同上。

38. Elisha Anderson, "Controversial Detroit Facial Recognition Got Him Arrested for a Crime He Didn't Commit," *Detroit Free Press*, July 10, 2020.

39. Kashmir Hill, "Flawed Facial Recognition Leads to Arrest and Jail for New Jersey Man," *New York Times*, December 29, 2020.

40. Khari Johnson, "Face Recognition Software Led to His Arrest. It Was Dead Wrong," Wired, February 28, 2023.

41. John Simerman, "JPSO Used Facial Recognition Technology to Arrest a Man. The Tech Was Wrong," NOLA.com, January 2, 2023.

42. Kashmir Hill and Ryan Mac. "Police Relied on Hidden Technology and Put the Wrong Person in Jail," *New York Times*, March 31, 2023.

43. Author's interview with Robert and Melissa Williams, 2021.

44. 同上。

## CH 18：戴口罩的不同理由

1. Kirsten Grind, Robert McMillan, and Anna Wilde Mathews, "To Track Virus, Governments Weigh Surveillance Tools That Push Privacy Limits," *Wall Street Journal*, March 17, 2020.

2. Sangmi Cha, "S.Korea to Test AI-Powered Facial Recognition to Track COVID-19 Cases," Reuters, December 13, 2021.

3. "Facial Recognition Tech Fights Coronavirus in Chinese City," France 24, July 13, 2021.

4. "Moscow Deploys Facial Recognition Technology for Coronavirus Quarantine," Reuters, February 21, 2020.

5. Patrick Reevell, "How Russia Is Using Facial Recognition to Police Its

Coronavirus Lockdown," ABC News, April 30, 2020.

6. Ed Chau, "Facial Recognition Regulation: AB 2261 Is a Long Overdue Solution," CalMatters, June 2, 2020.

7. Ryan Johnston, "Facial Recognition Bill Falls Flat in California Legislature," StateScoop, June 4, 2020.

8. Email and slideshow. On file with author.

9. Ryan Mac, Caroline Haskins, and Logan McDonald, "Clearview's Facial Recognition App Has Been Used by the Justice Department, ICE, Macy's, Walmart, and the NBA," BuzzFeed News, February 28, 2020.

10. Kashmir Hill and Corey Kilgannon, "Madison Square Garden Uses Facial Recognition to Ban Its Owner's Enemies," *New York Times*, December 22, 2022.

11. Author's interview with David Scalzo, 2021.

12. 同上。

13. David Scalzo's recollection, 2021.

14. Author's interview with David Scalzo, 2021.


**CH 19：我要投訴**

1. Author's interview with Matthias Marx, 2021.

2. Matthias Marx, email to privacy-requests@clearview.ai, January 20, 2020. On file with author.

3. Article 15 of the European General Data Protection Regulation (GDPR): Right of Access by the Data Subject, https://gdpr-text.com/read/article-15/.

4. Author's interview with Matthias Marx, 2021.

5. Face Search Results, report prepared February 18, 2020. On file with author.

6. Matthias Marx and Alan Dahi, "Clearview AI and the GDPR," November 7, 2020, https://marx.wtf/2020-11-FnF-Clearview.pdf; Patrick Beuth, "Hamburgs Datenschützer leitet Prüfverfahren gegen Clearview ein," *Der Spiegel*, March 25, 2020.

7. privacy@clearview.ai, email to Matthias Marx, May 18, 2020. On file with author.

8. Author's email exchange with Martin Schemm, press officer for the Hamburg Commissioner for Data Protection and Freedom of Information, December 15, 2021.

9. "Clearview AI's Unlawful Practices Represented Mass Surveillance of Canadians, Commissioners Say," Office of the Privacy Commissioner of Canada, February 3, 2021; "Clearview AI Breached Australians' Privacy," Office of the Australian Information Commissioner, November 3, 2021; "ICO Issues Provisional View to Fine Clearview AI Inc over £17 Million," Information Commissioner's Office, November 29, 2021; "Facial Recognition: Italian SA Fines Clearview AI EUR 20 Million," European Data Protection Board, March 10, 2022; "Hellenic DPA Fines Clearview AI 20 Million Euros," European Data Protection Board, July 20, 2022; "Facial Recognition: 20 Million Euros Penalty against CLEARVIEW AI," CNIL, October 20, 2022.

10. 專員表示，Clearview AI的非法行為代表了對加拿大人的大規模監控。

11. Hoan Ton-That, "Personal Statement on the Australian Privacy Commission"; Lisa Linden, email to author, November 2, 2021.

12. Elisabetta Povoledo, "Italian Mobster, 16 Years on the Lam, Found Working at a Pizzeria," *New York Times*, February 3, 2023.

13. Author's interviews with Hoan Ton-That, 2021–2022.

14. Richard Bilbao, "Disney Patent Wants to Track Guests by Scanning Their Feet," *Orlando Business Journal*, July 27, 2016.

15. "A couple of weeks ago, the #clearviewai reporting by @kashhill shook the world. Now we show how easy it is to download bulk-scale data from Instagram—and how advanced open source #facerec technology already is," Twitter, https://twitter.com/grssnbchr/status/1225846790093725696. See also author's interview with Timo Grossenbacher, 2020.

16. Author's interview with Timo Grossenbacher, 2020. See also Timo Grossenbacher and Felix Michel, "Automatische Gesichtserkennung— So einfach ist es, eine Überwachungsmaschine zu bauen" ("It's That Easy to Build a Surveillance Machine"), SRF Schweizer Radio und Fernsehen, February 7, 2020.

17. 「他們會封鎖我們一個小時,但然後會讓我們再次開始下載。」,同上。

18. 同上。

19. Author's interview with Timo Grossenbacher, 2020.

20. 同上。

## CH 20：最黑暗的衝動

1. Author's interview with source who spoke on the condition that he not be named, 2021.

2. 同上。

3. Alex Morris, "The Blue Devil in Miss Belle Knox: Meet Duke Porn Star Miriam Weeks," *Rolling Stone*, April 23, 2014.

4. Miriam Weeks, "I'm the Duke University Freshman Porn Star and for the First Time I'm Telling the Story in My Words," xoJane, February 21, 2014, Wayback Machine, https://web.archive.org/web/20140301125826/http://www.xojane.com/sex/duke-university-freshman-porn-star.

5. Author's interview with Ela Darling, 2021.

6. Author's interview with David, 2021.

7. 同上。

8. 同上。

9. "Pricing," PimEyes, PimEyes.com/en/premium. "Managing current and future results" is one of the PROtect features.

10. Author's interview with Cher Scarlett for *The New York Times*. Kashmir Hill, "A Face Search Engine Anyone Can Use Is Alarmingly Accurate," *New York Times*, May 26, 2022.

11. Author's interview with Giorgi Gobronidze for *The New York Times*, 2022.

12. Author's interview with David, 2021.

## CH 21：紅色代碼

1. Author's interview with Nathan Wessler and Vera Eidelman, 2022.

2. Jay Stanley, "The Dawn of Robot Surveillance: AI, Video Analytics, and Privacy," American Civil Liberties Union, June 2019.

3. Author's interview with Nathan Wessler and Vera Eidelman, 2022.

4. 同上。

5. 同上。

6. *David Mutnick v. Clearview AI, Inc., Richard Schwartz, and Hoan Ton-That*, Class Action Complaint, United States District Court, Northern District of Illinois, Eastern Division, filed January 22, 2020.

7. Davey Alba, "A.C.L.U. Accuses Clearview AI of Privacy 'Nightmare Scenario,' " *New York Times*, May 28, 2020.

8. Author's interview with Nathan Wessler and Vera Eidelman, 2022.

9. Author's interview with Floyd Abrams, 2020.

10. 參見Bernstein v. Department of Justice案件，這是1990年代美國上訴法院裁決支持數學研究生丹尼爾‧伯恩斯坦（Daniel Bernstein）的案例。他想發表一篇關於加密演算法的論文，任何人都可以使用該演算法來保護他們的資料免受駭客或政府代理的窺視。政府試圖限制其發表，稱該學生正在出口「軍火」，並需要註冊為「武器商」。

11. 最高法院在2010年備受爭議的「公民聯合會」訴「聯邦選舉委員會」案件中裁定，政府不能限制企業和非營利組織在競選廣告上的支出。佛洛伊德‧艾布拉姆斯（Floyd Abrams）代表參議員米奇‧麥康諾（Mitch McConnell）站在這一論點的勝利一方。

12. 在2011年的Brown v. Entertainment Merchants Association起訴案件中，最高法院認為，加州禁止向未成年人銷售暴力影片遊戲的法律違憲。高等法院表示，暴力不符合對第一修正案的「猥褻」例外，因為這僅適用於性行為，並指出許多童話故事中包含暴力內容。安東寧‧史卡利亞（Antonin Scalia）法官寫道：「例如，格林童話確實是陰沉的。」

13. 幾家公司已起訴谷歌，要求這家搜尋引擎改變其結果，但法官一次又一次地認為這家加州公司有權按其選擇對網站進行排名。在2003年的一起案件中，一家名為Search King的廣告公司因其在搜尋排名中的曝光率下降而起訴谷歌。一位位於俄克拉荷馬州的聯邦法官駁回該案件，引用谷歌的第一修正案權利，提出谷歌的搜尋結果被視為「受憲法保護」的意見。

14. Author's interview with Floyd Abrams, 2020.

15. 同上。

16. Kashmir Hill, "Activists Turn Facial Recognition Tools Against the Police," *New York Times*, October 21, 2020.

17. David Segal, "A Matter of Opinion?," *New York Times*, July 18, 2009.

18. Duff Wilson, "Tobacco Companies Sue to Loosen New Limits," *New York Times*, August 31, 2009.

19. Kashmir Hill, "Your Face Is Not Your Own," *New York Times*, March 18, 2021.

20. 同上。

21. 同上。

22. Memorandum opinion and order, *American Civil Liberties Union v. Clearview AI*, Circuit Court of Cook County, Illinois, August 27, 2021.

23. Ryan Mac and Kashmir Hill, "Clearview AI Settles Suit and Agrees to Limits on Facial Recognition Database," *New York Times*, May 9, 2022.

24. The author attended the event on June 9, 2022.


**CH 22：分配不均的未來**

1. Marie Jackson and Mary O'Connor, "Covid: Face Mask Rules and Covid Passes to End in England," BBC News, January 18, 2022.

2. The description of this facial recognition deployment is based on photos and videos taken by Silkie Carlo and Big Brother Watch, on file with author. They are also available on Twitter: Big Brother Watch, "Live Facial Recognition Cameras are being used by @metpoliceuk outside #OxfordCircus tube station today," January 28, 2022, https://twitter.com/BigBrotherWatch/status/1487073214345973768.

3. "MPS LFR Deployments 2020–Date," Metropolitan Police, https://www.met.police.uk/SysSiteAssets/media/downloads/force-content/met/advice/lfr/deployment-records/lfr-deployment-grid.pdf.

4. "MPS LFR Policy Document: Direction for the MPS Deployment of Overt Live Facial Recognition Technology to Locate Person(s) on a Watchlist,"

Metropolitan Police, November 29, 2022, https://www.met.police.uk/SysSiteAssets/media/downloads/force-content/met/advice/lfr/policy-documents/lfr-policy-document.pdf.

5. Ten deployments are recorded in this report: "Metropolitan Police Service Live Facial Recognition Trials," National Physical Laboratory / Metropolitan Police Service, trials period: August 2016–February 2019," February 2020, https://www.met.police.uk/SysSiteAssets/media/downloads/central/services/accessing-information/facial-recognition/met-evaluation-report.pdf. The remainder are described in "MPS LFR Deployments 2020–Date."

6. MPS Westminster, "We'll be using Live Facial Recognition technology at key locations in Westminster on Friday 28 January from 12 noon. Find out more at http://met.police.uk/advice/advice-and-information/fr/facial-recognition," Twitter, January 28, 2022, https://twitter.com/mpswestminster/status/1487017790867394563?lang=en.

7. Author's interview with Silkie Carlo, 2022.

8. Vian Bakir et al., "Public Feeling on Privacy, Security and Surveillance: A Report by DATA-PSST and DCSS," November 2015, https://orca.cardiff.ac.uk/id/eprint/87335/1/Public-Feeling-on-Privacy-Security-Surveillance-DATAPSST-DCSS-Nov2015.pdf; Joel Rogers de Waal, "Security Trumps Privacy in British Attitudes to Cyber-Surveillance," YouGov, June 12, 2017; "Beyond Face Value: Public Attitudes to Facial Recognition Technology," Ada Lovelace Institute, September 2, 2019 (70 percent of those polled approved of the use of facial recognition by police).

9. Author's interview with Silkie Carlo, 2022.

10. 同上。

11. Silkie Carlo's recollection of event in interview with the author, 2022.

12. "MPS LFR Deployments 2020–Date."

13. "Four Arrests in Live Facial Recognition Operation in Central London," January 29, 2022, https://hounslowherald.com/four-arrests-in-live-facial-recognition-operation-in-central-london-p15361-249.htm.

14. Author's email exchange with DCI Jamie Townsend, Met Ops 3, May 16, 2022.

15. "e-Passports," U.S. Department of Homeland Security, https://www.dhs.gov/e-passports. The presence of a chip in a U.S. passport is indicated by a golden logo resembling a camera on the cover.

16. Pete Fussey and Daragh Murray, *Independent Report on the London Metropolitan Police Service's Trial of Live Facial Recognition Technology*, University of Essex, July 2019, https://repository.essex.ac.uk/24946/1/London-Met-Police-Trial-of-Facial-Recognition-Tech-Report-2.pdf.

17. Author's interview with Pete Fussey, 2022.

18. Author's email exchange with DCI Jamie Townsend, May 16, 2022.

19. Author's email exchange with Paul Fisher, South Wales Police news manager, April 20, 2022.

20. 就在福西的報告發布的同時,一位名叫Ed Bridges的公共事務經理和兩個孩子的父親對南威爾斯警方提起訴訟,因為他在聖誕購物時被掃描了臉部,還有在參加政治抗議時再次被掃描。2020年,上訴法庭裁定支持Bridges,認為他的基本人權受到侵犯,但也表示,人臉辨識的使用在法律上是可以的,只要警方制定當地的使用規則和政策。因此,他們就這樣做了。

21. Author's interview with Pete Fussey, 2022.

22. Author visited the casino and toured the security room in London, 2022.

23. Author's interview with Ryan Best, 2022.

24. 同上。

25. "Facewatch's facial recognition for retail is proven to reduce theft in your business by at least 35% in the first year." "Facial Recognition for Retail Security," Facewatch.co.uk, https://www.facewatch.co.uk/facial-recognition-for-retail-sector.

26. Author's interview with Silkie Carlo, 2022.

27. Ethan Chiel, "This Face Recognition Company Is Causing Havoc in Russia—and Could Come to the U.S. Soon," Fusion, April 29, 2016. (Fusion is now Splinter News.)

28. This is a translation of a message originally in Russian: Andrey Mima, VK, March 24, 2016, https://vk.com/wall66559_67051.

29. Kevin Rothrock, "The Russian Art of Meta-Stalking," Global Voices, April 7,

2016.

30. Marta Casal, " 'Your Face Is Big Data,' the Danger of Facial Recognition," Medium, October 3, 2019.

31. Egor Tsvetkov, "Your Face Is Big Data," https://cargocollective.com/egortsvetkov/Your-Face-Is-Big-Data.

32. Kevin Rothrock, "Facial Recognition Service Becomes a Weapon Against Russian Porn Actresses," Global Voices, April 22, 2016.

33. "The End of Privacy: 'Meduza' Takes a Hard Look at FindFace and the Looming Prospect of Total Surveillance," Meduza, July 14, 2016.

34. " 'We'll Find You, Too,' " Meduza, July 8, 2017.

35. Author's email exchange with Nikolay Grunin, head of PR for NtechLab, October 9, 2019. "In 2018, our company obtained the rights to the 'findface' brandname and shut the service down," wrote Mr. Grunin.

36. Author's interview with Alexander Tomas, communications director for NtechLab, 2021.

37. Thomas Brewster, "Remember FindFace? The Russian Facial Recognition Company Just Turned On a Massive, Multimillion-Dollar Moscow Surveillance System," Forbes, January 29, 2020.

38. Author's interview with Anna Kuznetsova, with translator Slava Malamud, 2022.

39. 同上。

40. Andrey Kaganskikh, "Big Brother Wholesale and Retail," YouTube, December 5, 2019, cited in "As Moscow's Facial Recognition System Activates, Journalists Find Access to It for Sale on the Black Market," Meduza, December 5, 2019.

41. Kuznetsova shared parts of the report. On file with author.

42. Umberto Bacchi, "Face for Sale: Leaks and Lawsuits Blight Russia Facial Recognition," Reuters, November 9, 2020.

43. Author's interviews with Ekaterina Ryzhova, lawyer with Roskomsvoboda, 2020–2021.

44. "История Сергея Межуева: Первый Кейс По Ошибке Системы Распознавания Лиц

в МетроV ("The Story of Sergei Mezhuev: The First Case of a Mistake in the Face Recognition System in the Subway"), Roskomsvoboda, November 19, 2020.

45. "«Происходящее На Видео Противоречит Содержанию Протокола». Юрист Екатерина Рыжова о Распознавании Протестующих По Камерам" (" 'What Is Happening on the Video Contradicts the Content of the Protocol': Lawyer Ekaterina Ryzhova on Recognizing Protesters by Cameras"), OVD-Info, January 17, 2022.

46. Author's interview with Anna Kuznetsova, 2022.

47. Author's interview with Paul Mozur, 2022.

48. 同上。

49. "Beijing Park Dispenses Loo Roll Using Facial Recognition," BBC News, March 20, 2017.

50. Author's interview with Paul Mozur, 2022.

51 Paul Mozur and Aaron Krolik, "A Surveillance Net Blankets China's Cities, Giving Police Vast Powers," *New York Times*, December 18, 2019.

52 Author's interview with Paul Mozur, 2022.

53. Amy Qin, "Chinese City Uses Facial Recognition to Shame Pajama Wearers," *New York Times*, January 21, 2020.

54. "Chinese AI Caught Out by Face in Bus Ad," BBC News, November 27, 2018.

55. Paul Mozur, Muyi Xiao, and John Liu, "How China Is Policing the Future," *New York Times*, June 26, 2022.

56. Paul Mozur, "One Month, 500,000 Face Scans: How China Is Using A.I. to Profile a Minority," *New York Times*, April 14, 2019.

57. BuzzFeed新聞對梅哈・拉賈戈帕蘭（Megha Rajagopalan）、艾莉森・基林（Alison Killing）和克里斯托・布蘇克（Christo Buschek）的調查。五部分系列報導以《中國建立了龐大的基礎設施來監禁維吾爾族人》開頭。" BuzzFeed News, August 27, 2020.

58. Author's interview with Paul Mozur, 2022.

59. 同上。

60. Julian Barnes and Adam Goldman, "C.I.A. Admits to Losing Informants," *New York Times*, October 5, 2021.

## CH 23：搖搖晃晃的監控國家

1. Brian Naylor, "Read Trump's Jan. 6 Speech, a Key Part of Impeachment Trial," NPR, February 10, 2021.
2. Kashmir Hill, "The Facial-Recognition App Clearview Sees a Spike in Use After Capitol Attack," *New York Times*, January 9, 2021.
3. Author's interview with Hoan Ton-That for *The New York Times*, 2021.
4. 同上。
5. 同上。
6. Author's interview with Armando Aguilar, 2022.
7. 同上。
8. 同上。
9. One of the Real Time Crime Center detectives during author's visit in March 2022.
10. Alejandro Gutierrez during author's visit to RTCC, March 2022.
11. An RTCC detective during author's visit to RTCC, March 2022.
12. An RTCC detective during author's visit to RTCC, March 2022.
13. Alejandro Gutierrez during author's visit to RTCC, March 2022.
14. Armando Aguilar during author's visit to RTCC, March 2022.
15. Interview with Alejandro Gutierrez during author's visit to RTCC, March 2022.
16. Armando Aguilar during author's visit to RTCC, March 2022.

## CH 24：奮起反擊

1. Drew Harwell, "Ukraine Is Scanning Faces of Dead Russians, Then Contacting the Mothers," *Washington Post*, April 15, 2022.
2. Kashmir Hill, "Clearview AI, Used by Police to Find Criminals, Is Now in Public

Defenders' Hands," *New York Times*, September 18, 2022.

3. Author's interview with Jumana Musa for *The New York Times*, 2022, in ibid.; author's interview with Jerome Greco for *The New York Times*, 2022, in ibid.

4. Author's interview with Evan Greer, 2021.

5. Fight for the Future, "We Scanned Thousands of Faces in DC Today to Show Why Facial Recognition Surveillance Should Be Banned," Medium, November 18, 2019.

6. Author's interview with Jay Stanley, 2021. Also Brian Hochman, *The Listeners: A History of Wiretapping in the United States* (Cambridge, Mass.: Harvard University Press, 2022).

7. Author's interview with Brad Smith, 2022.

8. Ed Markey, "Senators Markey & Merkley and Reps. Jayapal & Pressley Urge Federal Agencies to End Use of Clearview AI Facial Recognition Technology," February 9, 2022, https://www.markey.senate.gov/news/press-releases/senators-markey-and-merkley-and-reps-jayapal_pressley-urge-federal-agencies-to-end-use-of-clearview-ai-facial-recognition-technology.

9. Hoan Ton-That, "Congressional Statement"; email sent from Lisa Linden to Kashmir Hill, February 9, 2022.

10. Datasheet, clearviewai_000, National Institute of Standards and Technology, https://pages.nist.gov/frvt/reportcards/1N/clearviewai_000.pdf; Developer Gains, clearviewai_000, National Institute of Standards and Technology, https://pages.nist.gov/frvt/reportcards/11/clearviewai_000.html.

11. Author's interview with Alvaro Bedoya, 2022.

12. Scott Urban, quoted in Kashmir Hill, "Activate This 'Bracelet of Silence,' and Alexa Can't Eavesdrop," *New York Times*, February 14, 2020.

13. Adam Harvey Studio, "CV Dazzle," https://adam.harvey.studio/cvdazzle/.

14. Law professor Elizabeth Joh uses another term, "privacy protests." Elizabeth Joh, "Privacy Protests: Surveillance Evasion and Fourth Amendment Suspicion," *Arizona Law Review* 55, no. 4 (2013): 997–1029.

15. Author's interview with Adam Harvey, 2021.

16. 作者透過對華盛頓大學的公共紀錄請求獲得的電子表單。

17. Adam Harvey and Jules LaPlace, Exposing.ai, https://www.exposing.ai/datasets/.

18. Author's interview with Adam Harvey, 2021.

19. Ben Zhao, quoted in Kashmir Hill, "This Tool Could Protect Your Photos from Facial Recognition," *New York Times*, August 3, 2020.

20. Ryan Mac, "Facebook Considers Facial Recognition for Smart Glasses," BuzzFeed News, February 25, 2021.

21. Recording of an all-hands meeting at Facebook provided by an anonymous source, February 25, 2021.

22. Ryan Mac, Charlie Warzel, and Alex Kantrowitz, "Top Facebook Executive Defended Data Collection in 2016 Memo—and Warned That Facebook Could Get People Killed," BuzzFeed News, March 29, 2018.

23. Exchange with Facebook's communications team during the fact-checking for this book, 2023.

24. Elizabeth Dwoskin, "Inside Facebook's Decision to Eliminate Facial Recognition—for Now," *Washington Post*, November 5, 2021.

25. Kashmir Hill and Ryan Mac, "Facebook Plans to Shut Down Its Facial Recognition System," *New York Times*, November 2, 2021.

26. Author's interview with Adam Schwartz for *The New York Times*, 2021.

27. Author's interview with a former Facebook product manager who spoke on condition of not being named, 2021.

## CH 25：技術問題

1. Author's interview with Hoan Ton-That and Lisa Linden, 2021.

2. 同上。

3. 同上。

4. 同上。

5. Author's interview with Charles Johnson, 2021.

6. Signed by Richard Schwartz, Hoan Ton-That, Hal Lambert and James Lang, "Action by Unaminous Written Consent of the Board of Directors of Clearview AI," May 21, 2021, copy provided to author by Charles Johnson. Signed by Hoan Ton-That, "Clearview AI, Inc. Buyback Notice," October 9, 2021, copy provided to author by Charles Johnson.

7. 同上。

8. Author's interviews with Charles Johnson, 2022.

9. Author's interview with Sam Waxman, 2022.

10. Kashmir Hill, "Air Force Taps Clearview AI to Research Face-Identifying A.R. Glasses," *New York Times*, February 4, 2022.

11. Author's interview with Hoan Ton-That and Lisa Linden, 2021.

12. Rebecca Davis, "The Doctor Who Championed Hand-Washing and Briefly Saved Lives," NPR, January 12, 2015.

13. 同上。

方向 79

# 你的臉屬於我們
## 一家神祕新創公司終結隱私之路
Your Face Belongs to Us: A Secretive Startup's Quest to End Privacy as We Know It

| | |
|---|---|
| 作　　者 | 卡希米爾・希爾（Kashmir Hill） |
| 譯　　者 | 葉家興 |
| 責任編輯 | 王彥萍 |
| 協力編輯 | 唐維信 |
| 校　　對 | 王彥萍、唐維信 |
| 封面設計 | FE 設計 |
| 排　　版 | 瑞比特設計 |
| 寶鼎行銷顧問 | 劉邦寧 |

| | |
|---|---|
| 發　行　人 | 洪祺祥 |
| 副總經理 | 洪偉傑 |
| 副總編輯 | 王彥萍 |
| 法律顧問 | 建大法律事務所 |
| 財務顧問 | 高威會計師事務所 |
| 出　　版 | 日月文化出版股份有限公司 |
| 製　　作 | 寶鼎出版 |
| 地　　址 | 台北市信義路三段 151 號 8 樓 |
| 電　　話 | （02）2708-5509　傳真：（02）2708-6157 |
| 客服信箱 | service@heliopolis.com.tw |
| 網　　址 | www.heliopolis.com.tw |
| 郵撥帳號 | 19716071 日月文化出版股份有限公司 |

| | |
|---|---|
| 總 經 銷 | 聯合發行股份有限公司 |
| 電　　話 | （02）2917-8022　傳真：（02）2915-7212 |
| 印　　刷 | 軒承彩色印刷製版股份有限公司 |
| 初　　版 | 2025 年 05 月 |
| 定　　價 | 480 元 |
| Ｉ Ｓ Ｂ Ｎ | 978-626-7641-37-8 |

Your Face Belongs to Us
Copyright © 2023 by Kashmir Hill
Published by arrangement with The Cheney Agency, through The Grayhawk Agency.
Copyright © 2025 by Heliopolis Culture Group Co., Ltd.
All rights reserved.

---

國家圖書館出版品預行編目資料

你的臉屬於我們：一家神祕新創公司終結隱私之路 / 卡希米爾
希爾（Kashmir Hill）著；葉家興譯 . -- 初版 . --
臺北市：日月文化出版股份有限公司 ,2025.05
416 面；14.7×21 公分 . --（方向；79）
譯自：Your Face Belongs to Us: A Secretive Startup's Quest to End
Privacy as We Know It
ISBN 978-626-7641-37-8（平裝）

1.CST：資訊社會　2.CST：數位科技
3.CST：資訊安全

541.415　　　　　　　　　　　　114003478

◎版權所有，翻印必究
◎本書如有缺頁、破損、裝訂錯誤，請寄回本公司更換

日月文化集團
HELIOPOLIS
CULTURE GROUP

客服專線 02-2708-5509
客服傳真 02-2708-6157
客服信箱 service@heliopolis.com.tw

廣告回函
台灣北區郵政管理局登記證
北台字第 000370 號
免貼郵票

# 日月文化集團 讀者服務部 收

10658 台北市信義路三段151號8樓

對折黏貼後，即可直接郵寄

日月文化網址：www.heliopolis.com.tw

最新消息、活動，請參考 FB 粉絲團

大量訂購，另有折扣優惠，請洽客服中心（詳見本頁上方所示連絡方式）。

| 大好書屋 | 寶鼎出版 | 山岳文化 |
| --- | --- | --- |
| EZ TALK | EZ Japan | EZ Korea |

大好書屋・寶鼎出版・山岳文化・洪圖出版　EZ叢書館　EZ Korea　EZ TALK　EZ Japan

日月文化集團
HELIOPOLIS
CULTURE GROUP

感謝您購買　**你的臉屬於我們**──一家神祕新創公司終結隱私之路

為提供完整服務與快速資訊，請詳細填寫以下資料，傳真至02-2708-6157或免貼郵票寄回，我們將不定期提供您最新資訊及最新優惠。

1. 姓名：＿＿＿＿＿＿＿＿＿＿＿＿　　性別：□男　□女
2. 生日：＿＿＿年＿＿＿月＿＿＿日　　職業：＿＿＿＿＿
3. 電話：（請務必填寫一種聯絡方式）
   （日）＿＿＿＿＿＿＿＿＿（夜）＿＿＿＿＿＿＿＿＿（手機）＿＿＿＿＿＿＿
4. 地址：□□□＿＿＿＿＿＿＿＿＿＿＿＿＿＿＿＿＿＿＿＿＿＿＿＿＿＿
5. 電子信箱：＿＿＿＿＿＿＿＿＿＿＿＿＿＿＿＿＿＿＿＿＿＿＿＿＿＿
6. 您從何處購買此書？□＿＿＿＿＿＿縣/市＿＿＿＿＿＿＿書店/量販超商
   □＿＿＿＿＿＿＿網路書店　□書展　□郵購　□其他
7. 您何時購買此書？　　年　　月　　日
8. 您購買此書的原因：（可複選）
   □對書的主題有興趣　□作者　□出版社　□工作所需　□生活所需
   □資訊豐富　　□價格合理（若不合理，您覺得合理價格應為＿＿＿＿）
   □封面/版面編排　□其他＿＿＿＿＿＿＿＿＿＿＿＿＿＿＿＿＿
9. 您從何處得知這本書的消息：□書店　□網路／電子報　□量販超商　□報紙
   □雜誌　□廣播　□電視　□他人推薦　□其他
10. 您對本書的評價：（1.非常滿意 2.滿意 3.普通 4.不滿意 5.非常不滿意）
    書名＿＿＿　內容＿＿＿　封面設計＿＿＿　版面編排＿＿＿　文/譯筆＿＿＿
11. 您通常以何種方式購書？□書店　□網路　□傳真訂購　□郵政劃撥　□其他
12. 您最喜歡在何處買書？
    □＿＿＿＿＿＿＿縣/市＿＿＿＿＿＿＿書店/量販超商　　□網路書店
13. 您希望我們未來出版何種主題的書？＿＿＿＿＿＿＿＿＿＿＿＿＿＿＿＿
14. 您認為本書還須改進的地方？提供我們的建議？
    ＿＿＿＿＿＿＿＿＿＿＿＿＿＿＿＿＿＿＿＿＿＿＿＿＿＿＿＿＿＿＿
    ＿＿＿＿＿＿＿＿＿＿＿＿＿＿＿＿＿＿＿＿＿＿＿＿＿＿＿＿＿＿＿
    ＿＿＿＿＿＿＿＿＿＿＿＿＿＿＿＿＿＿＿＿＿＿＿＿＿＿＿＿＿＿＿
    ＿＿＿＿＿＿＿＿＿＿＿＿＿＿＿＿＿＿＿＿＿＿＿＿＿＿＿＿＿＿＿

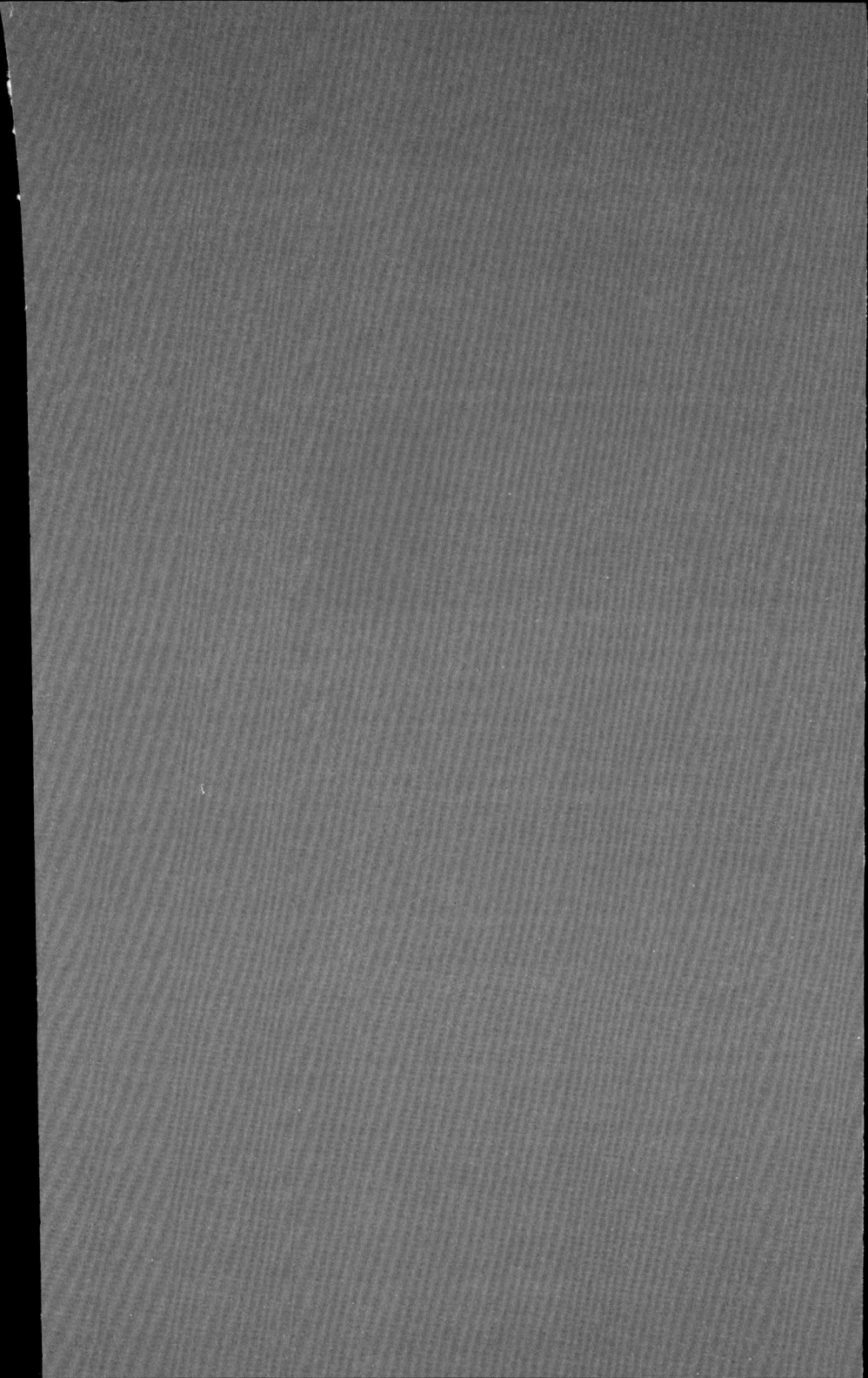

方向

寶鼎出版